ŒUVRES COMPLÈTES

DE

RONSARD

—

PRÉLIMINAIRES.

Nogent-le-Rotrou. — Imprimé par A. Gouverneur, avec les caractères elzeviriens de la Librairie Franck.

ÉTUDE SUR LA VIE

DE

P. DE RONSARD

PAR

P. BLANCHEMAIN

PRÉCÉDÉE DE VERS DES POÈTES DU XIXe SIÈCLE
A RONSARD,
SUIVIE DE SES ŒUVRES INÉDITES, SON ORAISON FUNÈBRE,
SON TOMBEAU, BIBLIOGRAPHIE, TABLES, ETC.

PARIS
LIBRAIRIE A. FRANCK
Rue Richelieu, 67

MDCCCLXVII

A MONSIEUR

C. A. SAINTE-BEUVE,

SÉNATEUR,

L'UN DES QUARANTE DE L'ACADÉMIE FRANÇAISE.

MONSIEUR,

J'ÉTAIS encore sur les bancs du collége, quand ce livre étincelant, qui fut votre début, le *Tableau historique et critique de la Poésie française et du Théâtre français au XVIe siècle*, tout frais encore de l'imprimerie, tomba entre mes mains.

Vous dirai-je avec quelle avidité je lus, je relus encore, pour les savourer mieux, ces pages empreintes d'une verdeur inconnue. Nourri dans la littérature de Louis XIV, chaude et pesante comme ce soleil de midi qui était l'emblème du grand Roi, je me trouvai soudain transporté par vous dans un monde nouveau. A la lourdeur d'un jour d'été, succédait soudain une aurore de printemps.

Parmi les tenants de cette littérature jeune et vaillante (à laquelle j'appliquais la devise du croissant d'Henri et de Diane : *Donec totum impleat orbem!*), je me sentais surtout attiré par un génie qui me pénétrait d'admiration et de pitié : *Les plus illustres, sans nulle exception, s'agenouillaient devant lui ; et soudain venait Malherbe qui se mettait à le biffer vers par vers.*

Vous m'avez fait connaître, vous m'avez fait aimer cet illustre déchu ; si bien qu'après avoir longtemps étudié sa Pléiade et lui, je fus un jour chargé de publier à nouveau ses Œuvres.

Grâces vous soient rendues, Monsieur, si je peux réaliser le vœu que vous avez formé dans le Sonnet dont je décore le frontispice de mon livre, si je rends aux lettrés d'aujourd'hui le poète jeune et amoureux qu'admirait la cour de Henry II, et non plus le ligueur caduc qui *avait beaucoup changé, corrigé, quelquefois gâté, dans les éditions dernières faites sous ses yeux.*

Ce sont vos paroles; elles m'ont servi de guide dans un travail qui a duré douze ans.

Vous fûtes l'inspirateur; je suis, non pas l'architecte, mais l'ouvrier du monument enfin élevé à la mémoire de Ronsard.

N'est-il pas juste que je vous le consacre?

Heureux de pouvoir témoigner hautement avec combien d'estime et de sympathie pour votre haute renommée littéraire je suis,

MONSIEUR,

Le plus humble et le plus reconnaissant de vos serviteurs,

PROSPER BLANCHEMAIN.

Au château de Longefont (Indre), ce 15 mai 1867.

SONNET
DE C. A. SAINTE-BEUVE
A RONSARD.

A toi, Ronsard, à toi qu'un sort injurieux
Depuis deux siècles livre au mépris de l'histoire,
J'élève de mes mains l'autel expiatoire
Qui te purifiera d'un arrêt odieux!

Non que jamais j'espère, au trône radieux,
D'où jadis tu règnas, replacer ta mémoire;
On ne peut de si bas remonter à la gloire,
Vulcain impunément ne tomba point des cieux.

Mais qu'un peu de pitié console au moins tes mânes;
Que, déchiré longtemps par des rires profanes,
Ton nom, d'abord fameux, recouvre un peu d'honneur;

Qu'on dise : Il osa trop, mais l'audace était belle;
Il lassa sans la vaincre une langue rebelle,
Et plus tard de moins grands ont eu plus de bonheur.

1828.

AUX POÈTES DU XIXᵉ SIÈCLE.

SONNET.

Quand votre rêve en fleurs à la rime se plie,
Quand la Muse a touché vos fronts chargés d'éclairs,
Poètes, songez-vous que la gloire est folie,
Qu'une haleine de mort souffle sur vos concerts?

Écoutez, d'une voix par l'espace affaiblie,
Le vieux Ronsard chanter dans ses parvis déserts.
Son siècle l'admirait et le nôtre l'oublie :
C'est notre ayeul; pour lui je viens quêter des vers.

J'ai rattaché les nerfs de sa lyre muette;
Vous, d'un injuste oubli vengez ses chants altiers,
Consolez, fils pieux, sa grande ombre inquiète,

Revendiquez sa gloire à d'ingrats héritiers,
Pour que sur vos tombeaux, un jour, quelque poète
Chante à son tour vos noms et sème des lauriers!

1867.   PROSPER BLANCHEMAIN.

A RONSARD

LES POÈTES DU XIXᵉ SIÈCLE.

Parmi tant de vaillants athlètes, qui apportent au vieux Maître leur couronne de laurier, tout classement serait une injustice. La suite alphabétique des noms a seule déterminé l'ordre des poésies.

A RONSARD

LES POËTES DU XIXe SIÈCLE.

L'APOTHÉOSE DE RONSARD.

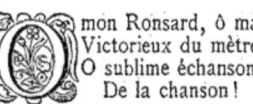 mon Ronsard, ô maître
Victorieux du mètre,
O sublime échanson
De la chanson!

Divin porteur de lyre,
Que voulurent élire,
Pour goûter leurs douceurs,
Les chastes Sœurs!

Toi qui, nouveau Pindare,
De l'art savant et rare
De Phœbus Cynthien
Faisant le tien,

A l'ivresse physique
De la folle musique
Sagement as mêlé
　Le rythme ailé !

Père ! que ma louange
Te célèbre et te venge,
Et, comme vers mon Roi,
　Monte vers toi !

Mais que dis-je ? l'Envie
Qui déchira ta vie
Ne mord plus de bon cœur
　Ton pied vainqueur,

Et, nette de souillure,
Ta belle gloire pure
Va d'un nouvel essor
　Aux astres d'or.

Ton nom deux fois illustre
A retrouvé son lustre,
Comme il l'avait jadis
　Au temps des lys,

Et toi, dans l'aube rose
De ton apothéose,
Tu marches, l'œil en feu,
　Ainsi qu'un Dieu.

Tenant ton luth d'ivoire,
Près d'une douce Loire
A la berceuse voix,
　Je te revois

Dans un jardin féerique,
Où le troupeau lyrique
Enchante de tes vers
　Les bosquets verts.

Là Du Bellay t'honore,
Et je retrouve encore,
Près de cette belle eau,
  Remy Belleau,

Et Pontus et Jodelle
Et Dorat, ton fidèle,
Et ce chanteur naïf
  Le vieux Baïf.

Avec eux, ces Déesses,
Les hautaines Princesses
Du sang pur des Valois,
  Suivent tes lois

Et servent ton Hélène
A la suave haleine,
De qui la lèvre leur
  Semble une fleur,

Et Cassandre, et Marie
Qui, rêveuse, marie
La rose dans sa main
  Au blanc jasmin.

Mais Vénus parmi l'herbe
Est aussi là, superbe ;
Les fleurs, pour la parer,
  Laissent errer

Leurs ombres sur sa joue ;
Quelques fois elle joue
Avec l'arc triomphant
  De son enfant.

Et les saintes pucelles,
Qui mêlent d'étincelles
Et de feux adorés
  Leurs crins dorés,

Levant leurs bras d'albâtre,
Vous suivent, chœur folâtre
De votre voix épris,
   Dans ces pourpris.

Mais voici que tu chantes !
Et tes strophes touchantes
Déroulent leurs accords
   Divins : alors,

Ronsard, tout fait silence :
La fleur qui se balance,
Le ruisseau clair, l'oiseau
   Et le roseau ;

Dans les cieux qui te fêtent
Les étoiles s'arrêtent
Et suspendent les airs
   De leurs concerts ;

On n'entend que ton Ode
Qu'après toi, dans le mode
Ancien, le chœur ravi
   Chante à l'envi,

Et chacun s'en récrée,
Hélène, Cythérée,
Déesses de la cour,
   Enfant Amour,

Muses aux belles bouches ;
Et les astres farouches
Restent silencieux
   Au front des cieux.

THÉODORE DE BANVILLE.

AU XVIe SIÈCLE.

En ce temps d'amoureux délires,
On entendait vibrer deux lyres
Cherchant le naïf et le neuf,
L'une au trône avec Charles Neuf;
L'autre à ses côtés, éclatante
En accords fiers ou familiers,
Dont l'écho faisait sous la tente
Battre le cœur des chevaliers.

Par une brillante figure
Sainte-Marthe appelait Ronsard
*Un prodige de la nature
Autant qu'un miracle de l'art.*

Par ses chants, nobles interprètes
De la fortune des Valois,
Il est le poète des Rois,
Il devient le roi des poètes.

Esprit fêté dans le palais,
Génie attendu sous le chaume,
De poésie et de bienfaits
Il remplit Paris et Vendôme,
Et plein de gloire, il meurt en paix
Dans son prieuré de Saint-Côme.

L'Envie arracha ses lauriers
Et, pendant trois siècles entiers,
Pesa sur son pâle fantôme;

Mais de tous, poètes ou Rois,
La Justice maintient les droits :
Ronsard a repris son royaume !

  Vicomte A. de Beauchesne.

RONSARD A VENDOME.

Fragments d'une ode lue pour l'inauguration, à la mairie de Vendôme, d'un buste de Ronsard, sculpté par M. A. Irvoy.

De tous les siècles morts nul ne fut plus puissant,
Plus fort que le seizième ; aucun autre en passant
  N'étonna tant le monde
Et si profondément ne le fit tressaillir ;
Nul autre ne jeta pour les temps à venir
  Semence si féconde.....

Oh ! les combats d'alors étaient rudes et beaux ;
On appelle ces champs où luttaient des héros,
  Marignan ou Pavie,
Souvenir à la fois de deuil et de grandeur,
Pavie où nos guerriers, perdant tout fors l'honneur,
  Vendaient si cher leur vie !....

Dans ces temps désastreux, en un calme château,
Paisiblement assis entre les bois et l'eau,
  Un enfant vint au monde.
O France, garde-lui ton plus riant accueil,
Car tu feras un jour ton légitime orgueil
  De cette tête blonde.

Dieu marqua cet enfant de son plus divin sceau ;
Des poètes bientôt il ceindra le bandeau ;
  Et bientôt son génie,
D'un art créé par lui déployant l'étendard,
Partout ira porter le beau nom de Ronsard
  Sur des flots d'harmonie.

Par lui la Poésie alors ne sera plus
Un enfant bégayant un mélange confus
  De galants badinages ;
Mais une noble Muse à l'esprit cultivé,
Au maintien élégant, au langage élevé,
  Tout chatoyant d'images.

Cinq rois honoreront de leur intimité
Ce protégé des cieux qui chanta la beauté,
  Et fit la *Franciade*.
Les poètes du jour, se rangeant sous ses lois,
Tout haut proclameront le cygne vendômois
  Pour chef de leur Pléiade.

Mais quel sort, ô Ronsard, attend ton avenir !
Quand tes contemporains te voyaient resplendir
  D'une gloire si pure,
Qui donc eût pu prévoir que deux siècles entiers
Jetteraient à ton nom, jaloux de ses lauriers,
  Le dédain et l'injure ?....

Ton front tranquille et fier, tes traits nobles et purs
De notre hôtel-de-ville ornent enfin les murs.
  Vengé dans ta mémoire,
Viens, ô Ronsard, trôner, paisible souverain,
Dans ce vieux monument, jadis contemporain
  Des beaux jours de ta gloire !

Mais, c'est trop peu ? Je veux, pour toi comme pour nous,
Qu'un large piédestal s'élève aux yeux de tous,
  Sur la place publique ;

Que le bronze se torde aux flammes des brasiers,
Et nous rende immortel, le front ceint de lauriers,
Notre poète antique!.... (¹)

LOUIS BOUCHET,
Vendômois.

Janvier 1844.

A MATHURIN RÉGNIER.

. . . .
Oh! que j'aime à te voir, quand, le poing sur la hanche,
De Ronsard bafoué, seul, tu prends la revanche,
Et de ton vers penseur flagelles sur le dos
Le Malherbe qui pèse et qui gratte les mots.

LOUIS BOUILHET.

A RONSARD.

A Tolède, c'était une ancienne coutume
Qu'avant de prendre enfin le titre d'ouvrier,
Pendant toute une nuit, chaque élève armurier
Veillât près du fourneau qui rougeoie et qui fume.

---

1. Le vœu du poète, tout jeune alors et qui mourut à 32 ans, lieutenant de vaisseau, était une prophétie. Vendôme vient de voter une statue à Ronsard. — M. A. Irvoy est chargé de son exécution.   P. B.

Il façonnait alors un chef-d'œuvre d'acier
Souple comme un roseau, léger comme une plume,
Et gravait, sur le glaive encor chaud de l'enclume,
Le nom du Maître, afin de le remercier.

Ainsi pour toi, Ronsard, ma nuit s'est occupée.
J'ai tenté, moi ton humble et modeste apprenti,
Le fier sonnet, flexible et fort comme une épée.

Sous mon marteau sonore a longtemps retenti
Le bon métal qui sort vermeil de l'âtre en flamme,
Et j'ai gravé ton nom glorieux sur la lame.

FRANÇOIS COPPÉE.

RENOUVEAU.

Ronsard, quand tu parus, les douces voix des Muses
Ne savaient bégayer que des notes confuses,
   Au bord de leur riant berceau;
C'est toi qui leur appris à sonner de la lyre;
Toi qui leur enseignas comment le cœur soupire,
   Comment le vers chante un rythme nouveau.

De tous les sentiments ta peinture est si franche,
Que, sur tes frais tableaux, quand le regard se penche,
   Il les voit vivre devant lui;
Nous croyons respirer le parfum de tes roses
Qui perdaient leur couleur presqu'aussitôt qu'écloses
   Et se fanaient alors comme aujourd'hui.

Et pourtant ton langage offre un aspect étrange,
En son cours il charrie un étonnant mélange

De perles, d'or et de limon ;
Mais l'inspiration qui nous sacre poète
Gronde à travers ton style, ainsi que la tempête
   Qu'animerait le souffle d'un démon.

Tu donnais libre essor à ta forte pensée
Qui planait fièrement dans les cieux élancée ;
   La foule acclamait tes accents.....
Puis, comme à toute chose il faut un côté sombre,
Ton renom glorieux s'est éclipsé dans l'ombre
   Et ton génie a dormi trois cents ans.

Mais voici le réveil, voici que l'ombre noire,
O Ronsard, se dissipe aux rayons de ta gloire ;
   Tu remontes sur tes autels !
Un poète pieux t'a rendu ta couronne,
Ton luth royal frémit et notre âme résonne
   Au renouveau de tes vers immortels.

FÉLIX C.....

BOUTADE.

Je ne sais dans quelle harangue
Un professeur a débattu
Ce point : « Que la France avait eu
Sa poésie avant sa langue. »

C'est vrai quoique étrange. — En effet
Ronsard, ce maître de la rime,
Fut un virtuose sublime
Sur un instrument imparfait.

Et plus tard, sobres d'ambroisie,
Nous eûmes, réglant notre pas,
La langue sans la poésie...
Les exemples ne manquent pas !

Or comme, sur règle et syntaxe,
Doivent lyrisme et sentiment
Prévaloir démesurément,
Selon une loyale taxe ;

Sonnons la fanfare d'airain
En l'honneur de Ronsard poète,
Pour qu'à ce *vivat* souverain
Tombe la censure muette.

— Nouvel Orphée ! autres Enfers ! —
Salut au Roi de la Pléiade,
Qui, d'un coup d'ailes escalade
Le Pinde, ayant aux pieds des fers !

EMILE DESCHAMPS.

Versailles, juin 1867.

STROPHES.

Ce n'est pas en un jour que la gloire enfin classe
  Les noms qu'elle a marqués, fussent-ils les plus grands ;
Il faut qu'alentour d'eux plus d'un siècle se lasse ;
Mais quand c'est l'heure, ils vont tout d'un vol à leurs
    [rangs.
Si la brume parfois monte vers leur lumière,
Elle les cache un jour, mais ne les éteint pas ;
Puis vient une autre aurore, égale à la première,
Qui chasse pour jamais ces nuages d'en bas.

Tu connus ces retours d'ombre et de renommée,
Ronsard : un court déclin te vaut un beau réveil.
Ta gloire renaissante est doublement aimée :
Elle était Nébuleuse, on la fixe Soleil.

« Tu ne fus, disait-on, qu'un bâtard de la Grèce,
Un Vendômois d'Athène échappé dans Paris,
Qui récitait les vers d'archaïque tendresse,
Qu'Anacréon, bien plus qu'Amour, t'avait appris. »

Nous avons vu plus clair au fond de ton génie ;
La France, écoutant mieux, y retrouve le sien,
Et ravivant sa gloire injustement ternie,
Se fait un fils de plus de cet Athénien.

EDOUARD FOURNIER.

Paris, 27 Juin 1867.

FANTAISIE.

O Ronsard ! il faut que ma Muse,
    Qui s'amuse
Parfois à voler librement,
Plane, sans souci du vertige
    Et voltige
A l'entour de ton monument ;

Qu'elle aille, folle en son audace,
    Prendre place,
La coupe et le thyrse à la main,
Au banquet qu'offre à ta mémoire,
    A ta gloire,
Notre cher maître Blanchemain ;

Te consacrer une pensée,
     Cadencée
Avec ferveur et piété.
Laisse-la sourire à ta fête;
     Grand Poète,
Pardonne à sa témérité!

Mon âme, ivre de poésie,
     D'ambroisie,
Sentant l'éperon de ton vers,
Comme une cavale indomptée
     Emportée,
Caracole au milieu des airs.

Elle se souvient du bel âge
     Où, volage,
Par les célestes régions,
Je poursuivais, sans paix ni trêve,
     Le doux rêve,
Les fantastiques visions;

Du temps où, des rives fleuries
     Aux prairies,
Des ravins aux sentiers ombreux,
J'allais, savourant l'harmonie
     Infinie
De tes virelais amoureux,

Quand la Cassandre enchanteresse,
     La maîtresse
Qui m'égarait dans les grands bois,
Faisait retentir la ramée
     Embaumée
Du timbre argentin de sa voix.

Hélas! verts sentiers, roches grises,
     Fraîches brises,
Clairs de lune, refrains joyeux!....

LES POÈTES

Aujourd'hui je suis les allées
    Bien sablées,
Parmi les hommes sérieux.

Mais, en dépit de cette pose
    Qui m'impose
Ses convenances et son fard,
Je garde au cœur le saint délire
    De la lyre,
Et mon culte pour toi, Ronsard !

JULES FRICHON DE VORIS.

Au Tertre, juin 1867.

A RONSARD.

Afin d'oublier cette prose
Dont notre siècle nous arrose,
Mon âme, courons au hasard,
Dans le jardin où s'extasie
La vive et jeune poésie
De notre vieux maître Ronsard !

Père de la savante escrime
Qui préside au duel de la rime,
Salut ! nous avons soif de vers.
La Muse française engourdie
Se débat sous la maladie
Qui gangrène les pampres verts.....

Moi que tout ce pathos ennuie
A l'égal de la froide pluie,
Je veux, rimeur aventureux,

Lire encor, Muse inviolée,
Quelque belle strophe étoilée
Au rythme doux et savoureux.

Un fier sonnet, rubis, topaze,
Ciselé de même qu'un vase
De Benvenuto Cellini;
Des chansons que l'amour enivre,
Des refrains qui nous fassent vivre
Bien loin, bien loin dans l'infini!

Des vers où l'extase déborde,
Des vers où le caprice torde
Comme il veut ses mètres divers;
Des vers où le poète oublie
Tout, hormis la sainte folie :
Des vers enfin qui soient des vers!

Viens donc, Ronsard, maître, et me livre
Toutes les splendeurs de ton livre
Radieux comme un ostensoir;
Dans tes bras je me réfugie,
Et veux, divine et noble orgie,
Être ivre de rimes ce soir!

ALBERT GLATIGNY.

Les Vignes folles, 1860.

L'IMPRIMEUR A RONSARD.

Tandis que Blanchemain pieusement recueille
　Ta grande œuvre, ô Ronsard! voilà qu'un Per-
Tente de succéder aux Wechel, aux Buon, [cheron

Et sur sa presse enfin tu renais feuille à feuille.
Tu ne t'en plaindras point; car du même berceau
Sort un autre poëte, un ami, ton Belleau.

A. GOUVERNEUR,
Imprimeur de Ronsard, éditeur de Belleau.

Nogent-le-Rotrou, mai 1867.

SONNET.

La belle Antiquité s'est couchée au tombeau :
Sur le Monde la nuit règne en toute-puissance;
Muse du vieil Homère, on pleure ton absence!
Apelle et Phidias, l'art n'est plus qu'un lambeau!

Enfin Ronsard survient! il reprend le flambeau
Et le rallume au ciel. Déjà la Renaissance
Brille. Je te salue en ta magnificence,
O Ronsard-Apollon, Dieu du jour, Dieu du beau!

Aventureux chercheur en des rives lointaines,
Sur ton navire d'or tu ramenas Athènes
Et ses Olympiens au divin souvenir;

Tu rouvris le passé, source de l'avenir,
A la Muse gauloise encor toute rustique;
Tu sonnas l'air nouveau sur la cythare antique.

ARSÈNE HOUSSAYE.

EPITAPHE.

Sur les rives du Loir il reçut la naissance;
La Cour le prit enfant à son pays, et Tours
Vit la mort l'arracher à l'orgueil de la France.
Il a chanté les Rois, le vin et les Amours.

Ed. Huron,
Vendômois, ancien élève de l'Ecole des Chartes

A RONSARD.

Quand tu veux attifer ta Muse si française
    Avec le masque grec et le manteau romain,
Ta Muse qui demande à marcher à son aise,
Libre dans son allure et droit par le chemin,

Poète, tu n'as pas l'éloquence émouvante
Qui captive aussitôt les lecteurs subjugués;
Ton génie entravé, ta verve trop savante
S'épuisent en efforts vainement prodigués.

Mais quel charme en tes vers, si tu restes toi-même!
Quel vaillant souffle passe à travers ton poème;
Quel mâle et fier élan t'emporte, ô vieux Ronsard!

Alors l'émotion dont ton âme est saisie
Pénètre en moi soudain avec ta poésie;
Car ton cœur parle mieux et plus haut que ton art!

Achille Millien.

REVANCHE.

SONNET.

La gloire a ses retours. C'est la grande bascule.
De ce qu'un siècle raille un autre est entiché.
Au culminant zénith tantôt on est juché;
Tantôt jusqu'au nadir on décline, on recule.

Boileau te déclarait grotesque et ridicule,
O Lyrique fameux, de si haut trébuché.
Plains à ton tour Boileau, soleil presque couché,
Dont le rayon s'éteint dans un noir crépuscule.

Il décroît : tu grandis; tu reparais vainqueur. [chœur.
Comme un des Dieux de l'Art, nous t'acclamons en
Notre âge à ton vrai prix de nouveau t'évalue.

Remonte dans ton ciel! plane encore, Astre-Roi !
Par-dessus trois cents ans jetés entre elle et toi,
La nouvelle Pléiade, Ancêtre, te salue!

AMÉDÉE POMMIER.

Juin 1867.

RENAISSANCE.

SONNET.

Lorsque la Poésie, après la Renaissance,
Du Parnasse français entrevit le chemin,
Est-il vrai que Ronsard, parlant grec et latin,
Ait préparé pour elle une autre décadence?

Celui qui prononça cette injuste sentence
Fit à l'antiquité pourtant plus d'un larcin;
S'il négligea les mots, il chercha son butin
Sur le fonds même, et prit son cœur et sa substance.

Mais Ronsard est debout! Il vit dans ses sonnets,
Dans les chants qu'il consacre à l'honneur des Français,
Dans son langage aux Rois si pur de flatterie.

Il domine son Temps! Sous son noble étendart
Du Bellay rajeunit la vieille poésie
Et Syméon sauva les monuments de l'art. (¹)

HENRI SIMÉON.

Juin 1867.

---

1. Gabriel Syméon, de la famille de l'auteur, originaire de Provence, élevé à Florence, savant archéologue du XVIᵉ siècle et ami de Ronsard.　　　P. B.

SONNET.

Hélas! nous sommes nés en des jours violents!
Le Passé tombe, après s'être coupé les veines,
Et le Présent nourrit de lâchetés malsaines
L'Avenir au maillot dont il corrompt les flancs.

Meurent les seins féconds et les mamelles pleines!
Nos fils boiront la honte et les affronts sanglants;
On les verra traîner sous des cieux insolents [chaînes!
Leurs fronts lourds de mépris et leurs bras lourds de

Pour nous, avant de voir le grand sol des aïeux
S'effondrer sous nos pieds, sauvons du moins nos Dieux,
Les gais sonneurs d'amour, les charmeurs de souffrance.

Rois, tribuns et soldats, fils géants du hasard,
Vous serez oubliés, cependant que Ronsard
Vivra pour dire où fut le beau pays de France.

JOSEPHIN SOULARY.

SONNET.

O maître des charmeurs de l'oreille, ô Ronsard,
J'admire tes vieux vers et comment ton génie
Aux lois d'un juste sens et d'une ample harmonie
Sait, dans le jeu des mots, asservir le hasard.

Mais plus que ton beau verbe et plus que ton grand art,
J'aime ta passion d'antique poésie,
Et cette téméraire et sainte fantaisie
D'être un nouvel Orphée aux hommes nés trop tard.

Ah! depuis que les cieux, les champs, les bois et l'onde
N'avaient plus d'âme, un deuil assombrissait le monde,
Car le monde sans lyre est comme inhabité!

Tu viens, tu ressaisis la lyre, tu l'accordes
Et, fier, tu rajeunis la gloire des sept cordes
Et tu refais aux Dieux une immortalité.

SULLY-PRUDHOMME.

RONSARD.

Je l'aime, ce poëte à l'instinct créateur,
Qui fort de son génie, inspiré par l'étude,
Prit dans ses mains la langue encore informe et rude,
Et la pétrit longtemps comme un hardi sculpteur;

Et qui l'ayant domptée et faite à sa hauteur
Mit sa grande œuvre au jour, puis, dans la solitude,
Las de gloire et d'encens, rongé d'inquiétude,
S'endormit dans la paix du divin Rédempteur?

Vrai monarque d'un siècle unique dans l'histoire,
On l'arracha du trône; on insulta sa gloire...
Le vaincu se relève, acclamé, rayonnant.

De son dédain cruel la France enfin s'accuse;
La France trop longtemps ingrate envers sa Muse,
Se couronne elle-même en le recouronnant.

     Edouard Turquety.

DANTE ET RONSARD.

Divûm genus.

I.

Deux hommes de combat et de pensée ardente
De leur siècle ont marqué le seuil : Ronsard et
Nous, la Postérité, dressons leur tribunal. [Dante.
L'un fut taillé d'un bloc. L'autre, vaillant et souple,
De la strophe et du rhythme épuisait l'arsenal.
Plutarque à ces noms-là médite et les accouple;
Grands tous deux! les louer devient presque banal.

L'un a fondé sa gloire en œuvres plus complètes;
Sur l'obstacle vaincu, nous, jugeons les Athlètes!
L'un était de Florence, et hantait les démons;
L'autre de sang Gaulois, né du pays Carnute.
Vivant, on l'adorait; mort, on le persécute.
Ronsard, quand le triomphe eut couronné sa lutte,
Mort, fut décapité; c'est pourquoi nous l'aimons.

Dante, aux riants échos du bleu ciel de Provence,
Trouva le sol ouvert et labouré d'avance.
La viole et le théorbe y sonnaient les amours;
Les chevaliers, la Dame aux sveltes banderoles,
Sous un dais broché d'or, de soie et de velours,
Avaient, dans l'art d'aimer, connu l'art des paroles.

L'ancien Guelfe aux jongleurs, à nos gais troubadours,
Toute mûre, emprunta pour son Enfer la langue.

Ronsard, le fier cyclope aux épaules d'airain,
D'un minerai nouveau creusa le souterrain.
Ce ne fut plus Marot et sa courte harangue.
Le métal qu'il prenait vierge et brut de la gangue,
Il s'en forge un tonnerre ; et comme font les Dieux,
D'une triple étincelle il en ourdit les trames.
Son glaive a le tranchant façonné de trois lames :
De Virgile, et d'Homère, et de Liwarc'h le vieux,
Dernier de ces Harpeurs, que de leurs doigts fluides
Les Elfes couronnaient sous l'arbre des Druides.

II.

Vers la cime est monté par ces trois échelons
Le Titan simple et fort, le Celte aux cheveux blonds.

Et sur le haut du Pinde, il chantait le Rapsode.
Le long du précipice, au détour du sentier,
Pindare, en l'abordant, le fait son héritier.
Jeunesse, amour, prière, il chante ; l'hymne et l'ode
D'Alcée et de Linus retrouvent l'ancien mode.
Il chante ; l'épopée a repris son grand vol ;
Il chante ; et dans son cri l'aigle eut du rossignol.
Dès lors que de lui-même empruntant les seuls charmes,
Oublieux de Pétrarque et du sonnet caduc,
Aux ruches de l'Hymette il vint cueillir le suc,
Nul n'a mieux dit la plainte et soupiré les larmes.

Et du Pinde ébranlé la source et les vallons
Nomment leur Dieu Ronsard, le Celte aux cheveux blonds.

Il eut ses détracteurs, puisqu'il faut qu'on en parle.
Mais vous, François premier? vous, les deux Henri,
Stuart et Marguerite, astres de son matin? [Charle,
Vous, sa jeune Pléiade? et Montaigne, et le Tasse,

Trouviez-vous qù'en français il parlât grec, latin?
Tombez, palmes et fleurs qu'à l'Idole on entasse ;
Son règne n'eut qu'un temps ; ce temps est révolu :
Le Tasse était un fou ; Montaigne avait mal lu.
Au bord des quais, où gît le bouquin vermoulu,
A la pluie et dans l'auge où les in-quarto baignent,
Où tant d'illustres morts dans le marais s'éteignent,
Ronsard a de l'égoût humé l'exhalaison.
Comme Dante eut l'exil, Ronsard eut la prison ;
L'Immortel écroué dans sa geôle posthume,
Du mépris des passants a connu l'amertume.

Et la cour, et Paris, la rue et les salons
Oublièrent Ronsard, le Celte aux cheveux blonds.

III.

Dante et Ronsard du Pinde avaient quitté la cime.
Adieu l'air ; l'eau qui pleut vivante aux rochers nus ;
Le couple est au pays des ombres. Dans l'abyme,
Près d'eux Boileau, Malherbe à leur tour sont venus.
Le VATES florentin, les ayant reconnus,
Dit à Ronsard, qu'avaient tué leurs traits acerbes :
« L'un peut tondre des mots, l'autre éplucher les herbes
» Dont il a marqueté son jardinet d'Auteuil ;
» Quand tu parlais latin, c'était mieux que Santeuil ;
» Grec ? c'était comme Homère en des strophes superbes.
» A tes Hymnes (¹), j'ai cru qu'aux bruits de l'océan,
» De ton luth résonnaient les harpes d'Ossian. »
Malherbe et Despréaux, là, n'ont point osé mordre ;
Dante, à son tribunal, les mit au second ordre.

Et de l'Eden aux bois de myrte, les Colons
Applaudirent Ronsard, le Celte aux cheveux blonds.

1. Les Hymnes de Ronsard sont des fragments épiques de la plus grande beauté.

Dante avait prononcé ; qui viendrait le combattre ?
L'Homme, ou l'Insecte, neutre et qui crut de son dard
Éterniser la plaie aux tempes de Ronsard ? —
Malherbe, le poète aimé de Henri Quatre,
Cœur digne, esprit loyal, s'il fut quelquefois sec,
Du vieux Barde s'approche et lui tend la main droite.
L'Eunuque seul, dont l'œil est myope et le pied boite,
Lui reprochait encor son latin et son grec.
Mais Sapho, les seins nus, la tunique déclose,
A murmuré : « Mignonne, allons voir si la rose... »
Cette note au Léthé rendit le souvenir ;
Une Elfe à l'aile bleue et qui sort du menhir
Dit à Ronsard : « Mon fils, dans mes bras viens, repose. »

Et la source, et le lac, la nue et les aiglons,
Ciel, mer, ont salué le Celte aux cheveux blonds.

       Eugène Villemin.
 Juin 1867.

ÉTUDE SUR LA VIE

DE

PIERRE DE RONSARD.

—

11 SEPTEMBRE 1524 — 27 DÉCEMBRE 1585.

ÉTUDE SUR LA VIE

DE

PIERRE DE RONSARD.

11 SEPTEMBRE 1524 — 27 DÉCEMBRE 1585.

Veritas filia Temporis.
Inscription au château de la Poissonnière.

L'ANNÉE 1525, si désastreuse pour la France, venait de finir. Le Roi François Ier, le glorieux vaincu de Pavie, n'était plus le prisonnier, mais l'hôte de Charles-Quint. Sa rançon avait été stipulée par cet onéreux traité de Madrid que Madame d'Angoulême se disposait à exécuter, en livrant à l'Espagne le Dauphin et le duc d'Orléans, en échange de leur père.

Le seigneur Loys de Ronsard allait quitter son castel de la Poissonnière pour suivre dans leur captivité les deux nobles otages que la Régente l'avait chargé d'accompagner. Tandis qu'il faisait ses adieux à sa famille et recommandait à sa femme ses quatre jeunes fils, dont le dernier était encore au berceau, ses équipages l'attendaient sur la route, et les gens du village de Couture, groupés devant la porte de son manoir, se préparaient à lui souhaiter un heureux voyage.

C'est que messire Loys n'était pas un seigneur vulgaire. Maître d'hôtel du Roi et chevalier de son ordre, il descendait d'une antique famille. Le premier de sa race en France, un certain Baudouin de Ronsard, Rossart ou Roussard, cadet aventureux, avait quitté la Roumanie vers 1340, et était venu offrir ses services à Philippe de Valois, alors en guerre contre les Anglais. (¹) Il se comporta si bravement qu'il put, grâce aux bienfaits du Roi, bâtir son château près du village de Couture (dans la Varenne du bas Vendosmois) et faire souche en France. (²)

---

1. Le nom de Ronsard serait la traduction du mot hongrois *marucini*, qui signifie *ronces*. (V. une note de l'élégie à Remy Belleau, t. IV, p. 297.) On le tire aussi de *ross*, qui signifie un cheval dans certaines langues du nord; et le nom de *rossarts* se donne à de fort bonnes ablettes qu'on pêche dans le Loir. C'est pourquoi l'écusson des Ronsard était d'azur à trois ablettes d'argent et portait pour cimier un cheval.

Le poète avait des armoiries personnelles qui lui avaient été données par Charles IX. Il portait d'azur à trois roses d'argent feuillées et soutenues de sinople. (Pailliot. *La vraie et parfaicte Science des Armoiries*, Paris, 1660, in-fol., p. 574.)

2. Dans la fraîche vallée du Loir, à sept lieues ouest de Vendôme (Loir-et-Cher), sur le versant d'un coteau qui

Un des descendants de Baudouin fut, dit-on, évêque du Mans, et la maison s'allia aux plus nobles de la province. Loys avait épousé Jeanne

descend, vers le nord, au dessous de l'antique forêt de Gastine, il est une position forte et charmante à la fois, d'où le regard, dominant le bourg de Couture, erre à travers les vertes prairies du Loir et de la Braye, embrasse les collines de Trôo, les hauteurs où fut un camp romain qui dominait Sougé, le village de Poncé, le château de la Flotte, etc., sinueux amphithéâtre de coteaux fertiles, dont le sous-sol, formé d'une roche friable, est percé d'habitations souterraines et couronné de vignobles ou de bois.

Dans ce lieu, qu'on appelle les *Vaux du Loir,* s'élève le manoir de la Poissonnière. Son ensemble, plus gracieux qu'imposant, forme un carré long, dont les portes et les fenêtres sont ornées d'arabesques ciselées dans la pierre blanche du pays. L'escalier est renfermé dans une tourelle octogone qui, chargée aussi de sculptures, couronnée d'une élégante lucarne, ressort au milieu de la façade méridionale du bâtiment.

Au dessus de la porte de la tourelle, sous un buste très-dégradé, se lit cette inscription: *Voluptati et Gratiis.* Contre les appuis de toutes les fenêtres sont gravées des maximes plus sérieuses : *Veritas filia temporis, Ne quære nimis, Respice finem.* Ces deux mots : *Avant partir,* s'y trouvent plusieurs fois répétés.

Les communs, creusés dans le roc, forment avec les constructions un angle aigu. Des restes de vieux murs les dominent. Les montants des portes et les meneaux qui les surmontent sont taillés à même la pierre et chargés d'attributs et de devises, indiquant leur destination : *la Buanderie belle, la Fourière, Vina barbara, Cui des videto, Custodia dapum, Sustine et abstine.*

Dans la maison se voient de grandes et belles cheminées semi-gothiques en pierre blanche. Celle de la grande salle captive les regards par les sculptures délicates dont elle est couverte, sculptures composées presque uniquement de pièces des armoiries des différentes familles auxquelles les Ronsard s'étaient alliés. Au sommet brille l'écusson de France ; au dessous, les trois poissons des Ronsard sont accompagnés de Chaudrier, dont la famille tenait à celles du Bouchage, de La Trimouille (¹) et de Rouaux.

C'était à elle, qu'au moment de partir pour l'Espagne, il recommandait vivement ses enfants et surtout le dernier né, qui enlaçait de ses petites mains le cou de son père et ne voulait pas se séparer de lui. Le bon chevalier s'inquiétait avec raison. Sur les six enfants issus de son

---

de cette légende : *Non fallunt futura merentem*, qu'on peut lire aussi : *Non fallunt futura me rete*, par allusion aux poissons qui défient toute espèce de filets.

On a cru voir, dans des tiges de fleurs vers lesquelles s'élancent des flammes, emblèmes qui occupent tout le bandeau de la cheminée, un mystérieux hommage du poète à la sœur de Henry II, Marguerite de Savoie, la première admiratrice de ses vers. Mais cette conjecture me semble très-peu fondée ; d'abord parce que Pierre, le dernier de la famille, n'a jamais dû posséder le château paternel, qui appartenait de droit à l'aîné ; ensuite parce que les sculptures du castel remontent aux premières années du seizième siècle, à l'époque où le style de la renaissance commençait à se mêler au style gothique ; enfin parce que les L plusieurs fois répétées, le nom entier de Loys gravé sur la grande cheminée, achèvent de démontrer qu'elles doivent être attribuées au père du poète.

On montre, dans le pavillon le plus voisin de la chapelle, une chambre qui est, dit-on, celle où naquit Ronsard.

Voyez, pour plus de détails : *Vendôme et le Vendômois*, par M. de Passac, 1823, in-4°, et l'*Hist. archéologique du Vendômois*, 1849, in-4°.

La Poissonnière appartient aujourd'hui à Mme H. de Lahaye, née Cottereau, qui l'a fait pieusement restaurer, avec le goût et l'habileté d'une antiquaire et d'une artiste.

1. De la famille de Craon, et de celle de La Trimouille, descendaient, par l'alliance de l'impératrice Mathilde, les rois d'Angleterre ; de manière que Ronsard se prétendait allié au seizième ou dix-septième degré d'Élisabeth, reine d'Angleterre.

mariage, deux avaient succombé dans leurs premières années. Les trois aînés survivants étaient déjà grands et forts ([1]); mais le plus jeune, qui avait dix-huit mois à peine, était alors d'une santé délicate. Le samedi 11 septembre 1524, premier jour de sa vie, avait failli être celui de sa mort. En traversant le pré Bouju, pour le porter au baptême, sa nourrice le laissa tomber, et sa marraine lui renversa sur la tête le vase plein d'eau de rose et de fleurs qu'elle offrait à l'église. Heureusement, sa chute eut lieu sur l'herbe et le vase ne le blessa point; mais il lui en était resté quelque faiblesse.

Cet enfant c'était PIERRE DE RONSARD, qui devait pendant tout un siècle faire prosterner la France aux pieds de sa renommée littéraire, si bien que sa naissance, arrivée quelques mois avant la bataille de Pavie, semblait aux yeux de ses contemporains balancer le désastre de nos armes; Pierre de Ronsard, qui devait être ensuite plus abreuvé d'affronts qu'il n'avait été

---

1. Le premier se nommait Claude. Il suivit la profession des armes, se maria et laissa deux fils. Le dernier représentant mâle de cette branche, le général de Marescot, est mort dans le Vendômois en 1832.

Louis, le puîné, fut prêtre, curé d'Évaillé, abbé de Tyron et de Beaulieu.

Le troisième s'appelait Charles. Il était, en 1564, doyen de l'église du Mans.

M. le comte Achille de Rochambeau, à qui je dois une importante partie de ces documents généalogiques, m'apprend encore que la dernière descendante des Ronsard de la Poissonnière est une demoiselle de Ronsard, âgée de soixante ans, qui habite la Normandie.

chargé de palmes, et revenir enfin après trois cents ans d'oubli revendiquer sa gloire auprès de la postérité.

Le maître d'hôtel de François Ier ne manquait pas d'instruction; il avait fait ses études à l'université de Bourges; il se piquait même de composer des vers latins et des poésies françaises, que les Marot, les Saint-Gelais, les Héroet avaient daigné entendre et applaudir. (1) Aussi avait-il donné à ses fils un précepteur, dont Pierre partagea les leçons aussitôt que l'âge le lui permit.

Jusqu'en 1533 l'enfant vécut à la campagne, de cette vie active et forte qui développe le corps, tandis que son esprit se cultivait, stimulé par l'exemple de ses aînés, qu'il eut en peu de temps atteints et même dépassés; si bien que son père, pour utiliser ses grandes dispositions et sa vive intelligence, résolut de le mettre au collége à Paris.

Ronsard avait alors neuf ans; blond, aux yeux bleus, grand et maigre, à la fois impétueux et doux, aussi ardent à l'étude qu'aux exercices du corps, ses joues roses, son regard vif et son gracieux sourire charmaient tout le monde. Mais le séjour du collége de Navarre l'eut bientôt changé. En six mois il perdit ses belles couleurs, sa vivacité, son goût pour l'étude. Tout

---

1. Jean Bouchet de Poitiers parle souvent de lui dans ses *Epistres*. Il l'appelle Loys *Roussart* (Voyez les épistres 96, 97 et 129). Il a même écrit son épitaphe que nous donnons page 13 (*Les Généalogies, Effigies... et autres Opuscules de J. Bouchet*, un vol. in-fol., 1545).

cela était dû au régime rigoureux du collége, à la sévérité pédante de son régent, le sieur de Vailly, qui ne sut pas profiter de ce riche naturel et voulut arracher de force ce qu'il eût facilement obtenu par la douceur. Effrayé de ce dépérissement, son père l'emmena avec lui à Avignon, où le Roi, assisté de ses trois fils, se préparait à de nouveaux combats. Car son éternel rival Charles-Quint, fier de cette expédition d'Afrique où il avait vaincu Barberousse, envahissait la Provence, allait assiéger Marseille et rangeait déjà la France au nombre de ses conquêtes.

Le Dauphin François rencontra dans son camp le jeune Ronsard, qui lui fut présenté par son père, et le voulut avoir au nombre de ses pages; mais six jours après (10 août 1536), le Dauphin, empoisonné, dit-on, par le comte de Montecuculo, mourut à Tournon. Ronsard ayant perdu ce premier protecteur, ne tarda pas à en trouver un autre dans la personne de Charles, duc d'Orléans, troisième fils du Roi. Il avait le don de plaire à tous ceux qui le connaissaient ; aussi lorsque Madeleine de France épousa Jacques Stuart, roi d'Écosse ([1]), il fut au nombre de ceux qui suivirent la jeune Reine dans sa nouvelle patrie. Après y avoir passé deux ans, il quitta Édimbourg malgré les instances du Roi Jacques, employa six mois à parcourir l'Angleterre, et revint en France reprendre son service de page auprès du duc d'Orléans.

1. Le mariage eut lieu à Paris le 1ᵉʳ janvier 1537.

Il s'était encore formé dans ses voyages, avait appris la langue du pays, excellait dans la danse, la lutte et l'escrime, et déjà montrait un penchant à la méditation ; il aimait à se retirer dans les endroits solitaires, où bravant la défense paternelle, il composait des vers qu'il n'osait encore lire à personne. (1)

Craignant pour son page les séductions de la paresse, le duc son maître le chargea d'aller en Flandre, saluer de sa part la nièce de l'Empereur (2) dont il était épris, et de porter ensuite un message en Écosse.

En route, Ronsard lia connaissance avec un jeune gentilhomme français que ses biographes nomment Lassigny (3) et s'embarqua sur le même vaisseau que lui. A peine avaient-ils quitté le continent, qu'ils furent assaillis par le mauvais temps. La tempête dura trois jours et fracassa le navire, sur le rivage même de l'Écosse. La cargaison fut perdue ; mais l'équipage fut sauvé,

---

1. Voyez, au deuxième livre des poèmes, celui qu'il adresse à P. Lescot et qui commence ainsi :

   Puis que Dieu ne m'a fait pour supporter les armes....

2. Charles-Quint, par le traité de Crespi (18 sept. 1544), s'engagea à donner en mariage au duc d'Orléans, dans un délai de deux années, sa fille Marie d'Autriche ou une fille de Ferdinand, son frère, avec l'état de Milan pour dot.
Il semble que dès 1540, époque de la mission de Ronsard, le duc aimait une nièce de l'empereur. Marcassus, dans son commentaire sur l'élégie XX (t. IV, p. 299), le dit expressément.

3. Probablement d'*Acigné*. Ce serait un neveu de Judith d'Acigné, épouse de Jean de Canaples, dont le portrait au crayon est conservé à la Bibliothèque Impériale.

et *notre futur Arion,* comme l'appelle Binet, s'échappa à la nage.

A son retour, le duc d'Orléans, pour le récompenser d'avoir habilement rempli son office, le mit hors de page et l'envoya en Allemagne à la suite de Lazare de Baïf, ambassadeur de France à la Diète de Spire (1540). Celui-ci emmenait en même temps Antoine de Baïf, son fils, et Charles Estienne (1), son médecin ordinaire, avec lesquels une entière conformité de goûts et de penchants eut bientôt lié Ronsard. (2) De là il accompagna à Turin Guillaume de Langey, seigneur du Bellay, son parent, vice-Roi du Piémont. (3)

A peine âgé de seize ans, il avait déjà vécu dans l'intimité des plus grands personnages, était initié aux secrets de l'État, parlait l'anglais, l'allemand et l'italien ; ses débuts annonçaient un diplomate et promettaient à la France un

---

1. Charles Estienne était de cette fameuse famille qui, pendant deux siècles, illustra l'imprimerie française.

2. C'est ce voyage dont il est question dans le poème adressé au roi Henry III, qui commence le volume des *Euvres en rime de J. A. de Baïf* (Paris, Lucas Breyer, 1583, in-8º) :

    Mon pere qui alors
Alloit ambassadeur pour vostre ayeul, dehors
Du royaume en Almagne, et menoit en voyage
Charle Estienne et Ronsard qui sortoit hors de page :
Estienne medecin, qui bien parlant estoit ;
Ronsard de qui la fleur un beau fruict promettoit.

3. C'est là que Rabelais et Ronsard se rencontrèrent pour la première fois. Probablement le grand railleur se moqua du jeune poète, car de ce voyage date une antipathie qui ne s'appaisa plus.

futur ambassadeur, quand une grave maladie, dont il avait contracté le germe dans ses voyages, vint arrêter sa carrière en le laissant presque sourd. (1)

Cette infirmité que les plus habiles médecins tentèrent vainement de guérir, le rendit tout entier à l'étude des lettres. Un gentilhomme, nommé le seigneur Paul, avait entretenu ce goût en lui lisant et en lui interprétant les plus beaux passages de Virgile. (2) Ce grand poète fit ses délices et il l'apprit entièrement par cœur. Il ne laissait pas toutefois de lire les poètes français, entre lesquels il préférait Clément Marot, dont il a depuis imité le charme gracieux, le *Roman de la Rose*, dont les images un peu prétentieuses plaisaient à son imagination, et Jean Lemaire de Belges, où il puisait la première idée de la *Franciade*.

---

1. Dans une pièce virulente publiée en 1563 : *Prosa magistri Nicolaï Mallarii Gomorrhœi Sorbonici, ad M. Petrum Ronsardum, poetam papalem Sorbonicum*, reproduite par M. Leber (*De l'état réel de la presse et des pamphlets depuis François I*er *jusqu'à Louis XIV*. Techener, 1834), on lit :

> Plus dicunt quod Ronsardus
> Certò sit factus surdus
> A *lue Hispanica*;
> Et, quamvis sudaverit,
> Non tamen receperit
> Auditum *et reliqua*.

Ce *reliqua*, dit M. Sainte-Beuve, est assez joli, le genre admis. Ronsard a toujours nié que cette accusation fût fondée.

2. Selon Colletet, ce seigneur Paul était écossais et Ronsard l'avait connu à la cour de Jacques Stuart. Au dire de Baïf, il était piémontais et avait été page avec Ronsard. Binet ajoute qu'il était frère de Mme Philippes, mère de Mme de Châtellerault.

A cette époque, la Cour, où Ronsard continuait à se montrer assidûment, était à Blois. Un jour, un beau jour de printemps, en l'année 1541, le vingt-unième du mois d'avril, comme il le dit lui-même, il errait aux environs de la ville, dans ces belles prairies de la Touraine, lorsqu'il rencontra une toute jeune fille, presque une enfant, pauvre et simplement vêtue, mais ayant pour parure cette première fleur de la jeunesse et de la beauté qui charme les rêveurs. Elle était déjà grande, bien faite et d'un gracieux embonpoint; elle avait, rare perfection, des cheveux blonds ondés et des yeux noirs; son visage était vermeil, ses lèvres épanouies souriaient sans cesse, et le sourire marquait d'une fossette chacune de ses joues et la rondeur de son menton. ([1])

Il s'arrête, et longtemps demeure comme fasciné par cette fraîche apparition. Peut-être la rieuse fille fut-elle touchée à la vue de cet adolescent, pâli par les veilles, mais bien pris dans sa taille, au visage noble et pensif, au nez aquilin, presque blond comme elle, et qui la regardait avec des yeux pleins d'une douce gravité. Elle passa, chantant un branle de Bourgogne que le poëte n'oublia plus, puis elle disparut non sans s'être retournée, et le jeune homme était encore là, songeant toujours à elle, mais en même temps, peut-être, rêvant à Pétrarque qui avait ainsi vu passer Laure de Noves sur les bords de la fontaine de Vaucluse.

1. Voyez pour ces détails les sonnets 25, 41, 63, 127, 136, 139, etc., du premier livre des *Amours*.

Il avait rencontré son idéal ; il était poète !

Il lui donna le nom de Cassandre, se promettant qu'elle serait la Laure de la France, et son premier cri d'amour s'exhala dans un sonnet. Le poète ne nous a pas dit quel fut ce sonnet, premier élan de sa passion, et je les ai vainement lus tous sans en trouver un qui portât précisément ce caractère. C'est aussi vainement que j'ai cherché le nom de cette belle fille de Blois, qu'il aima dix ans, pour laquelle il composa ces AMOURS qui firent pendant un siècle l'admiration de la France, et dont il garda pieusement le vrai nom caché dans son cœur, sans jamais avoir fléchi cette inhumaine, ni obtenu la récompense de son fidèle amour.

En 1543, toujours épris de sa Cassandre, mais dissimulant avec soin sa passion et surtout les vers qu'il faisait pour elle, il parvint à obtenir de son père la permission de reprendre ses études, à la condition toutefois d'oublier la poésie et de ne lire aucun livre français. Il se donna donc tout entier aux Grecs et aux Latins. Il exerçait alors une charge dans les écuries du Roi, près desquelles il logeait (probablement avec son père), au palais des Tournelles. Dès qu'il pouvait s'en échapper, il passait l'eau et, suivant les fossés Saint-Bernard et Saint-Victor, s'en allait à l'entrée du faubourg Saint-Marcel (1),

---

1. La maison de Baïf était située rue des Fossés-Saint-Victor, à côté et au dessous du collége des Écossais. Elle a disparu dans les démolitions faites pour le percement de la rue des Écoles. Elle portait le numéro 23.

partager avec son compagnon de voyage en Allemagne, Antoine de Baïf, les leçons du savant helléniste limousin Jean Disnemandi, qui s'est rendu célèbre sous le surnom de Dorat. (1)

Sur ces entrefaites (le 6 juin 1544), son père mourut presque subitement, étant de quartier chez le Roi en sa qualité de maître-d'hôtel. Il alla pieusement déposer le corps dans l'église de Couture. (2) L'amour des lettres fut un adou-

---

1. Un village de la Haute-Vienne appelé le Dorat était sans doute le lieu natal du célèbre professeur, d'où il aura pris son nom, qui a été écrit aussi Daurat ou d'Aurat, en latin *Auratus* et en grec Αὐρατος.

2. Jeanne de Chaudrier, femme de Loys de Ronsard, fut également ensevelie dans l'église de Couture. Il est probable qu'elle y précéda son époux; car la statue qui décorait son tombeau et que l'on conserve dans la sacristie de l'église de Couture est celle d'une femme de trente ans, tandis que la statue de Loys de Ronsard est celle d'un homme beaucoup plus âgé. Cette dernière n'a plus de jambes et le visage en a été mutilé à coups de marteau. La première est entière et mieux conservée. — Il est remarquable que dans ses œuvres Pierre de Ronsard ne parle jamais de sa mère.

Voici, à défaut d'inscription tumulaire, les vers que Jean Bouchet a consacrés au père du poète :

Epitaphe de feu messire LOYS DE ROUSSART (sic), *en son vivant chevalier, seigneur de la Possonniere et maistre d'hostel de Monseigneur monsieur le Daulphin.* (C'est le mort qui parle.)

> Aprés avoir, en martiaulx arrois,
> Par cinquante ans et plus, servy trois Roys,
> Je dy trois Roys de France insuperables,
> Passé les monts en forces admirables
> Vingt et deux fois, pour iceulx Roys servir
> Et pour leur grâce et amour deservir,
> Soubs l'un d'iceulx, je fus à la bataille
> Faicte sur mer, qu'on nomme la Rapaille,
> Puis à Novare, à Dast et à Milan,

cissement pour sa douleur, et personne ne contraignant plus ses goûts littéraires, il put désormais s'y livrer tout entier.

> Où Loys Sforce, avant le bout de l'an,
> Fut caultement, voire par bonne guerre,
> Prins prisonnier en usurpée terre ;
> Donné secours à Gennes retirer,
> Et par aprés dompter et empirer
> Le grand orgueil et force de Venize ;
> Rompu, gasté la tres-fiere entreprise
> Et dur effort des Souysses, voulans
> Se mesurer à l'ausne des plus grans,
> Qui par le Roy François, soubs bonne guide,
> Furent vaincus au camp Saincte-Brigide.
>   Pour lesquels faicts, je fus fort familier
> De tous ces Roys et créé chevalier,
> Puis mis au rang des cent mansionnaires,
> Qui sont nommés royaulx pensionnaires,
> Et en plusieurs belles commissions
> D'ambassadeur, où, sans concutions,
> Me gouvernay si bien vers les estranges
> Qu'en rapportay (Dieu voulant) grans louanges.
> Consequemment avant que prendre fin
> En tout cest heur, de Monsieur le Daulphin
> Aussy du duc d'Orleans son cher frere
> Maistre d'hostel me feit le Roy leur pere,
> Et me bailla d'eux le gouvernement,
> Au temps fascheux que par appoinctement
> Furent baillez bien jeunes pour ostage
> Du Roy leur pere, à son grand avantage,
> A l'Empereur, qui le pere au destroict
> Tenoit captif à tort et contre droict ;
> Où par quatre ans et demy pour compaigne
> Eusmes rigueur seullement en Espaigne.
>   Et ces travaulx et grands labeurs passez,
> De patience en doulceur compassez,
> Continué je fuz en mon office
> Quinze ans et plus par fortune propice,
> Et puis avoir par soixante-quinze ans
> Passé mes jours la pluspart desplaisans,
> L'an mil cinq cens avec quarante-quatre
> La mort me vint soubdainement abattre
> Au lict d'honneur, par merveilleux hazart,
> Qui fus tousjours nommé *Loys Roussard*,
> En mon vivant sieur de la Possonniere.

Son habile professeur Dorat avait été, vers la même époque, nommé principal du collége de Coqueret, rue des Sept-Voies, et y avait établi une académie, où le jeune Baïf étudiait. Ronsard se remit sur les bancs avec lui et alla demeurer au collége même. (1) Beaucoup plus âgé que Baïf, ayant vingt ans passés tandis que son ami n'en avait que seize, par son infatigable travail il eut bien vite réparé le temps perdu. (2)

Claude Binet ajoute que : « Ronsard ayant
» été nourri jeune à la Cour, accoustumé à veiller
» tard, continuoit l'estude jusques à deux ou
» trois heures apres minuict, et se couchant
» reveilloit Baïf qui se levoit, prenoit la chan-
» delle, et ne laissoit refroidir la place. En ceste
» contention d'honneur, il demeura sept ans avec
» Dorat, continuant tousjours l'estude des lettres
» grecques et latines, de la philosophie, et autres
» bonnes sciences. Il s'adonna deslors souvent
» à faire quelques petits poëmes, premiers essais
» d'un si brave ouvrier. Quand Dorat eut veu
» que son instinct se deceloit à ces petits eschan-

  Je vous supply, lecteurs, trouver maniere
  Par oraisons, vos jusnes et biensfaictz,
  Que Dieu me loge au logis des parfaictz.

(*Les Généalogies, Effigies et Epitaphes des Roys de France*, etc., par Jehan Bouchet. Poictiers, Jacques Bouchet, 1545, in-fol., page 85 verso.)

1. Le logement qu'occupait son père lui fut peut-être retiré à cette époque.
2. La plupart des renseignements qui précèdent ont été fournis par Ronsard lui-même dans sa vingtième élégie, adressée à Remy Belleau. (T. IV, p. 296.)

» tillons, il luy leut de plain vol le *Prométhée*
» d'Eschyle.

» Si tost que Ronsard en eut savouré les
» beautez : « Et quoy, dit-il à Dorat, mon mais-
» tre, m'aviez-vous caché si long temps ces
» richesses ? »

» Alors par le conseil de son precepteur, il se
» mit à tourner en françois le *Plutus* d'Aristo-
» phane, et le fit representer en public au theatre
» de Coqueret. Ce fut la premiere comedie
» françoise jouée en France. Baïf aussi y mit son
» envie, et à l'exemple de ces deux jeunes
» hommes, plusieurs beaux esprits vindrent boire
» en ceste fontaine dorée; comme Marc-Antoine
» de Muret, Lancelot Carles, Remy Belleau, et
» quelques autres. »

Vers cette époque Ronsard, au retour d'un voyage à Poitiers, rencontra dans une hôtellerie un jeune homme, qui venait d'achever son droit dans cette ville. Ils voyagèrent ensemble, et il se trouva qu'ils étaient non-seulement parents, mais frères en poésie; de sorte qu'une fois arrivés à Paris les deux nouveaux amis ne voulurent plus se quitter.

C'était Joachim Du Bellay, qui vint augmenter la colonie poétique du faubourg Saint-Marcel. Et tous, à l'envi l'un de l'autre, commencèrent à jeter les fondements d'une littérature nouvelle.

Cette *Brigade*, comme elle se nommait alors, fut le premier noyau de la célèbre *Pléiade*, dont parle Binet dans les termes suivants : « Ronsard
» ayma et estima sur tous, tant pour la grande
» doctrine et pour avoir le mieux escrit, que

» pour l'amitié à laquelle l'excellence de son
» sçavoir les avoit obligez, Jean Anthoine de
» Baïf, Joachim du Bellay, Ponthus de Tyard,
» Estienne Jodelle, Remy Belleau, qu'il appelloit
» le peintre de nature, la compagnie desquels
» avec luy et Dorat à l'imitation des sept excel-
» lents poëtes grecs, qui florissoient presque
» d'un mesme temps, il appella la *Pleïade ;* par
» ce qu'ils estoient les premiers et plus excellents,
» par la diligence desquels la poësie françoise
» estoit montée au comble de tout honneur. Il
» mettoit aussi en cet honorable rang Estienne
» Pasquier, Olivier de Maigny, J. de la Peruse,
» Amadis Jamin qu'il avoit nourri page et fait
» instruire, Robert Garnier poëte tragique,
» Florent Chrestien, Scevole de Saincte Marthe,
» Jean Passerat, Philippes des Portes, Jacques
» Davy du Perron, et le poly Bertaud, lesquels
» ont si purement escrit qu'ils me font deses-
» perer de voir jamais nostre langue en plus
» haute perfection. Il faisoit encore estat de
» quelques autres, dont le jugement est en ses
» œuvres. »

Telle fut cette *Pleïade* poétique qui devait, pendant tout le cours du xvie siècle, après avoir supplanté l'ancienne littérature, régner sur l'opinion publique, jusqu'au jour où Malherbe, ce génie correct mais glacé, la détrôna tout en la continuant.

Depuis sept ans entiers Ronsard étudiait, composait, travaillait ses ouvrages, et n'avait encore rien publié. Cassandre qu'il aimait toujours, qu'il venait sans doute de voir quand il rencontra Du Bellay, lui avait inspiré ses *Amours*. Quatre livres d'Odes pindariques et anacréontiques étaient prêts à voir le jour; mais il dédaignait la faveur populaire; et c'est à peine si le cénacle connaissait quelques-unes de ces œuvres longtemps mûries et impatiemment attendues. Il avait même négligé de faire imprimer son *Plutus*, joué avec tant de succès au collége de Coqueret, et dont on n'a plus que des fragments.

Du Bellay, le dernier venu et le plus impatient de tous, a beau sonner le premier la charge et, par son *Illustration de la langue françoise* [1], commencer l'attaque contre ceux qu'il appelle *les soldats de l'ignorance*, Ronsard se tait toujours. « Il laisse Pelletier publier avant lui ses Odes, » et Jodelle se glorifier d'avoir le premier mis » sur la scène la comédie grecque. Ni les suffrages » du peuple qu'il méprise, ni les joies de la » lutte pour laquelle il se sent fait, et de la » victoire qu'il se promet, ni le désir de prendre » à la Cour la place qui appartient au roi des » poëtes à côté du Roi de France, ne le décident » à mettre au jour ses œuvres, bien qu'elles » soient parfaites, dignes non pas du lecteur, à » qui personne avant lui n'a donné le droit » d'être difficile, mais de lui-même et des mo- » dèles qu'il veut égaler. » [2]

S'il est l'ami du Roi, son aîné de cinq ans, et avec qui il a été élevé, c'est seulement pour

---

1. *La deffence et illustration de la langue françoyse*, par I. D. B. A. (Paris, Arnoul Langelier, 1549, in-8°).
2. Gandar. *Étude sur Ronsard* (Metz, 1854, in-8°).

chevaucher, escrimer, lutter, jouer à la paume avec lui.

« Et de fait, dit Binet, le Roy ne faisoit » partie où Ronsard ne fust appelé de son costé; » tesmoin que le Roy fit partie au balon dans » le Pré aux Clercs avec Mr de Longueville, où » le Roy ne voulust jamais commencer le jeu » qu'il n'y fust, et dit tout haut, aprés avoir » gaigné, que Ronsard en estoit la cause. »

Enfin les instances de ses amis le décidèrent à faire imprimer l'*Épithalame d'Antoine de Bourbon et Jeanne de Navarre* (1549). Cette pièce de circonstance fut bientôt suivie de l'*Hymne de France* (1), qu'il supprima depuis, et de l'*Ode de la paix* (1550).

C'était le prélude des Odes. Elles parurent la même année (2) et leur publication fut hâtée par une indiscrétion de Du Bellay, qui faillit brouiller les deux amis.

Ronsard enfermait avec soin dans son *Estude* (on dirait aujourd'hui son cabinet), les recueils encore inconnus de ses vers. Un jour il s'aperçoit que le cahier des Odes a disparu. Ses amis seuls ont pénétré chez lui; c'est l'un d'eux certainement qui s'est rendu coupable du larcin. Est-ce Baïf, Belleau ou Du Bellay? Ce dernier semble se cacher de lui depuis quelque temps et travaille en secret. Il vient d'obtenir un privilége et hante souvent la boutique de L'Angelier.

---

1. Le titre de cette pièce porte *Ronsart*.
2. *Les quatre premiers livres des Odes de P. de Ronsard*, vand., ensemble son Bocage. Paris, G. Cavellart, 1550, in-8°.

Ronsard réclame, insiste et va jusqu'à intenter une action pour le recouvrement de ses papiers. Le repentir suivit de près l'offense. Du Bellay vint se mettre à la merci de Ronsard et lui offrir le sacrifice des Odes qu'il avait faites à son inspiration. Ronsard lut les vers de son ami repentant, les loua fort et l'excita à continuer. Toutefois le livre de Du Bellay ne parut point sous le titre d'*Odes*, mais sous celui de *Recueil de poésie présenté à madame Marguerite, sœur unique du Roy.* (1)

Les Odes de Ronsard eurent un succès d'enthousiasme, dont le retentissement n'avait fait que grandir, lorsque deux ans après, la publication des AMOURS (2) vint y mettre le comble.

---

1. L'excessive rareté des premières éditions de J. du Bellay est cause que cet épisode a été fort inexactement raconté.

Ce n'est pas, comme on l'a cru, Cavellat, mais Arnoul L'Angelier, qui obtint le premier un privilége pour *l'Illustration de la Langue françoise et l'Olive;* ce privilége est daté du 20 mars 1548. *L'Olive* et *l'Illustration* ont paru avant le *Recueil de poésie présenté à Madame Marguerite*, qui fut publié pour la première fois à Paris, chez Arnoul Langelier (1549, in-8°). L'édition de G. Cavellat (1553, in-8°) est la seconde. — Du Bellay avait d'abord donné un certain nombre d'odes à la suite de la première édition des *Sonnets à Olive;* mais il les supprima dans la seconde, imprimée en 1550. Il est évident qu'en cela il voulut faire une espèce de réparation à Ronsard offensé.

Je dois ces curieux détails à mon excellent ami Edouard Turquety, si versé dans la connaissance des poètes du XVIe siècle, qui a fait une étude très-consciencieuse et très-approfondie des éditions originales de J. du Bellay, son poète favori.

2. *Les Amours de P. de Ronsard, vandomois, ensemble*

Il s'élance des bancs du collége et atteint d'un seul coup le premier rang parmi ses contemporains. Que dis-je? c'est Horace, c'est Pétrarque, c'est Pindare! Ses rivaux de la veille, Baïf, Belleau, Du Bellay, Muret, deviennent ses premiers admirateurs. « Dorat et Turnèbe eux-
» mêmes, dit M. Sainte-Beuve qu'il faut toujours
» citer, s'étonnent de leur propre admiration
» pour un disciple, pour un poëte français, né
» d'hier, et ne savent que le saluer dès ses pre-
» miers essais, du surnom d'Homère et de
» Virgile. »

L'académie des Jeux floraux de Toulouse ne croit pas faire assez en lui décernant l'églantine d'or qu'elle donne aux poètes; elle lui envoie, sans qu'il ait concouru, une Minerve d'argent massif de grand prix, que Ronsard, habile courtisan, offrit à Henry II. (1) Il adressa en même temps, pour remerciement à l'académie de Clémence Isaure, l'*Hymne de l'Hercule chrétien*, dédié à Odet, cardinal de Chastillon, alors archevêque de Toulouse. (2)

Pierre L'Escot, architecte du Louvre, sculpte en bas-relief sur un des frontons, la Renommée en face de la Gloire avec cette inscription :

---

le cinquiesme de ses Odes. Paris, vᵉ Maurice de Laporte, 1552, in-8°.

1. Pélisson, dans son Histoire de l'Académie, affirme que c'était un Apollon d'argent.
2. Cette dédicace était un acte de reconnaissance; car ce fut à l'initiative du cardinal de Châtillon et de Pibrac, alors membre du parlement de Toulouse, que Ronsard dut l'hommage que lui décernait la célèbre Académie.

VIRTUTI REGIS INVICTISSIMI, et, selon le récit de Claude Binet, répond à Henry II, qui lui demandait l'explication de cette allégorie : « Sire, j'ai
» représenté, vis-à-vis de la Gloire du Roi, la
» Muse de Ronsard; et cette trompette qu'elle
» tient en main, c'est la *Franciade*, qui répandra
» par tout l'univers le renom de la France et
» celui de Votre Majesté! »

Cette haute fortune poétique ne s'établit cependant pas sans opposition. Toute l'école de Clément Marot, Héroet, La Boderie, Paul Augier, Charles Fontaine, et à la tête de tous les autres Mellin de Saint-Gelais, commencèrent une guerre d'épigrammes contre ces *pindariseurs*, dont le but était de renverser la littérature naïve et spirituelle qui avait été en honneur jusque-là. Saint-Gelais, en présence de Henry II lui-même, attaqua Ronsard qui eût succombé sous une raillerie appuyée par un sourire du Roi, si la duchesse de Berry, la belle Marguerite de France, n'eût elle-même pris en main la défense de son auteur préféré. Elle plaida si bien sa cause que le Roi, changeant d'opinion, nonseulement se rendit à l'avis de sa sœur, mais encore alloua une pension au poète injustement dénigré. ([1])

Rabelais qui avait eu quelque raison de se plaindre de Ronsard, lorsqu'ils voyageaient

---

1. Ronsard lui-même a raconté dans des strophes que M. Edouard Turquety a récemment découvertes, et qui sont insérées page 136, l'attaque de Saint-Gelais et la manière dont Marguerite le défendit.

ensemble à la suite de Langey, se déclara aussi contre les novateurs. Ronsard allait souvent à Meudon chez le cardinal de Lorraine et logeait dans une tour au milieu du parc; le joyeux curé le rencontrait quelquefois et ne manquait jamais, en présence du cardinal, de lui décocher quelque sarcasme. Cette guerre n'eut un terme qu'à la mort du grand railleur.

La querelle avec Saint-Gelais fut moins longue. Guillaume des Autels, ami des deux poètes, entreprit de les réconcilier et il y réussit, du moins en apparence; car Ronsard effaça les vers où il se plaignait d'avoir été *pincé* par la *tenaille de Mellin* ([1]) et lui adressa cette ode :

> Tousjours ne tempeste enragée
> Contre ses bords la mer Egée. ([2])

Saint-Gelais répondit par un sonnet flatteur à son ancien adversaire. Ce sonnet, qui se trouve en tête de la seconde édition des *Amours* de Ronsard ([3]), ferait penser, selon Colletet, que Saint-Gelais était lui-même épris de Cassandre et qu'ils n'étaient pas moins rivaux en amour qu'en poésie. Il commence ainsi :

> D'un seul malheur se peut lamenter celle
> En qui tout l'heur des astres est compris;
> C'est, ô Ronsard, que tu ne sois espris
> Premier que moy de sa vive estincelle. ([4])

1. T. II, page 326.
2. T. II, page 178.
3. Paris, V. Sertenas, ou Vefve Maurice de la Porte, 1553, in-8°.
4. T. I, page xxvj.

Au fond la réconciliation ne fut pas bien sincère; car, dans les œuvres de Saint-Gelais, ce même sonnet ne s'adresse plus à Ronsard, mais à Clément Marot. (¹)

Néanmoins le succès de la nouvelle école était désormais assuré, par la haute protection de la duchesse de Berry. Tous ces illustres naissants célébraient à l'envi

> cette belle Déesse,
> La Marguerite honneur de nostre temps,
> Dont la vertu fleurit comme un printemps.

Ronsard surtout, dont elle était l'aînée de quelques mois seulement, avait voué à sa beauté le plus pur de son encens poétique, et s'il vécut prosterné devant l'idole, c'est qu'il n'osa pas élever jusqu'à elle ses vœux les plus ardents. Mais ni Cassandre, ni Marie, ni aucune autre ne purent suffire à combler le vide de son cœur et empêcher qu'il ne mourût en adorant sa grande Marguerite.

Peut-être, en cherchant bien parmi les vers dédiés à ses maîtresses, en trouverait-on qui visaient plus haut et plus loin que le poète n'eût osé le dire. Peut-être même suffirait-il de faire remarquer que les sonnets brûlants écrits pour celle qu'il cachait sous le nom de Sinope ont été

---

1. Ce sonnet, qui ne se voit pas dans les *Œuvres poëtiques de Mellin de Saint-Gelais* (Lyon, Ant. de Harsy, 1574, in-8°), a été donné dans l'édition de 1719, in-12. Je ne sais où l'éditeur l'avait pris. Il se trouve aussi dans l'édition de Saint-Gelais, avec les notes de Lamonnoye, publiée par la Bibliothèque elzévirienne en deux volumes in-16.

publiés en 1559, l'année même où Marguerite épousa le duc de Savoie. (¹)

Quoi qu'il en soit, Cassandre servit pendant dix ans de texte à ses vers ; mais las enfin de n'être point aimé, il consacra à une autre beauté ses nouvelles amours.

Un 20 avril, comme il parcourait l'Anjou avec Baïf, il rencontra à Bourgueil cette *fleur angevine de quinze ans*, à laquelle il voua pendant six ans sa poésie, sans être mieux récompensé que par Cassandre. Car il dit positivement, dans le *Voyage de Tours*, qu'elle en aima un autre; et pour que l'affront fût plus cruel, cet autre était un de ses cousins, Charles de Pisseleu, qui ne prétendait point encore à l'évêché de Condom.

Il ne laissa pourtant pas de chanter l'inhumaine jusqu'à sa mort et de la pleurer encore quand elle ne fut *plus qu'un peu de cendre*.

Quel était le vrai nom de cette seconde maîtresse? (²) — Est-ce, comme Nodier l'a supposé, une sœur d'Anne de Marquets, la religieuse poète et savante du couvent de Poissy, Marie de Marquets, dont le nom s'est retrouvé écrit sur ses Heures avec des vers que l'ingénieux écri-

---

1. Les sonnets pour Sinope sont dans notre T. I, de la page 193, sonnet xxxviij, à la page 197, sonnet xlvij, et de la page 403, sonnet xxx, à la page 405, sonnet xxxiv.

2. J'ai faussement supposé (t. I, page 48) que la *Marie* du poète pouvait être mademoiselle de Limeuil. Cette fille d'honneur de la reine s'appelait Isabeau de la Tour. Elle s'entremit un jour pour apaiser un ressentiment du prince de Condé, dont elle était la maîtresse, contre Ronsard. Le sonnet qui m'a induit en erreur était un acte de reconnaissance.

vain attribue à Ronsard ? (¹) — Je ne le pense pas. Marie de Marquets, née sans doute en Normandie, dans le comté d'Eu, comme sa sœur, ne saurait passer pour la Marion du voyage de Tours, la *petite pucelle Angevine*, qui prit le cœur du poète par un beau matin d'avril. D'ailleurs l'hypothèse de Nodier repose tout entière sur la supposition que les vers inscrits dans les Heures de Marie de Marquetz seraient un autographe de Ronsard. Mais s'ils sont, comme je le crois, d'une autre main que la sienne, tout s'écroule et c'est autre part qu'on doit chercher un nom pour la Marie du poète.

S'il m'était permis de hasarder une conjecture, ce nom serait *Marie du Pin*. Ne s'écrie-t-il pas :

J'aime un *pin* de Bourgueil, où Venus appendit
Ma jeune liberté...

Et plus loin :

Si quelque amoureux passe en Anjou, par Bourgueil,
Voye un *pin* eslevé pardessus le village...

Enfin, dans le voyage de Tours :

---

1. Voyez ces vers tome I, page 442. Nodier affirme à tort qu'ils sont autographes. Il a dû être induit en erreur en les comparant avec un manuscrit du second livre de la *Franciade*, conservé à la Bibliothèque impériale, et dont les caractères, tracés d'une main calme, rappellent en effet ceux des vers en question. Mais ce manuscrit n'est certainement pas de Ronsard. Ce n'est point cette écriture fiévreuse, difforme et saccadée, dont quelques pages authentiques sont parvenues jusqu'à nous. — C'est une copie. Je la crois d'Amadis Jamyn, son page et son secrétaire. Elle est décrite t. III, p. 87.

J'irois jusqu'à Bourgueil
Et là, dessous un *pin*, couché sur la verdure....

Je ne crois pas qu'il en faille davantage pour justifier ma supposition aux yeux de qui connaît l'esprit du XVIe siècle. (1)

Le poëte n'avait pas négligé les occasions d'oublier, entre les bras de beautés peu sévères, la cruauté de Marie. (2) Après avoir épanché la première douleur que lui causa sa perte, ce cœur facile à prendre ne se fixe plus et porte en différents lieux ses mobiles amours. (3) Tantôt c'est une dame D'Estrées (qu'il déguise sous le pseudonyme d'Astrée); tantôt c'est une plus grande encore (peut-être Marguerite de Valois, la reine Margot); tantôt c'est Genèvre, qui, au dire de Claude Garnier, « étoit une haute femme, claire brune, mariée au concierge de la geôle de Saint-Marcel, et nommée Geneviève Raut. » Furetière, dans le *Roman Bourgeois*, dit que Cassandre n'était réellement qu'une grande Halebreda, qui tenait le cabaret du Sabot, dans le faubourg Saint-Marcel. Il est évident pour moi que Furetière a confondu Cassandre avec Genè-

---

1. Lisez t. I, p. 173, 179, 189, 222, etc. — Il serait peut-être possible de vérifier cette conjecture en recherchant à qui appartenait à cette époque une propriété située à Bourgueil et qui s'appelait *le Port-Guyet*. (Voyez le *Voyage de Tours*, page 192 du premier volume.)
2. Ronsard a aimé au moins deux dames du nom de Marie. (Voyez t. I, page 408.)
3. Plusieurs des poésies amoureuses de notre auteur (entre autres les vers d'Eurymedon et de Callirée, faits pour Charles IX et Mlle d'Atrie) ont été composées à la demande de grands personnages.

vre; car, sauf le nom, son témoignage s'accorde avec celui de Garnier. Colletet pense que c'était plutôt la femme de Blaise de Vigenère, dont le nom de Genèvre est l'anagramme. Il allègue, comme preuve à l'appui, que Ronsard rencontrant, sur le quai de la Tournelle, Vigenère qui y demeurait, ils se prirent de querelle et leurs amis communs eurent grand' peine à empêcher un duel.

Dans les dernières années de Henry II, Ronsard publia ses *Hymnes* qu'il dédia à sa chère protectrice Marguerite, duchesse de Savoie (1555), et la continuation de ses *Amours* (1556).

Sous le règne si court et si tourmenté de François II, les lettres n'eurent guère le temps de fleurir, au milieu des guerres religieuses. Cependant la belle Marie Stuart adorait la poésie et en particulier celle de Ronsard. Ce fut probablement à sa demande qu'il donna la première édition de ses Œuvres. [1] Mais peut-être ne put-il pas même lui en offrir un exemplaire, car le petit roi mourut à Orléans le jour même où l'on achevait d'imprimer le quatrième volume, et la jeune veuve repartit pour sa brumeuse Écosse, léguant à la France le souvenir de sa beauté et ce chant plaintif, tant de fois répété depuis :

Adieu, plaisant pays de France!...

A ce Roi mort dans sa dix-huitième année, à cette Reine de seize ans qui n'avait fait que briller un instant sur le trône, pour tomber, du veuvage, dans la captivité, puis dans la mort,

---

1. Paris, G. Buon, 1560. Quatre volumes in-16 carré.

succéda Charles IX, âgé de dix ans. Cet enfant couronné, au corps débile, au tempérament irritable et nerveux, mais à l'âme rêveuse et poétique; cet esprit concentré qui étouffait sous la main de sa mère, et s'éteignit phthisique à vingt-quatre ans; Charles IX, au nom de qui furent commis tant de crimes, avait pris Ronsard en une vive affection. Il lui avait donné un logement dans son palais; il ne pouvait s'en séparer même dans ses voyages, lui écrivait souvent, lui adressait des vers remarquables dont quelques-uns ont été conservés; et, quoiqu'il dît en riant qu'*un bon poëte ne se doit pas plus engraisser qu'un bon cheval*, il lui accorda des pensions, des bénéfices, tels que l'abbaye de Bellozanne, celle de Beaulieu, celle de Croixval et plusieurs prieurés. Il poussa même ses témoignages d'amitié pour le poète jusqu'à aller, avec la Reine sa mère, et ses deux frères Henry et François (Henry III et le duc d'Anjou), lui faire une visite à son prieuré de Saint-Cosme. Le fait est attesté par les sonnets que Ronsard leur adressa en cette circonstance et qui se trouvent parmi les sonnets à diverses personnes. ([1])

On raconte qu'un jour se rendant au palais pour la vérification de quelques nouveaux édits, le Roi aperçut Ronsard dans la Grand' Salle, au milieu de la foule. Il l'appela, et lui fit fendre la presse en disant tout haut : « Viens, mon cher poëte, viens t'asseoir avec moi sur mon trône royal! » ([2])

---

1. T. V, vers la fin, *passim*.
2. Il y a quelque lieu de révoquer en doute l'exactitude

Ronsard refusa cet insigne honneur; mais sa gloire s'en accrut encore. Cette amitié de Charles IX alla jusqu'à exciter le poète à écrire des satires, sans ménagement pour personne, sans respecter même la majesté royale. C'est à cette invitation qu'on doit la *Dryade violée*, où il reproche au Roi d'avoir fait vendre les chênes séculaires de la forêt de Gastine :

Quiconque aura premier, etc. (t. IV, p. 347).

Binet cite encore celle qui commence ainsi :

Il me desplait de voir un si grand Roy de France,

que je n'ai pu retrouver et une autre dont le premier vers est :

Roy le meilleur des Roys.

L'Estoile l'avait conservée et je l'ai insérée dans les Œuvres inédites de Ronsard. (¹) Binet parle enfin d'une dernière satire qu'il appelle : *La Truelle Crossée*, où « il blasme le Roy de ce que
» les bénéfices se donnoient à des maçons et
» autres plus viles personnes, taxant particu-
» lièrement un De Lorme, architecte des Tuil-
» leries, qui avoit obtenu l'abbaye de Livry, et
» du quel se trouve un livre non impertinent de
» l'architecture. (²) Et ne sera hors de propos de

---

du récit, l'étiquette de ces assemblées s'opposant formellement à une pareille proposition.

1. Paris, Aubry, 1855, in-8°. Elle se retrouve dans ce volume.
2. Je crois avoir retrouvé la *Truelle Crossée*. C'est un sonnet satirique inséré page 139 de ce volume.

» remarquer icy la mal-vueillance de cest abbé,
» qui par vengeance fit un jour fermer l'entrée
» des Tuilleries à Ronsard, qui suivoit la Royne-
» mere; mais Ronsard, qui estoit assez mordant
» quand il vouloit, à l'instant crayonna sur la
» porte, que le sieur de Sarlan luy fit aussi tost
» ouvrir, ces mots en lettres capitales : FORT.
» REVERENT. HABE. Au retour, la Royne voyant
» cest escrit, en presence de doctes hommes et
» de l'abbé de Livry mesmes, voulut sçavoir
» que c'estoit. Ronsard en fut l'interprete, aprés
» que de Lorme se fut plaint que cest escrit le
» taxoit; car Ronsard luy dit par une douce iro-
» nie : « Prenez ceste inscription pour vous, la
» lisant en françois; mais elle vous convient encor
» mieux en latin, car elle contient les premiers
» mots racourcis d'un epigramme latin d'Ausone :
» *Fortunam reverenter habe*, ce qui veut dire
» apprenez à respecter vostre premiere et vile
» fortune, et ne fermez la porte aux Muses. » La
» Royne ayda Ronsard à se venger; car elle
» tança aigrement l'abbé de Livry, aprés quelque
» risée, et dit tout haut, que les Tuilleries estoient
» dediées aux Muses. »

Ce n'est pas la seule occasion où Catherine de Médicis se montra la protectrice du poète; car lorsque cédant encore aux invitations du Roy, qui lui demandait des satires, il écrivit son *Discours des miseres de ce temps* (1), elle et Charles IX lui en firent des remerciements publics.

1. Paris, G. Buon, 1563, in-4°.

Il reçut aussi à cette occasion une lettre de félicitation du pape Pie V.

Mais cette violente diatribe, récompensée par des honneurs si grands, fut le signal de répliques plus virulentes encore. Les calvinistes publièrent contre lui des poèmes satiriques intitulés : *le Temple de Ronsard* (1), *la Métamorphose de Ronsard en prestre*, etc., dont les auteurs étaient Florent Chrestien, Grévin, et le ministre La Roche-Chandieu, sous les pseudonymes de F. de la Baronie, A. Zamariel et B. de Mont-Dieu. N'osant nier son génie ils lui reprochèrent, étant prêtre, de mener une vie licencieuse, d'être athée et d'avoir au village d'Arcueil sacrifié un bouc en l'honneur de Jodelle, etc.

Ronsard répond de manière à confondre ses calomniateurs : Il vit du revenu de bénéfices qui lui ont été donnés; à son grand regret il n'est pas prêtre; mais sa vie est honorable et pieuse; il la décrit dans sa *Réponse à quelque ministre*. (2) Quant à l'histoire du bouc, c'est une folie de carnaval. La Brigade fêtait à Arcueil le succès de la tragédie de Cléopâtre, que Jodelle avait fait représenter devant Henry II. Chacun faisait quelque plaisanterie ou récitait quelques vers folâtres. (3) Un bouc vient à passer dans la

---

1. *Le Temple de Ronsard* se trouve dans cette édition, t. VII, p. 88.
2. Paris, Buon, 1563, in-4°. T. VII, page 95 de cette édition.
3. C'est de l'époque du festin d'Arcueil que doivent être datées les *Gayetez*, publiées d'abord sans nom d'auteur sous le titre de : *Livret de Folastries, à Janot, parisien*. Paris,

rue. Les souvenirs classiques s'éveillent. Le bouc était la victime que l'antiquité offrait à Bacchus; c'était aussi le prix de la tragédie. On s'empare de l'animal, on le couronne de lierre et, aux rires de l'assemblée, on le fait entrer dans la salle du festin; puis après l'avoir présenté à Jodelle, on le renvoie à son troupeau. Tout cela ne fut qu'une mascarade, et il fallait une animosité bien envenimée pour y voir autre chose.

La haine des religionnaires ne se borna pas à des paroles. Ronsard dit, dans sa *Remonstrance au peuple de France*, qu'un jour on lui tira cinq coups d'arquebuse et qu'il eut beaucoup de peine à s'échapper sain et sauf.

Les écrivains protestants prétendirent, de leur côté, qu'il avait pris les armes contre eux, et notamment qu'en 1554, associé aux seigneurs de Maillé et à du Bellay de la Flotte, il aurait massacré plusieurs de leurs coreligionnaires dans la plaine de Couture. Théodore de Bèze ([1]) dit que « s'étant fait prestre il se voulust mesler en » ces combats avec ses compagnons et, pour » cest effect, ayant assemblé quelques soldats » en un village nommé d'Evaillé, dont il estoit » curé, fist plusieurs courses, avec pilleries et » meurtres. » Sponde ([2]) raconte que la noblesse

---

1553, in-12. *Le Temple de Ronsard* nous apprend que ce *Livret* fut condamné par arrêt du Parlement à être brûlé. Il est probable que la réimpression de 1584 (s. l., in-12) fut aussi brûlée; car on ne connaît guère qu'un exemplaire de chaque édition.

1. *Hist. eccl.*, liv. 7, page 538.
2. *Spondani Annales ecclesiasticæ*, ad ann. 1562.

du pays le choisit pour chef et qu'il fit beaucoup de mal aux profanateurs des églises.

Varillas (dans son histoire de Charles IX) ajoute, en lui attribuant toujours la cure d'Évaillé, qu'il disait spirituellement, pour s'excuser de cette équipée guerrière, que n'ayant pu protéger ses paroissiens avec la clef de saint Pierre, il lui avait bien fallu prendre l'épée de saint Paul.

Ronsard, que nous avons vu regretter de n'être pas prêtre, ne parle nulle part de cette levée de boucliers. Évidemment il a été confondu, par une erreur peut-être volontaire, avec un de ses frères, Louis de Ronsard, abbé de Tiron, curé d'Évaillé dans le Maine ([1]), et c'est ce dernier

---

1. Le commentateur des *Discours sur les misères*, Garnier, laisse à penser que Ronsard était archidiacre du Mans et que c'était en cette qualité qu'il portait chape et chantait vêpres; mais il résulte des recherches de M. le comte A. de Rochambeau que ces fonctions appartenaient à Charles de Ronsard. Quant à la prétendue cure d'*Évaillé*, M. de Passac (*Vendôme et le Vendômois*) remarque avec raison que l'abbé de Tyron, Louis de Ronsard, a fort bien pu la posséder. Cette paroisse relevait de la baronnie de Touvoye, dans le Maine, entre Saint-Calais et le Grand-Lucé. Un récent témoignage confirme la remarque de M. de Passac. Mme la marquise d'Argence a eu la bonté de me communiquer une lettre conservée dans les archives de son château du Grand-Lucé (Sarthe). Cette lettre, dont l'écriture ne rappelle nullement celle du poète, est signée L. de Ronsard et annonce, en termes assez secs, la mort de Charles IX au comte de Montafier, seigneur de Lucé, du chef de sa femme Anne de Pisseleu. Il demeure donc prouvé que le curé d'Évaillé était Louis de Ronsard, abbé de Tyron, et que Pierre de Ronsard n'a jamais été prêtre.

On peut consulter, pour les détails de sa vie à cette époque, les pages 112 et suivantes du T. VII.

qui s'est mis à la tête de ses paroissiens pour courir sus aux huguenots.

Après ce conflit, dont le poète sortit vainqueur, sa gloire n'en fut que plus grande et plus assurée. Aimé du Roi et de la Reine-mère, vivant dans leur intimité, il voit la presse se disputer les moindres produits de sa plume et les éditions de ses œuvres se succéder rapidement. (1) Ses poésies se déclament et se chantent non-seulement à la Cour, mais jusque dans les rues, et quand il traverse la ville, on se montre avec admiration le poète qui passe. Cependant cette vie de courtisan, à laquelle il se trouve entraîné plus que jamais, dirige son génie dans une voie plus productive et qui lui attire sur l'heure plus de louanges, mais qui lui prépare moins de gloire auprès de la postérité. Ce n'est plus le rival de Pindare, ni le Pétrarque de la France; c'est le poète de la Cour.

De cette époque datent ces poèmes officiels, ces mascarades, ces entrées, ces ballets, qui offrent encore quelque intérêt historique, mais dont le plan rapidement conçu, dont les vers, écrits à la hâte et quelquefois sans inspiration, marquent déjà une décadence. Pourtant il ébauche cette *Franciade*, dont il a si longtemps entretenu ses amis et les Rois ses protecteurs. Le plan des dix-huit premiers livres est écrit;

---

1. En vingt-quatre ans, de 1560 à 1584, il parut six éditions des œuvres de Ronsard, et le nombre de pièces volantes publiées par lui dans cet espace de temps est presque incalculable.

celui des six derniers, qui doivent compléter l'œuvre, n'existe encore que dans l'esprit du poète; mais il commence son travail, et chacun des premiers chants est tour à tour soumis isolément à l'approbation de Charles IX. La Bibliothèque impériale possède une de ces copies partielles, le manuscrit du deuxième chant, où nous avons puisé quelques variantes. C'est un in-folio de 84 pages, relié en vélin blanc doré, portant, peintes sur chaque plat, les armes de France, qu'entoure le Collier de Saint-Michel. (1)

Enfin quatre chants sont terminés; ils ont été écrits, malgré le vœu du poète, sur le rhythme peu favorable imposé par le royal collaborateur (2), qui les a lui-même revus et approuvés; Amadis Jamyn a tracé sur la première page :

Tu n'as Ronsard composé cet ouvrage;
Il est forgé d'une royalle main.
Charles sçavant, victorieux et sage,
En est l'autheur; tu n'es que l'escrivain.

La préface est prête; le livre s'imprime; mais la Saint-Barthelemy le devance de dix-huit jours, et le bruit du poème se perd étouffé dans le bruit bien autrement retentissant du terrible coup d'État (1572).

Ni Binet ni Colletet n'ont remarqué cette coïncidence, qui aurait dû servir d'excuse au peu de succès de l'ouvrage. Est-ce à ce premier dégoût, est-ce à des causes plus anciennes,

---

1. Bibl. imp., manuscrits, n° 1665 du fonds de Saint-Germain.
2. Voyez l'Art Poétique, t. VII, p. 330.

qu'on doit attribuer le délabrement de la santé du poète? Toujours est-il qu'à partir de cette époque il commença à être *assailli*, comme dit Binet, *de gouttes fort douloureuses*.

Il était sans doute malade et loin de la Cour lorsque Charles IX mourut; car j'aime à croire qu'il eût été du nombre de ces quatre gentilshommes qui, seuls avec Branthôme, suivirent le convoi royal jusqu'à Saint-Denis.

M. Gandar dit qu'à la mort de Charles IX, une solitude immense se fait autour de Ronsard. Il est vrai que, sous Henry III, il cesse de vivre en courtisan; mais quoiqu'il eût successivement vu mourir, en 1560, Olivier de Magny et Du Bellay; en 1570, Grévin, qui l'avait trahi dès 1563; en 1573, Jodelle, et quatre ans plus tard son cher Remy Belleau, il lui reste encore de nombreux amis, des protecteurs puissants et l'admiration, non-seulement de la France, mais de toute l'Europe.

Dans les écoles françaises d'Italie, de Flandre, d'Angleterre, de Pologne, ses Œuvres étaient alors et furent, longtemps après lui, lues, expliquées, offertes comme un modèle de style et de poésie. (1)

---

1. Voyez l'Oraison funèbre, page 194 de ce volume. — Le nom de Ronsard, ressuscité en France, n'est pas mort dans les pays où fleurissait jadis sa renommée. Je reçois à l'instant un travail des plus remarquables intitulé : Observations sur l'usage syntaxique de Ronsard et de ses contemporains, par M. W. Edouard Lidforss, professeur à l'école normale des institutrices de Stockholm (Lund, librairie Académique, 1865, in-8°). Je suis heureux de pouvoir féliciter le savant Suédois de son œuvre, qui démontre quels

Élisabeth d'Angleterre lui envoya un diamant de prix, dont elle comparait l'éclat et la pureté à sa poésie.

En 1575, Le Tasse, venu à Paris, à la suite du cardinal d'Este, lui soumit les premiers chants de sa *Jérusalem délivrée*.

Branthôme se trouvait un jour à Venise chez un des principaux imprimeurs à qui il demandait un Pétrarque, et voici ce qu'il raconte dans ses Hommes illustres : « Il y eut un grand magnifique près de moy s'amusant à lire quelque livre, qui m'oyant me dit, moictié en italien, moictié en assez bon françois (car il avoit esté autresfois ambassadeur en France) : « Mon » gentilhomme, je m'estonne comment vous estes » curieux de venir chercher un Petrarque parmy » nous, puisque vous en avez un en vostre » France, *plus excellent deux fois que le nôtre, qui* » *est M. de Ronsard.* »

Et *il avoit raison*, ajoute le narrateur.

Le même Branthôme rapporte ailleurs (Mémoires des Dames illustres) que Chastellard, gentilhomme français, décapité en Écosse, pour avoir attenté à l'honneur de la Reine Marie Stuart, « avant mourir print en ses mains les » hymnes de M. de Ronsard et, pour son eter- » nelle consolation, se mit à lire tout entière- » ment l'Hymne de la Mort, ne s'aydant aucu- » nement d'autre livre spirituel, ni de ministre, » ni de confesseur. »

Henry III lui-même savait par cœur des

vers du poète (¹); et comme il se piquait d'être un des orateurs les plus éloquents de son royaume, ayant voulu établir au Louvre une assemblée qu'on appela l'*Académie du palais*, le premier qu'il choisit, après Pibrac auteur de cette entreprise, fut Ronsard. Ceux qui y furent ensuite appelés, furent le maître des requêtes Doron, Ponthus de Tyard évêque de Châlons, Antoine de Baïf, Des Portes abbé de Tyron, dont la renommée commençait, Du Perron qui aspirait au cardinalat, tout en composant des vers amoureux, et enfin quelques dames qui avaient étudié. (²)

A une des séances de cette Académie, Ronsard prononça, entre autres harangues, un discours sur les Vertus actives, qu'un savant professeur M. Geffroy, a retrouvé à la Bibliothèque de Copenhague et qui fait partie de notre édition.

Outre les prieurés dont il jouissait déjà, et une pension de douze cents livres (³), le Roi lui

---

1. Voyez le *Bocage royal*, t. III, page 277, vers 26. Le morceau que Henry III avait loué et appris par cœur était l'hymne sur la victoire de Montcontour (t. V, page 144).

2. D'Aubigné, dans son *Histoire universelle*, mentionne, à la date de 1576, « une assemblée que le roy faisoit *deux* » *fois la semaine en son cabinet*, pour ouïr les plus doctes » hommes qu'il pouvoit, *et mesme quelques dames* qui » avoient estudié, sur un problème tousjours proposé par » celuy qui avoit le mieux fait à la dernière dispute. »

3. On voit, à la Bibliothèque du Louvre, F $\frac{145}{2.3}$ fol. 140, une quittance de la somme de 300 livres, donnée par Ronsard, pour un quartier de pension, comme *Poëte du Roy*.

Voici la copie de cette pièce, qui provient des archives

accorda en 1581, ainsi qu'à Baïf, deux mille écus comptant, à cause des vers qu'il avait faits pour les mascarades et tournois donnés aux noces du duc de Joyeuse. Il reçut en plus, dit L'Estoile, à qui nous empruntons ce détail, des *livrées* précieuses du marié et de la mariée.

Marie Stuart, sa belle Reine bien-aimée, qu'il eut la douleur de savoir prisonnière, mais dont il n'eut pas à déplorer la mort, lui envoya en 1583, par le sieur de Nau, son secrétaire, un buffet qui avait coûté deux mille écus. Ce meuble était surmonté d'un rocher représentant le Parnasse d'où Pégase faisait jaillir l'Hippocrène, avec cette inscription :

A RONSARD L'APOLLON DE LA SOURCE DES MUSES.

Noble remercîment de l'infortunée Reine, à celui dont les vers charmaient sa captivité.

Sa *divine Perle*, Marguerite de France, Duchesse de Savoie, pour qui sa reconnaissance

de Joursanvault :

« En la presence de moy, Notaire et Secretaire du Roy,
» M° Pierre Ronsard, Aumosnier et Poëte françois dudit
» Seigneur, a confessé avoir receu comptant de M° Pierre
» Deficte, Conseiller dudit Sieur et Tresorier de son Espargne,
» la somme de trois cens livres tournois en testons à XIII s.
» pièce à luy ordonnée par ledit Sieur pour sa pension et
» entretenement, durant le quartier de juillet, aoust et sep-
» tembre mil cccclxiij dernier passé, qui est à raison de
» xij c L. par an. De laquelle somme de iij c L. ledit de
» Ronssard (*sic*) s'est tenu content et bien payé, et en a
» quicté et quicte ledit Deficte, Tresorier de l'Espargne sus-
» dit, et tous autres, tesmoing mon seing manuel cy-mis à
» sa reqte. le viijᵉ jour d'octobre, l'an mil cinq cent soi-
» xante troizieme. — Signé NICOLAS. »

passionnée ne s'éteignit jamais, fut toujours sa zélée protectrice. On conserve encore une lettre qu'elle écrivit de sa main, le 4 mai 1560, pour le recommander à Catherine de Médicis. (¹)

Sous l'inspiration et à la demande de cette grande Catherine, il composa les sonnets pour Hélène de Surgères, fille d'honneur de la Reine-mère. (²) « Ce fut, dit Binet, le dernier et le plus digne objet de sa Muse et il finit quasi sa vie en la louant. »

Si l'on ne trouve pas, dans les vers pour Hélène, l'exaltation des premières années, on y respire du moins je ne sais quel parfum de douce mélancolie. Cette passion platonique, qui ne fut d'abord qu'un jeu d'esprit, finit, dans les six ans qu'elle dura, par se changer en un doux commerce, qui n'est pas sans charme pour le poète et pour ses lecteurs. Si ce n'est pas de l'amour, c'est une amitié tendre, dont l'émotion nous gagne parce qu'elle est sincère.

Cette fois le sentiment du poète fut partagé. Hélène lui accorda la faveur de quelques intimes causeries, et même de quelques missives pendant ses longues absences de la Cour. Peu de temps avant sa mort, par une lettre, que possédait Guillaume Colletet, Ronsard « prie son cher amy Gallandius de présenter ses humbles baisemains à Mademoiselle de Surgères, et mesme de la supplier d'employer sa

---

1. Voir page 137 de ce volume.
2. Hélène de Fonsèque, fille de René, baron de Surgères, et d'Anne de Cossé-Brissac.

faveur envers le thrésorier régnant pour le faire payer de quelque année de sa pension; ce qu'elle faisoit sans doute trés volontiers, en récompense de tant de beaux vers qu'il avoit faicts pour elle, et par lesquels il avoit immortalisé son nom. »

Le même G. Colletet conservait une série d'autographes de Ronsard, qui serait aujourd'hui bien précieuse, il en donne ainsi l'analyse :

« De plusieurs lettres escrites de sa main propre à son cher amy Jean Gallandius, qui sont heureusement tombées entre les miennes, j'apprends qu'il ne pouvoit se résoudre sur les dernières années de sa vie à quitter sa maison de Croix-val pour aller à la Cour, et y mendier je ne sçay quelle mondaine faveur, de laquelle par modestie il se pouvoit bien passer plus justement, dit-il, que ces bons pères philosophes qui n'avoient pour tous meubles que le baston, le manteau haillonné et le creux de la main. Néantmoins que si tost que ses vilaines gouttes l'auroient quitté, qu'il seroit son hoste plus tost que l'hyrondelle, mais de sa force ([1])... autrement qu'il ne le pouvoit, estant assez riche et content de sa réputation acquise par ses longues veilles, estudes et travaux.

Dum fata Deusque sinebant
Vixi et quem dederat cursum fortuna peregi.

» Et par ceste mesme lettre datée de Croix-val le 17ᵉ jour de décembre 1584, j'apprends

---

1. Il y a là quelque erreur ou omission, la phrase est incompréhensible.

encore qu'il avoit une pension du Roy de quatre cents escus, dont il envoyoit la quittance à Gallandius son amy, pour la recevoir en son nom et en son acquit du Thrésorier Molay, et en cas, dit Ronsard, qu'il vous traisne et qu'il refuse de payer, dites luy en sortant de sa chambre : « Vous ne debvez point, Monsieur, tomber sur la pointe de la plume de Monsieur de Ronsard qui est homme mordant et satyrique, au reste vostre voysin, et qui sçait fort bien comme toutes choses se passent. »

» Par une autre de ses lettres, encore dattée de sa maison de Croix-val, le 9e jour de septembre 1584, j'apprends que jusques alors il n'avoit reçu aucun advantage de tous les libraires qui avoient tant de fois imprimé ses escrits, mais que pour cette édition qu'il préparoit et qu'il avoit exactement revue (1), il entendoit que Buon, son libraire, luy donnast soixante bons escus pour avoir du bois pour s'aller chauffer cet hyver avec son amy Gallandius, et s'il ne le veut faire, dict-il, il exhorte son amy d'en parler aux libraires du Palais qui en donneront sans doubte davantage, s'il tient bonne mine et qu'il sçache comme il faut faire valoir le privilége perpétuel de ses œuvres ; ce qui est d'autant plus à remarquer que les priviléges d'aujourd'huy ne sont que pour quelques années et non pas perpétuels, et ensuitte il lance plusieurs traits de raillerie contre l'avarice de certains libraires qui veulent proffiter

1. L'édition in-folio de 1584, dans laquelle il a fait les plus nombreuses et les plus malheureuses corrections.

de tout, recevoir tousjours et ne donner jamais rien.

» Finalement par une autre de ses lettres du 22 octobre 1585, qui estoit escrite environ deux mois devant sa mort, j'apprends qu'il se trouvoit extrêmement faible depuis quinze jours en la mutation de l'automne à l'hyver, qu'il estoit devenu fort maigre et qu'il avoit peur de s'en aller avec les feuilles; toutefois qu'y estant tout à faict resolu, il souhaittoit que ce fust plus tost que plus tard; qu'il n'estoit plus au monde sinon *iners terræ pondus*, qu'un fardeau inutile sur la terre, aussy ennuyé de luy mesme qu'il l'estoit des autres, le suppliant au reste de l'aller trouver, estimant que sa chere présence luy seroit un véritable remède. »

Ce Gallandius (Jean Galland) était principal du collége de Boncourt ([1]) et c'était chez lui que Ronsard habitait quand il venait à Paris dans les dix dernières années de sa vie. ([2])

Le collége de Boncourt et la maison de Baïf ne sont pas les seules que Ronsard ait habitées. Colletet écrit dans la vie du poète : « Il aimoit le sejour de l'entrée du fauxbourg Saint-Marcel à cause de la pureté de l'air et de cette agréable montagne que j'appelle son Parnasse et le mien.

---

1. L'École Polytechnique en occupe aujourd'hui l'emplacement.

2. Ronsard possédait à Vendôme une habitation aujourd'hui détruite, qui était située rue Saint-Jacques, sur un emplacement occupé par une partie du Lycée. Elle était voisine de l'hôtel de Langey, qui subsiste encore et dont elle n'était séparée que par le Loir.

Et certes je marquerai toujours d'un éternel crayon ce jour bien heureux que la faveur du ministre de nos Roys me donna le moyen d'acheter une des maisons qu'il aimoit autrefois habiter en ce mesme fauxbourg et sans doute après celle de Baïf, qu'il aima le plus. »

Une polémique courtoise s'est élevée, dans le *Bulletin du Bouquiniste* (15 mars, 15 juin 1861 et 15 avril 1863), entre M. Paul Lacroix et moi, sur le point de savoir quel était au juste l'emplacement de cette demeure, que M. Lacroix voyait dans la rue du Mûrier, tandis que je la croyais dans la rue Neuve-Saint-Étienne-du-Mont (alors rue du Puits-de-Fer ou des Morfondus). — La question longtemps débattue fut enfin tranchée dans l'*Intermédiaire des chercheurs et des curieux* (10 mai 1865), par M. Berty, qui me donna raison en prouvant que la maison de Ronsard devait être cherchée rue Neuve-Saint-Étienne-du-Mont aux nos 33, 35, 37 et 39.

Ce ne fut pas dans ce logis, mais dans celui de son cher Gallandius, que, déjà frappé du mal dont il devait mourir, il épuisa ses forces à revoir, émonder, refondre, relimer ses poésies, puis à corriger les épreuves de cet in-folio, qui fut achevé d'imprimer le 4 janvier 1584. C'est un chef-d'œuvre de typographie; mais, hélas! les vers du poète, ressassés dans un cerveau vieilli, raturés d'une main défaillante, y perdent toute leur saveur, toute leur jeune effervescence; ils n'y sont plus que leur propre fantôme, comme le poète lui-même n'est plus que le squelette du brillant adorateur de Cassandre et de Marie.

Ce fut encore au collége de Boncourt qu'il séjourna une dernière fois, l'année même de sa mort, de février à juin, malade de la goutte et ne bougeant presque plus du lit. Son cher Galland l'accompagna de là à Croix-val, sa demeure ordinaire; et, un mois après, Galland l'ayant quitté, il alla passer huit jours à son prieuré de Saint-Cosme. Puis tourmenté d'un invincible besoin de mouvement causé par les souffrances de sa maladie, il revint à Croix-val, d'où il écrivit à Galland sa lettre du 22 octobre.

« Quelques jours aprés, comme ses forces
» diminuoient, il envoya querir, avec un notaire,
» le curé de Ternay, pour deposer le secret de
» sa volonté; ouït la messe, et s'estant fait
» habiller, receut à genoux la communion, ne
» voulant à son aise recevoir celuy qui avoit
» tant enduré pour nous, regrettant sa vie passée,
» et en prevoyant une meilleure. Ce fait, il se
» fit devestir et recoucher, disant : *Me voila au*
» *lict attendant la mort, terme et passage commun*
» *d'une meilleure vie. Quand il plaira à Dieu m'ap-*
» *peler, je suis tout prest de partir!* » Galland arriva le 30 octobre. Ronsard, ne pouvant tenir en place, se fit conduire par lui tantôt à Montoire [1], tantôt à Croix-val, composant des vers qu'il lui dictait. — Enfin, par une dernière fantaisie de mourant et sous l'empire d'une vision

---

1. A son prieuré de Saint-Gilles, dont la chapelle romane, à demi ruinée et enterrée par les exhaussements successifs du sol, offre les restes de fresques du style bysantin. Ces peintures devaient être encore dans leur éclat au temps de Ronsard.

qu'il eut au milieu d'une nuit d'insomnie, « il se fit transporter à Tours en son prieuré de Sainct Cosme en l'Isle, ce qu'il fit avec grand' peine, ayant demeuré en chemin, et pour faire sept lieues, trois jours entiers. Il n'avoit pas esté huict jours en ce lieu, que ses forces diminuant à veue d'œil, les os luy perçant la peau, et se sentant mourir, il fit venir, l'un des religieux nommé Jacques Desguez, agé de soixante et quinze ans, aumosnier de Sainct Cosme, qui luy ayant demandé de quelle resolution il vouloit mourir, il respondit assez aigrement : « Qui vous fait dire cela, mon bon amy ? » doutez-vous de ma volonté ? je veux mourir » en la religion catholique comme mes ayeulx, » bisayeulx, trisayeulx, et comme l'ay tesmoi- » gné assez par mes escrits ! » L'aumosnier reprit, qu'il ne l'entendoit en ceste façon, mais qu'il avoit desiré sçavoir s'il vouloit ordonner quelque chose par forme de derniere volonté. Ronsard alors luy dit : « Je desire donc que vous » et vos confreres soyez tesmoins de mes der- » nieres actions. »

» Alors il commença à discourir de sa vie, monstrant avec grande repentance, qu'il renonçoit à tous les blandices de ce monde, qu'il estoit un tres-grand pecheur, s'esjouissant que par ses douleurs Dieu l'eust comme resveillé d'un profond sommeil, pour n'oublier celuy qu'en prosperité nous oublions ordinairement, le remerciant infiniment de ce qu'il luy avoit donné temps de se recognoistre, demandant pardon à chacun, disant à toute heure : « Je n'ay aucune haine

» contre personne, ainsi me puisse chacun par-
» donner. » Puis s'addressant aux assistans, et
les exhortant à bien vivre, ajouta, que la mort
la plus douce estoit celle à qui la propre
conscience n'apportoit aucun préjugé de crimes
et meschancetez. Cela fait, le jour de la Nativité
de nostre Seigneur, il pria le sous-prieur d'ouïr
sa confession, communia d'une singulière devotion, disant incessamment, que Dieu n'estoit
Dieu de vengeance, ains de misericorde, et que
ceste divine douceur qu'il avoit entierement en
l'imagination, luy aydoit fort à supporter ses
douleurs, lesquelles il meritoit bien et de plus
grandes. Il continua ceste perpetuelle envie de
dicter vers, et fit escrire ceux-cy peu de jours
avant sa mort, comme on luy parloit de manger :

> Toute la viande qui entre
> Dans le goulfre ingrat de ce ventre,
> Incontinent sans fruict ressort;
> Mais la belle science exquise
> Que par l'ouye j'ay apprise,
> M'accompagne jusqu'à la mort.

» Le dimanche vingt-deuxiesme decembre il
avoit fait son testament, par lequel il ordonnoit
de toutes choses, ayant distribué tous ses biens,
partie à l'Eglise et aux pauvres de Dieu (ainsi les
nommoit-il par son testament), partie à ses
parens et à ses serviteurs; et demanda à l'aumosnier combien il pourroit encor vivre. Il eut
l'esprit tousjours sain et entier, dicta encore
deux sonnets chrestiens, demeura longtemps les
bras levés au ciel; enfin semblable à celuy qui
sommeille, rendit à Dieu son esprit; et ses mains

en tombant firent cognoistre aux assistans le moment de son trespas, qui fut sur les deux heures de nuict, le vendredy 27 decembre 1585, ayant vescu 61 ans, 3 mois et 16 jours. Et fut mis en sepulture ainsi qu'il l'avoit desiré et ordonné, au chœur de l'eglise de Sainct Cosme. » (1)

D'après le portrait que font de lui ses contemporains, Ronsard eut la taille haute et droite, le visage beau et majestueux, le front large, les yeux vifs et perçants, le nez aquilin, la barbe et les cheveux châtain clair, frisés naturellement. La grâce de son extérieur faisait pressentir une âme généreuse, un esprit ardent, vigoureux et éclairé d'une céleste lumière.

Sa constitution était bonne; mais ses longues et laborieuses veilles, ses voyages, les infirmités et les maladies contractées en sa jeunesse dont il *n'avait*, dit-il, *que trop gaspillé la fleur*, l'affaiblirent de telle sorte que sur le déclin de sa vie il s'étonnait lui-même de se voir si changé. Les derniers portraits qu'on a faits de lui nous le montrent en effet maigre, grisonnant, courbé, privé de ses dents, et son grand nez aquilin rejoignant presque son menton, dès l'âge de cinquante ans.

Quoiqu'il ne parlât ni bien ni beaucoup, porté qu'il était à la rêverie par sa surdité et sa nonchalance, sa conversation était cependant facile avec ceux qu'il aimait. « Liberal et magnifique en la despence de ses biens, ajoute Binet, il n'estoit ennemy d'aucun, et si aucuns se sont

---

1. Binet. *Vie de Ronsard.*

rendus ses ennemis, ils s'en sont donné le subjet, mais sa naturelle douceur les en a fait repentir.

» Sa demeure ordinaire estoit ou à Sainct Cosme, lieu fort agreable, et comme l'*œillet* de la Touraine, ou à Bourgueil, à cause du deduit de la chasse auquel il s'exerçoit volontiers, et où il faisoit nourrir des chiens que le feu Roy Charles luy avoit donnez, ensemble un faucon, et un tiercelet d'autour; comme aussi à Croix-val, recherchant ores la solitude de la forest de Gastine, ores les rives du Loir, et la belle fontaine Bellerie, ou celle d'Helene. (¹) Souvent seul, mais tousjours en la compagnie des Muses, il s'esgaroit pour r'assembler les belles inventions, qui parmy le tumulte des villes et du peuple, s'escartant çà et là, ne peuvent si bien se concevoir en nous. Quand il estoit à Paris, et qu'il vouloit s'esjouir avec ses amis, ou composer à requoy, il se delectoit à Meudon (²), tant à cause des bois, que du plaisant regard de la rivière de Seine, ou à Gentilly, Hercueil, Sainct Clou, et Vanves, pour l'agreable fraischeur du ruisseau de Biévre, et des fontaines que les Muses ayment naturellement. Il prenoit aussi plaisir à jardiner, et sur tout en sa maison de Sainct

---

1. Il l'avait ainsi nommée en l'honneur d'Hélène de Surgères. On ne sait plus au juste quelle est cette source. — La fontaine Bellerie, dédiée par le poète à Remy Belleau, est connue dans le pays sous le nom de fontaine de la Belle-Iris.

Le poète est encore aujourd'hui populaire à Couture. On a oublié ses vers; mais on prononce toujours son nom avec un certain orgueil.

2. Il y habitait une tour dans les jardins du château.

Cosme, où monsieur le duc d'Anjou, qui l'aymoit et admiroit, le fut voir plusieurs fois aprés avoir fait son entrée à Tours. Il sçavoit (comme il n'ignoroit rien) beaucoup de beaux secrets pour le jardinage, fust pour semer, planter, ou pour enter, et greffer en toutes sortes, et souvent il presentoit des fruicts au Roy Charles, qui prenoit à gré tout ce qui venoit de luy. Quand il se mettoit à l'estude il s'en retiroit aisément, et lors qu'il en sortoit il estoit assez melancolique, et bien ayse de rencontrer compagnie recreative; mais lors qu'il composoit, il ne vouloit estre importuné de personne, se faisant excuser librement, mesmes à ses plus grands amis.

» La peinture et sculpture, comme aussi la musique, luy estoient à singulier plaisir; il aymoit à chanter et à ouyr chanter ses vers : « la musique, disoit-il, est la sœur puisnée de la poësie, et les poëtes et musiciens sont les enfans sacrez des Muses; sans la musique la poësie est presque sans grace, comme la musique sans la melodie des vers, est inanimée et sans vie. »

» Il incitoit fort ceux qui l'alloient voir, et principalement les jeunes hommes qu'il jugeoit promettre quelque fruict en la poësie, à bien escrire, et plustost à moins et mieux faire; car les vers se doivent peser et non compter, ils ressemblent au diamant parangon, qui estant de belle eau, et rendant un bel esclat, seul vaut mieux qu'une centaine de moyens. » (¹)

« Comme il avoit ajusté ses vers de telle sorte

---

1. Binet. *Vie de Ronsard.*

qu'ils pouvoient estre chantez, les plus excellents musiciens tels qu'Orlande, Certon, Goudimel, Jannequin et plusieurs autres prirent à tasche de composer sur la plupart de ses sonnets et de ses odes une musique harmonieuse; ce qui pleut de telle sorte à toute la cour qu'elle ne resonnoit plus rien autre chose, et ce qui ravit tellement Ronsard qu'il ne feignit point d'insérer à la fin de ses premieres poësies ceste excellente musique. » (1)

Deux mois après sa mort, le lundi 24 février 1586, un cénotaphe fut dressé dans la chapelle du collége de Boncourt, et une messe solennelle, composée par Mauduit, y fut chantée en son honneur, par la musique du Roi. Le prince Charles de Valois, duc d'Anjou, le duc de Joyeuse et le cardinal son frère, y assistèrent. Le Parlement de Paris y envoya une députation, et dans l'après-midi l'abbé Du Perron, depuis évêque d'Évreux et cardinal, prononça l'oraison funèbre du poète, où l'affluence fut si grande que le cardinal de Bourbon et plusieurs autres seigneurs furent forcés de s'en retourner, faute de place. Des vers en toutes langues, des éloges dignes d'un roi furent ensuite récités ce jour-là et les jours suivants. (2)

Peu à peu toutes ces louanges s'éteignirent, étouffées par des préoccupations plus graves; mais il était dans la destinée de Ronsard de ne trouver de repos, ni pendant sa vie ni après sa

---

1. G. Colletet. *Vie de Ronsard.*
2. A l'exemple des anciens éditeurs, nous donnons plus loin dans ce volume l'oraison funèbre de Ronsard, et, sous le titre de *Tombeau,* les vers composés à sa louange.

mort. Les huguenots envahirent le monastère de Saint-Cosme et détruisirent le tombeau que de pieuses mains avaient élevé à sa mémoire et ce fut seulement en 1609 que Joachim de La Chétardie, conseiller-clerc au Parlement de Paris, étant alors prieur-commendataire de Saint-Cosme, lui fit ériger un monument de marbre orné de son buste et de cette inscription : ([1])

EPITAPHIUM PETRI RONSARDI
POETARUM PRINCIPIS ET HUJUS CŒNOBII QUONDAM PRIORIS.

D. M.

CAVE VIATOR, SACRA HÆC HUMUS EST.
ABI, NEFASTE, QUAM CALCAS HUMUM SACRA EST.
RONSARDUS ENIM JACET HIC
QUO ORIENTE ORIRI MUSÆ,
ET OCCIDENTE COMMORI,
AC SECUM INHUMARI VOLUERUNT.
HOC NON INVIDEANT, QUI SUNT SUPERSTITES,
NEC PAREM SORTEM SPERENT NEPOTES.

IN CUJUS PIAM MEMORIAM
JOACHIM DE LA CHETARDIE,
IN SUPREMA PARISIENSI CURIA SENATOR
ET ILLIUS, VIGINTI POST ANNOS,
IN EODEM SACRO CŒNOBIO, SUCCESSOR
POSUIT.

1. M. A. Dupré, bibliothécaire de la ville de Blois, m'a obligeamment fait connaître que cette épitaphe, très-fruste, mais en partie lisible encore, est au musée de Blois.

Cette épitaphe, sauf les six dernières lignes, a été insérée dans le Tombeau de Ronsard, comme ayant été composée par J. Heroard, médecin du Roi. Il est vraisemblable que La Chétardie se sera borné à reproduire l'inscription originale, en ajoutant que le monument avait été reconstruit par ses soins.

Le biographe et l'un des derniers admirateurs du maître, Guillaume Colletet, la traduit de cette façon :

ÉPITAPHE DE PIERRE DE RONSARD,
PRINCE DES POÈTES ET AUTRESFOIS PRIEUR DE CE MONASTÈRE.

Arreste, passant, et prends garde; cette terre est sainte. Loin d'icy, prophane! cette terre que tu foules aux pieds est une terre sacrée, puisque RONSARD *y repose. Comme les Muses qui naquirent en France avecque luy, voulurent aussy mourir et s'ensevelir avecque luy, que ceux qui luy survivent n'y portent point d'envie, et que ceux qui sont à naistre se donnent bien de garde d'espérer jamais un pareil advantage du ciel.*

C'est à la mémoire de ce grand poëte que Joachim de La Chétardie, conseiller au souverain Parlement de Paris et, vingt ans après, son successeur en ce mesme prieuré, a consacré cette inscription funèbre.

De même que la première, cette nouvelle sépulture devait disparaître à son tour. L'orage révolutionnaire de 1793 emporta le prieuré de Saint-Cosme; nul ne s'inquiéta du buste érigé par La Chétardie (¹), et le marbre tumulaire à demi brisé n'obtint l'hospitalité d'un musée de province qu'après un demi-siècle d'oubli.

Ainsi du Poète! A l'admiration succéda pour lui l'injure, qui est encore un hommage, puis le dédain mortel... le mépris... le néant!...

Vers 1574, quand Charles IX écrivait à ce poète des Rois, à ce Roi des poètes :

Il faut suivre ton Roy qui t'aime par sus tous,
Pour les vers qui de toy coulent braves et doux...
Tous deux également nous portons des couronnes;
Mais Roy je la reçus; poëte tu la donnes...

De quel éclat de rire universel eût été accueilli celui qui aurait osé borner à cent ans la renommée d'un pareil génie? — Hélas! juste un siècle après, en 1674, Despréaux s'écriait, aux applaudissements de la Cour et sans qu'un murmure s'élevât pour réclamer :

Ronsard..... par une autre méthode,
Régla tout, brouilla tout, fit un art à sa mode,
Et toutefois longtemps eut un heureux destin.
Mais sa Muse en français parlant grec et latin,
Vit, dans l'âge suivant, par un retour grotesque,
Tomber de ses grands mots le faste pédantesque.
Ce poëte orgueilleux trébuché de si haut...

Oui! c'était vrai! jamais chute plus profonde n'avait aussi promptement suivi un succès plus

---

1. M. de la Saussaie, de l'Institut, a offert à la Société archéologique et littéraire de Vendôme un buste en plâtre qui paraît être moulé sur celui dont La Chétardie avait orné le tombeau du poète.

rapide, plus immense, plus universel! succès comparable seulement à l'enthousiasme qui accueillit *le Cid* de Corneille, ou encore mieux aux premiers triomphes du plus étincelant de nos poètes contemporains, en qui l'on trouve plus d'un rapport avec Ronsard.

L'un et l'autre furent poètes dès l'enfance, l'un et l'autre commencèrent par publier des Odes, l'un et l'autre atteignirent du premier coup l'apogée de la gloire. Ils furent tous deux novateurs, tous deux chefs d'école, et virent des planètes brillantes graviter autour de leur soleil. Le style de l'un comme celui de l'autre a ses nuages, mais entre lesquels on aperçoit le ciel, mais au milieu desquels éclate par intervalles un vers éblouissant comme la foudre dans la tempête. Dans ses dernières œuvres, le poète moderne se rapproche encore plus de l'ancien par la formation de mots hybrides et compliqués : richesse douteuse, que le chantre des derniers Valois, ces trois rois-frères, ne put léguer à la langue française, et que le chantre des derniers Bourbons, ces trois rois-frères aussi, ne réussira pas davantage à lui donner.

Aujourd'hui que l'heure de la justice a sonné pour Ronsard, personne ne croira que je rabaisse par un tel parallèle le plus brillant, mais non le plus pur des génies littéraires de notre époque.

En effet, quand on étudie avec soin le chef de la Pléiade et ses contemporains, jusqu'à s'identifier avec eux et à comprendre ce qu'était alors la littérature ; quand on s'est accoutumé aux expressions qui, chez lui, révoltent au premier abord, comme des notes discordantes dans une belle harmonie, on en arrive à sentir ce qu'il y a de sublime, dans ce poète *trébuché de si haut*.

Créateur du style noble dans la poésie française, il fut obligé de former lui-même sa langue, et, si elle ne lui a survécu qu'en partie, à tout prendre cette partie est plus grande qu'on ne le croit généralement. Son malheur et la cause de sa chute, c'est que l'école qui lui a succédé a rejeté dans le style trivial certains des mots qu'il prétendait anoblir, certaines des tournures vieillies qu'il voulait régénérer.

Enfin c'est que, nourri de l'antiquité pure, il prodigue des allusions aux fables les plus inconnues de la mythologie; il affecte à dessein des grécismes et des latinismes, qui font répéter de ses œuvres ce qu'il en a dit le premier :

> Les François qui ces vers liront,
> S'ils ne sont ou Grecs ou Romains,
> Au lieu de ce livre ils n'auront
> Qu'un faix pesant entre les mains.

Cependant, tout obscur, inégal et diffus qu'il soit dans les emportements de sa fougue indomptée, si l'on se donne la peine de noter ses élans sublimes; si l'on cueille les fleurs qui s'ouvrent spontanément sur cet arbre mal cultivé, mais luxuriant et touffu; si l'on met sur le papier, comme des diamants démontés, les admirables vers qui fourmillent chez lui, on en trouvera certes de plus beaux et en bien plus grand nombre que chez le correct Malherbe.

Ronsard avait cette fougue ardente de l'improvisation, ce jet de feu qui coule en bronze l'idée dans le moule du vers; il manquait d'ordre pour la disposer, de goût pour la ciseler, de patience pour la polir. Ses ébauches devaient être de beaucoup supérieures à ses ouvrages terminés. Selon l'expression de Montaigne, il était *prime-sautier*. J'ai dit ailleurs (et les variantes de cette édition le prouvent) qu'il avait presque toujours gâté ses œuvres en les corrigeant, surtout dans les dernières années de sa vieillesse prématurée. Si au milieu d'amis fascinés par cet astre éblouissant dès son aurore, il se fût trouvé un de ces aristarques au tact fin et délicat, un de ces hommes de plus de goût que de génie, un de ces sages amis à la Despréaux, qui

Sur vos fautes jamais ne vous laisse paisible...

le siècle de Louis XIV fût éclos cent ans plus tôt et nous posséderions en Ronsard l'idéal du grand poète.

En somme, tel que nous l'avons, bizarre, mais élevé dans ses Odes; affecté, mais gracieux dans ses Poésies amoureuses; démesuré, mais énergique et faisant parfois pressentir la mâle fierté de Corneille, dans ses Poèmes, surtout dans ses Discours sur les misères de la France; étincelant et sombre, comme le torrent de lave qui promène avec lui la flamme et les scories d'un volcan; admirable dans son inspiration, étonnant même dans ses défaillances, gigantesque dans ses défauts comme dans ses qualités, Ronsard a été traîné aux Gémonies, mais il n'a pas été jugé.

Malherbe, Boileau, et à leur suite tous ceux de l'école classique, ont prononcé contre sa mémoire un arrêt inique et immérité. « Les hommes qui font les révolutions, a dit M. Guizot, sont toujours méprisés par ceux qui en profitent. » (1)

Malherbe, qui fut d'abord l'admirateur de Ronsard, avant d'ourdir contre lui la conspiration du silence, commença par dénigrer le maître qu'il aspirait à détrôner. (2) En dépit de son mépris affecté, les vers auxquels il avait fait grâce dans cet exemplaire de Ronsard tant raturé de sa main, ces vers l'épouvantaient pour sa propre gloire; et quand, au premier soupçon de ses disciples qu'il pouvait les approuver, il prit fiévreusement la plume et les effaça tous, il aurait voulu du même coup les anéantir! L'ombre seule d'une rivalité devait révolter *ce tyran des mots et des syllabes*, assez infatué de lui-même pour oser s'écrier, avec autant de pesanteur que d'orgueil :

Ce que Malherbe écrit dure éternellement!

---

1. *Corneille et son temps*, par M. Guizot. Paris, Didier, 1862, in-18, page 35.

2. Malherbe ne montra pas toujours un égal dédain pour Ronsard. G. Colletet dit positivement : « Les quatre vers » françois qui sont au dessous du portrait de Cassandre, » dans l'édition de 1623, in-folio, sont de la façon de » François de Malherbe, comme il me l'a dict souvent luy- » mesme. Les voicy :

» L'art la nature exprimant,
» En ce portraict me faict belle ;
» Mais si ne suis-je point telle
» Qu'aux escrits de mon amant. »

Despréaux, dont nous avons cité la glose dédaigneuse, opina d'emblée sur la parole de Malherbe, et condamna Ronsard sans le lire. A la vérité, s'il l'avait lu, il ne l'aurait pas compris. Ces deux natures antipathiques devaient s'exclure tout d'abord. Le patient ciseleur de rimes n'était pas fait pour apprécier le Titan de la pensée. Ce n'est point avec une loupe qu'on peut juger Michel-Ange; ce n'est point le cordeau de Lenôtre à la main qu'il faut admirer les chênes de Fontainebleau.

Le siècle qui ne trouvait dans la Sainte-Chapelle que le prétexte d'un poème badin, qui regardait avec un égal mépris les vitraux étincelants et les arabesques de pierre de nos églises, qui laissait tomber en ruines les châteaux d'Anet, de Chenonceaux, de Chambord; qui ne connaissait pas même les noms des Germain Pilon, des Jean Goujon, des Janet, des Thomas de Leu, des Geoffroy Tory, des Léonard Gaultier, de cent autres artistes admirés aujourd'hui; ce siècle ne devait professer que du dédain pour la poésie toute de sève et d'inspiration qui découlait des lèvres de Ronsard.

Mais si les hommes de ce temps ne pouvaient pas, aussi facilement que nous, se dégager de toute influence extérieure et se placer au véritable point de vue, ils auraient dû tenir compte au moins du travail prodigieux que Ronsard avait accompli pour construire de toutes pièces une langue dont ils ont, après tout, profité, grâce à un simple travail d'épuration.

Balzac, au lieu de dire dans son trente-unième

entretien : « Ce n'est pas un poète bien entier ;
» c'est le commencement et la matière d'un
» poète, » aurait dû s'écrier : c'est un poète qui
n'eut pas à son service une langue bien entière,
mais le commencement et la matière d'une
langue, et qui créa tout lui-même.

Lorsqu'il y a quarante ans (en 1826), l'Académie française mit au concours une étude sur la littérature au XVIe siècle, le nom de Ronsard était encore pour le public le synonyme de ridicule.

Cependant les rares lecteurs qui n'avaient pas craint de secouer la poussière où dormaient ses in-folio, en étaient revenus avec un étonnement qui ressemblait à de l'admiration.

Fénelon avait osé écrire à l'Académie que « Ronsard avait tenté une nouvelle route pour
» enrichir notre langue, pour enhardir notre
» poésie, et pour dénouer notre versification
» naissante. »

Fontenelle consacrait pour lui « la qualité de
» prince des poètes qui ont paru avant Malherbe. »

Les auteurs des Annales Poétiques, après avoir passé en revue tous les prédécesseurs de Ronsard, sont contraints de s'arrêter longuement devant lui et de s'écrier, après mille précautions oratoires : « Tranchons le mot et disons que
» *Ronsard avait du génie !* »

MM. Sainte-Beuve, Guizot, Ampère, Saint-Marc Girardin, Mérimée, Th. Gautier, Vitet, Chasles, subirent de même, en s'occupant de Ronsard, l'ascendant qui avait subjugué son époque. Cette majestueuse figure séduisit leur imagination; et, l'examinant à trois siècles de distance, ils rendirent à son génie une justice d'abord un peu timide, mais sincère et vraie, en ce qu'elle n'était commandée, ni par l'esprit de parti littéraire, ni par l'esprit de parti politique et religieux qui, au commencement du xviie siècle, influèrent nécessairement sur l'arrêt prononcé par le poète du Roi huguenot Henry IV ([1]) contre le poète du Roi catholique Charles IX.

Cette fois la réaction fut complète. Elle sera durable.

La voix imposante de M. Sainte-Beuve a surtout dominé et domine encore toutes les autres. Son admirable Tableau de la poésie au xvie siècle a été une révélation pour les poètes du xixe. ([2])

Avec ce tact merveilleux, cette sûreté d'esprit, cette finesse de goût qui sont de lui seul, il a débarrassé de leur rouille trois fois séculaire ces merveilleuses ciselures poétiques, replacé tous ces bijoux dans leur véritable écrin; il a rendu aux admirations de l'avenir ces splendeurs d'un passé méconnu, et nous a contraints d'en accepter l'héritage.

---

1. Henry IV avait eu pour précepteur Florent Chrétien, qui, en se convertissant au protestantisme, était devenu l'un des détracteurs les plus acharnés de Ronsard.

2. *Tableau historique et critique de la Poésie française et du Théâtre français au XVIe siècle*, par C. A. Sainte-Beuve. (Paris, Sautelet, 1828. Deux volumes in-8°. Le second renferme un choix des œuvres de Ronsard.) C'est la première édition de cet ouvrage qui eut un grand retentissement et fut plusieurs fois réimprimé depuis.

Épris comme lui d'une piété sympathique pour les membres de cette vaillante PLÉIADE et surtout pour celui qu'on appelait alors l'ILLUSTRE MONSIEUR DE RONSARD, nous affirmons hautement leur gloire et son génie, comme une vérité désormais incontestable.

Non! toute cette génération, qui saluait en eux la renaissance de la poésie, ne s'est pas grossièrement abusée! Non! tous ces hommes d'une si haute valeur littéraire, les De Thou, les Michel de l'Hospital, les Sainte-Marthe, les Montaigne, les Mathurin Regnier, n'ont pas pu prendre toute leur vie de faux brillants pour des diamants fins et une torche fumeuse pour le soleil!

PROSPER BLANCHEMAIN,

Bibliothécaire honoraire du Ministère de l'Intérieur, Maître ès-Jeux Floraux, de la Société des Bibliophiles François, de celle des Bibliophiles Normands, de l'Académie de Rouen, de la Société Archéologique du Vendômois, etc.

NOTICE

BIBLIOGRAPHIQUE.

À peine la tombe de Ronsard s'était-elle refermée, que Jean Galland, principal du collége de Boncourt, son légataire et son ami, se mit en devoir de réunir ses *mémoires* et ses *copies*, pour donner ses œuvres complètes aux admirateurs du génie que la France venait de perdre.

C'est ici le moment de s'arrêter et de jeter un coup-d'œil en arrière, pour décrire plus complétement les nombreuses éditions que nous avons rapidement indiquées dans le cours de notre étude sur le Poëte.

ÉDITIONS DES ŒUVRES DE RONSARD.

I. La première édition des Œuvres de Ronsard parut à Paris chez Gabriel Buon, au cloz Bruneau, à l'enseigne S. Claude, l'an 1560, en 4 volumes in-16. — Le Privilége est daté de Saint-Germain-en-Laye, 20 septembre 1560. Par un acte notarié, en date du 25 du même mois, Ronsard, en vertu de son privilége, permet à G. Buon d'imprimer ses œuvres, « contenans » quatre volumes, assavoir : le premier, ses » Amours commentées en deux livres; le second, » ses Odes en cinq livres; le troisiesme, ses » Poëmes, en cinq autres livres; et le quatrieme, » ses Hymnes en deux livres. »

Le Ier volume contient 10 ff. préliminaires dans lesquels se trouvent les portraits de Muret et de Ronsard; 140 ff. pour le 1er livre des *Amours*, commenté par Muret; et 96 pour le 2e livre, commenté par R. Belleau.

Notons une fois pour toutes que, dans toutes les éditions des œuvres de Ronsard, les *Amours* sont accompagnées des mêmes commentaires. Les autres parties ne sont annotées que dans certaines des éditions posthumes.

Le IIe : 8 ff. préliminaires et 252 ff. pour *les Odes*, qui ne sont point commentées.

Le IIIe : 224 ff. chiffrés, plus 2 non chiffrés pour la table. Il renferme les Poesmes :

« Sous le titre vague de *Poesmes*, dit M. Gandar (¹), Ronsard comprend tous les ouvrages qui ne rentrent encore dans aucune catégorie nettement déterminée. Peu à peu ils se classèrent et formèrent des recueils particuliers, les Églogues, les Élégies, les Mascarades, les Gayetez, les Épitaphes ; et voilà comment les *Poesmes*, qui avaient cinq livres en 1560 et sept en 1569, n'en ont plus que deux dans les éditions posthumes.

» Ce recueil des *Œuvres*, publié durant le règne éphémère qui sépara du règne de Henri II la régence de Catherine de Médicis et le règne de Charles IX, est particulièrement précieux. (²) Il résume, avec le recueil des Œuvres de Du Bellay, qui ne survécut pas à Henri II, l'histoire de la révolution poétique opérée par les élèves de Daurat. A partir de ce moment, la *Brigade* se disperse, et elle cesse de s'imposer sans partage à l'opinion publique. »

Le IVᵉ : *les Hymnes*, se compose de 135 ff. numérotés, plus un ft. avec cette mention : Achevé d'imprimer le second jour de décembre 1560. Au-dessous un fleuron.

Il faut observer que, dans cette édition comme dans toutes les suivantes, le premier volume seul

---

1. Ronsard considéré comme imitateur d'Homère et de Pindare, par E. Gandar. Metz, 1854, in-8°.
2. Il était déjà tellement rare dès le XVIᵉ siècle que Garnier, à qui on doit le Recueil des Pièces retranchées, ne paraît pas l'avoir connu et donne ces pièces d'après les textes de 1573 ou 1578.
Celui que je possède est très-court et dépareillé de plusieurs feuillets. C'est cependant le plus complet que j'aie vu, car je n'ai trouvé nulle part ailleurs les quatre volumes réunis.

porte le titre d'Œuvres. Le tome II porte : les Odes de P. de Ronsard, tome II, et ainsi de suite.

Les caractères ne sont pas identiques dans les quatre volumes, et ils semblent sortis de deux imprimeries différentes.

II. Les Œuvres de P. de R. *rédigées* en six tomes. Le premier contenant ses Amours, divisées en deux parties, etc. — Paris, Gab. Buon, 1567. Six volumes in-4°.

Cette seconde édition, la plus belle qui ait été faite du vivant de Ronsard, contient, de plus que la précédente, les *Elegies* et les *Discours sur les Misères du temps*, qui avaient paru dans les sept ans d'intervalle.

Le Ier volume renferme *le 1er livre des Amours*, 124 ff.; *le 2e livre*, avec titre particulier 86 ff. et 7 pages de table. — Ce volume contient le privilége général, chacun des autres en renferme l'extrait.

IIe vol. : *Les Odes*, sans commentaires, 244 ff.

IIIe vol. : *Les Poëmes* et en outre *les Epitaphes*, les *Sonnets* divers, l'*Art poétique* : 188 ff.

IVe vol. : Les *Hymnes* en deux livres, 150 ff.

V^e vol. : Les *Elegies*, 196 ff.

VIe vol. : Les *Discours des Misères de ce temps*, etc., 74 ff.

Il y a lieu d'observer que ces volumes portent la trace de corrections et de retranchements faits avec peu de soin. L'éditeur a négligé, par exemple, de changer les numéros des odes, de sorte que l'ode 18e du Ier livre ayant été retranchée par le poète, l'ode 17e se trouve immédiatement suivie de la 19ᵉ. Au IIᵉ livre, la 14ᵉ est suivie de la 16ᵉ ; vient ensuite la 18ᵉ, etc.

La Bibliothèque de l'Arsenal, si riche en poètes anciens, possède un admirable exemplaire de cette édition, réglé, doré sur tranche, dans sa première reliure en maroquin rouge, ornée de filets sur les plats.

III. En 1571, G. Buon met en vente une nouvelle édition in-16. Je n'en ai jamais vu qu'un volume, le 3ᵉ, qui contient les Poesmes.

IV. et V. En 1572 et 1573 deux autres éditions paraissent encore.

Les six parties qui composent ces éditions sont ainsi indiquées dans l'extrait du Privilége, qui est toujours celui de 1560 : *Amours*, *Odes*, *Poesmes*, *Hymnes*, *Elegies* et *Discours*. Les volumes ne sont plus foliotés, mais paginés ; en voici la désignation d'après l'exemplaire que je possède. — T. I. (1572) *Amours*, portrait de Muret. Profil de Ronsard en robe de brocart, couronné de laurier, titre à la 2ᵉ partie des Amours, en tout 525 p. — T. II. (1573) *Odes*, 496 p. — T. III. (1573) *Poèmes*, à la fin l'*Art poétique* ; en tout 524 p. — T. IV. (1573) *Elegies, Eclogues et Mascarades*, 516 p., 4 ff. pour la table et le privilége. — T. V. (1573) *Les Hymnes*, 316 p., 2 ff., table et privilége. — T. VI. (1573) *Misères*, etc., 155 p., le privilége et ensuite 2 pages contenant une ode et deux odelettes. — Avec ces deux derniers volumes est reliée *la Franciade*, datée aussi de 1573, mais ne portant pas de tome.

VI. En 1578, Buon donnait pour la sixième fois les Œuvres de Ronsard, comprenant cette fois sept tomes in-16, dont le dernier renferme *la Franciade*. Chacune de ces éditions porte la trace de corrections nombreuses et successives.

VII. Enfin parut la septième des éditions originales : les Œuvres..... revues, corrigées et *augmentées* par l'auteur. Paris, G. Buon, 1584, un vol. in-fol., portraits sur bois (achevé d'imprimer le 4 janvier), 6 ff. prél., 919 p. et 6 ff. de table.

« Cette édition, dit M. Gandar, est précieuse entre toutes, puisqu'elle devait être l'expression dernière de la pensée de l'auteur. »

Elle est belle et bien imprimée ; mais toutefois, malgré son titre, elle est beaucoup moins complète que les précédentes, ayant subi les retouches malheureuses et les mutilations du poëte, affaibli par l'âge et les pratiques d'une dévotion outrée.

Aussitôt après sa mort, comme nous l'avons dit, Jean Galland s'occupa de publier la première édition posthume, qui est en même temps la huitième en date.

VIII. Les Œuvres de Pierre de Ronsard, Gentilhomme Vandosmois, *prince des poëtes françois*; Paris, Gab. Buon, 1587, 10 part. in-12. L'imprimeur était Léon Cavellat. L'édition est jolie, correcte, ornée du portrait de Ronsard en robe de brocart, de ceux de Henry II, Charles IX, François duc d'Anjou, et Muret ; de gracieux fleurons en illustrent les pages.

IX. Une autre était éditée à Lyon (1592) par Soubron, en 10 parties in-12, portraits copiés sur ceux des éd. de Paris. Celle-ci est, je crois, la plus complète de celles imprimées au XVI⁰ siècle. L'éditeur annonce dans le premier volume *cinquante sonnets et plusieurs élégies amoureuses* (il y en a sept) *plus qu'en la dernière édition*. Le volume des Odes en contient *soixante-huit* de plus que celui de Paris. Tandis que J. Galland se contentait de faire imprimer les Œuvres de Ronsard, à peu près telles que celui-ci les avait préparées avant de mourir, l'éditeur lyonnais recherchait dans les éditions originales et insérait dans chaque volume les vers qui formèrent plus tard le recueil des pièces retranchées. Cette édition ne contient cependant pas à beaucoup près tout ce qui se trouve dans celle de 1617 (Paris). Mais d'un autre côté deux odes à Marie Stuart et à Diane de Poitiers ne se trouvent plus que là et ont été omises, depuis 1567, par tous les éditeurs de Paris, y compris celui de 1617.

X. Une troisième édition, imprimée par Leger Delas, paraissait en 1597, chez la veuve de Gabriel Buon. Elle est presque aussi jolie que celle de 1587 et contient quelques pièces de plus, notamment l'Oraison funèbre de R. par Du Perron. — Le profil de Ronsard en manteau et en cuirasse à la romaine, réduit d'après le bois qui orne la première édition des Amours, y paraît pour la première fois avec les cinq portraits ci-dessus mentionnés.

XI. Une quatrième, en 1604, chez Nicolas Buon, imprimée par P. Vitray, père du fameux imprimeur de la Bible dite de Vitray (ou Vitré).

Ces éditions sont jolies et ornées de portraits sur bois. Les trois premières ne contiennent de commentaires que pour les *Amours*. Dans celle de 1604 et dans les suivantes, les *Odes* et une partie des Hymnes sont commentées.

XII. L'édition de 1609 (Paris, Nicolas Buon ou Barthélemy Macé, 1 vol. in-fol.) offre pour la première fois :

1º Le beau titre gravé par Léonard Gaultier. Ce titre représente un monument orné de quatre colonnes doriques. Assis sur le faîte, Homère et Virgile couronnent le buste de Ronsard. Contre les piédestaux des colonnes s'appuient un guerrier (Francus peut-être) et une Muse ou Naïade nue, laissant échapper l'eau d'une urne. Au centre sont gravés ces mots : Les Œuvres de Pierre de Ronsard, Gentilhomme Vandomois, Prince des Poëtes François, reveues et augmentées. Sur le stylobate, le nom et l'adresse du libraire.

2º Et le *Recueil des Sonnets, Odes, Hymnes, Élégies, fragments et autres pièces retranchées aux éditions précédentes avec quelques autres non imprimées ci-devant.*

Selon Guillaume Colletet (Vie de Saint-Gelais) cette compilation est l'œuvre de Claude Garnier, l'un des commentateurs de Ronsard.

Un exemplaire de cette édition, bien conservé, relié en vélin blanc, aux armes de L. Habert de

Montmort, un des premiers membres de l'Académie française, avait été offert par M. Sainte-Beuve à M. Victor Hugo. Ses marges sont enrichies de vers autographes des auteurs de notre époque. Il s'est vendu 146 fr. en 1852, à la vente du Poète. Il a été acquis depuis, pour 400 fr., par M. Ch. Giraud, ancien ministre de l'instruction publique, à la vente de qui il a été adjugé pour 900 fr. à M. Maxime du Camp, écrivain, artiste et voyageur. Il est remarquable qu'aucune des poésies écrites sur ce beau volume ne concerne Ronsard. Ce sont des vers à la louange de M. et Mme Hugo, des tirades extraites du drame de Christine par Alexandre Dumas, et quelques mots de Tacite écrits par Jules Janin.

Un autre exemplaire de cette édition, en grand papier, relié en veau brun, doré sur tranche et portant sur les plats les armes de J.-A. de Thou, est entré dans la belle bibliothèque de mon ami le baron J. Pichon, président de la Société des Bibliophiles françois.

XIII. La même année 1609, Nicolas Buon donnait une sixième édition (dix tomes in-12, portraits) avec la réduction du titre gravé par L. Gaultier, datée cependant de 1610, et le recueil des pièces retranchées.

XIV. Soubron en donnait une septième à Lyon. Je doute de l'existence de cette édition, que je n'ai pas vue.

XV. L'édition de 1617, la huitième (Paris,

Buon ou Macé (¹), onze parties in-12, portraits), est moins bien imprimée que les précédentes; mais elle est plus complète, en ce que le volume des *Œuvres retranchées* a été notablement augmenté. En effet il contient, de plus que celui de 1609, dix-huit sonnets, deux chansons, une préface, un avertissement, une ode, huit poèmes, sept épitaphes, quatre fragments, trois pièces de vers latins, et même trois sonnets : 1° *Il ne faut s'estonner*, 2° *Si tu n'aimois*, et 3° *Quand je te promettois*, qui ne sont pas dans l'édition suivante.

XVI. Les deux volumes in-fol. de 1623 sont enrichis, outre le beau frontispice de Léonard Gaultier retouché pour cette édition (la nudité de la Naïade a été voilée de ses cheveux), des portraits de : Muret, gravé sur bois; Nicolas Richelet, gravé sur cuivre par Piquet; Ronsard faisant face à Cassandre, gravé par Cl. Mellan; et dix portraits sur cuivre par Th. de Leu, savoir: Henry II, Charles IX, Henry III, François duc d'Anjou, Henry duc de Guise, Anne duc de Joyeuse, Marie Stuart, François II, J. L. de Nogaret duc d'Epernon, et Catherine de Médicis.

Cette édition a été revue en entier par Claude Garnier, qui le dit lui-même à la fin de son commentaire sur les Discours, sauf toutefois les Épitaphes, le Recueil des œuvres retranchées et

---

1. M. Baillieu, libraire à Paris, m'a signalé entre l'édition de Buon et celle de Macé (1617) des différences qui prouvent qu'elles ne sortent pas des mêmes presses. Ce serait donc deux éditions différentes.

le Tombeau, qui ont été corrigés (il ne s'agit ici que de la révision typographique) par M. Estienne, de la famille des célèbres imprimeurs.

La Bibliothèque de l'Arsenal possède, de cette édition, un exemplaire de toute beauté sur très-grand et très-fort papier, réglé, doré sur tranches et revêtu d'une reliure du temps en maroquin rouge. Les portraits y sont de premières épreuves.

XVII. Enfin la dixième des éditions posthumes, celle de 1629-1630 (Paris, M. Hesnault et Sam. Thiboust, 10 tomes en 5 volumes in-12), fut la moins bonne et la dernière. Les caractères sont usés, le papier médiocre et les portraits sur bois grossièrement exécutés. Le volume des œuvres retranchées, copié sur celui de 1609, est moins complet que celui de 1617. L'édition offre cette particularité que la pagination des dix parties, faites pour être reliées en cinq tomes, se suit d'un bout à l'autre de chaque tome. Enfin elle n'a d'autre mérite que d'être la dernière. Mais il faut se dire, avec M. Gandar, que « le premier volume porte la date de *Mélite*. Corneille prélude au *Cid*; Malherbe vient de mourir et Boileau va naître. »

Ainsi dans l'espace de soixante-dix ans (1560-1630) les œuvres de Ronsard avaient eu DIX-SEPT éditions (7 originales et 10 posthumes), sans compter les innombrables vers qu'il semait, soit par volumes soit par pièces séparées, et dont nous allons essayer de faire un relevé aussi complet que possible.

PIÈCES ET RECUEILS DE POÉSIES
DE RONSARD PUBLIÉS SÉPARÉMENT.

L'Hymne de France, composé par Pierre de *Ronsart*, Vandomois. — Paris, de l'imprimerie de Michel Vascosan, 1549. In-8º, de 8 ff. non chiffrés.

> Imprimé en italique, comme le sont à peu près toutes les poésies de R. et en général tous les vers publiés au XVIe siècle.
> Communiqué par M. Potier, libraire.

Epithalame d'*Antoine* de *Bourbon* et de *Jeanne* de *Navarre* par *P.* de *Ronsard*. — Paris, imp. de Vascosan, 1549. In-8º de 4 ff.

Avant-Entrée du Roy tres-chrestien (*Henry II*) à Paris. — Paris, G. Corrozet, 1549. In-4º (132 *vers*).

Ode de la Paix par P. de R. V., au Roy. — Paris, G. Cavellart, 1550. In-8º de 12 ff. non chiffrés.

Les quatre premiers Livres des Odes de P. de R., V. Ensemble son Bocage. — Paris, G. Cavellart, 1550. In-8º de 10 et 170 ff. plus 2 ff. d'errata.

> Le privilége donné à Fontainebleau est du 10 janvier 1549.
> Communiqué par feu le Dr Salacroux.

Les Amours de P. de Ronsard, Vandomois, ensemble le *cinquiesme de ses odes*. — Paris,

Vᵉ M. de Laporte, au clos Bruneau, à l'enseigne Saint-Claude, 1552. In-8º de 239 p. — Vignette sur le titre, portraits de Ronsard et de Cassandre dans les ff. préliminaires. Privilége à la fin, plus 32 ff. pour la musique avec cette mention au recto du dernier feuillet : Achevé d'imprimer le 30ᵉ Jour de sept. 1552.

> Le libraire Maurice de Laporte fut le prédécesseur de Gabriel Buon. C'est par allusion à son nom, qu'il mettait sur le titre de ses livres une vignette représentant Bias sortant de *la porte* d'une ville incendiée, avec la devise OMNIA MEA MECUM *PORTO*.
>
> Quelques personnes ont cru que Ronsard était l'auteur de la musique jointe à ce volume, parce que dans la préface l'éditeur dit que le poète *a pris soin de mesurer ses vers sur la lyre*. Mais cela signifie seulement qu'il a disposé ses odes en couplets propres à être mis en musique, et il est certain, comme le dit d'ailleurs positivement Colletet, que les airs dont il s'agit ont été composés par Certon, Goudimel et autres.
>
> Communiqué par le baron J. Pichon.

LES AMOURS..... Nouvellement augmentées par lui et commentées par Marc-Antoine de Muret, plus quelques ODES de l'auteur non encore imprimées. — Paris, Vᵉ M. de Laporte (et aussi Vincent Sertenas), 1553. In-8º de 8 ff. prél., 282 p. et un f. d'errata.

> Dans cette édition se voit pour la première fois l'ode 17 du livre Iᵉʳ (*Mignonne, allons voir si la rose*), qui, selon l'expression de M. Gandar, a plus fait, aux yeux de la postérité, pour la gloire du poète, que l'*Ode à l'Hospital*, publiée l'année précédente, et si fameuse de son temps.
>
> De même que la première, cette édition contient des airs notés. L'exemplaire du chirurgien Rasse des Nœuds, vendu l'année dernière à la vente Farrenc et qui m'a été communiqué par M. Delion, avait cette musique.

Les Odes de P. de R. — Paris, Cavellat, 1553. In-16 de 143 ff., plus un f. pour la marque du libraire. — Imprimé en lettres rondes.

Le seul exemplaire connu de cette édition, qui m'avait été en premier lieu signalée par M. Potier, appartient à Édouard Turquety. C'est un charmant petit in-16, contenant 143 ff. imprimés, plus un où s'épanouit une énorme poule grasse, enseigne du libraire Guillaume Cavellat. Toutes les pièces du Bocage, qui figurent dans la première édition, ont été supprimées, sauf l'*avant-entrée du Roy tres-chrestien*. Le 1er livre a encore 20 Odes, mais le second n'en a plus que 18. — Puis viennent l'*avant-entrée*, *la brève exposition de quelques passages*, des *Imitations* latines de l'ode au Roy (*Toute royauté qui dedaigne*), *deux sonnets* sur la Paix, l'un de Sainte-Marthe, l'autre de Pierre des Mireurs; l'*Hymne de France*, *Fantaisie à sa Dame* et un *sonnet* à la même.

Il n'y a plus, en tête du volume, ni avertissement ni préface. Il est difficile de se rendre compte du motif de ces suppressions, d'autant plus que les pièces supprimées sont rétablies dans la troisième édition, celle de 1555, qui avait jusqu'ici passé pour être la seconde.

Une élégante reliure anglaise en veau vert couvre ce curieux livre. Le dos et les plats sont parsemés de fleurs de lys. A l'intérieur un ex-libris offre le nom de Lancelot Holland et ses armes, qui contiennent aussi des fleurs de lys.

Ce L. Holland serait-il de la famille du célèbre Fox?

Le Cinquiesme livre des Odes de P. de R. augmenté. Ensemble la *Harangue* que fit monseigneur le *Duc de Guyse* aux soudards de Metz, le jour qu'il pensoit avoir l'assault, traduite en partie de Tyrtée, poëte grec, et dédiée à monseigneur le Reverendissime Cardinal de Lorraine son frère. — Paris, Vᵉ M. de Laporte, 1553. P. in-8º de 180 p.

Livret de Folastries, à Janot Parisien. Plus

quelques epigrammes grecz : et des Dithyrambes chantés au Bouc de E. Jodelle, poëte tragiq. (avec cette epitaphe tirée de Catulle) :

Nam castum esse decet pium poetam
Ipsum, versiculos nihil necesse est.

A Paris, chez la veufve Maurice de la Porte, 1553. P. in-8°, 69 p., plus un f. ayant au recto l'extrait du privilége du 19 avril 1553, et au verso : achevé d'imprimer le 20 avril 1553.

<small>A l'exception des *Dithyrambes*, auxquels Ronsard a seulement *collaboré*, ce livret est entièrement son œuvre. Si l'on s'en rapporte à une allégation contenue dans *le Temple de Ronsard* (T. VII, p. 92), il fut brûlé par arrêt du Parlement, ce qui l'a rendu d'une rareté excessive.</small>

LE BOCAGE de P. de R., V. — Paris, Vᵉ M. de Laporte, 1554. In-8° de 4 ff. prél. et 56 ff. chiffrés. Achevé d'imprimer le 27ᵉ nov. 1554.

LES MESLANGES de P. de R., dediées à Jan Brinon. — Paris, Gilles Corrozet, 1555 (achevé d'imprimer le 22 nov. 1554). In-8° de 54 ff. chiffrés. — Quelques ff. portent en titre courant le IIᵉ livre du Bocage.

LES MESLANGES... — Seconde édition. G. Corrozet, 1555. In-8°, 56 ff.

LES *quatre premiers livres des* ODES de P. de R. — Paris, Vᵉ M. de La Porte, 1555. In-8°, 4 ff. prél. et 132 ff. Portrait de R. gravé sur bois.

<small>Communiqué par M. Claudin.</small>

LE BOCAGE de P. de R. à P. de Paschal du

Bas-Pays de Languedoc. — Paris, Vᵉ M. de La Porte, 1555. In-8º, 4 ff. prél. et 56 ff. chiffrés. Portrait.

<small>Communiqué par Ed. Turquety.</small>

HYMNE *de Bacus*... avec la version latine de J. Dorat, 1555. In-4º de 16 ff.

LES HYMNES de P. de R., Vand., à Très-Illustre et Reverendissime Odet, Card. de Chastillon. — Paris, H. Wechel, 1555. In-4º.

<small>Communiqué par feu le Dʳ Salacroux.</small>

CONTINUATION des AMOURS... — Paris, V. Sertenas, 1555. In-8º.

NOUVELLE continuation des AMOURS. Paris, V. Sertenas, 1556. In-8º de 24 ff.

LE second livre des HYMNES à tres-illustre Princesse Marguerite de France, sœur unique du Roy et Duchesse de Berry. — Paris, Wechel, 1556. In-4º, 4 ff. prél. et 103 p.

NOUVELLE *continuation des* AMOURS... — Paris, pour Vincent Certenas (*sic*), 1557. In-8º de 176 p.

LES AMOURS... nouvellement augmentées par luy; avec les continuations desdits Amours et *quelques Odes* de l'autheur non encore imprimées, plus du *Bocage* et des *Meslanges* dudit P. de R. — Rouen, par Nic. Le Rous, 1557. 3 part. en 1 vol. in-8º.

LES AMOURS de P. de R., V., nouvellement augmentées par luy avec les *continuations desdits Amours* et *quelques Odes* de l'auteur non encore imprimées. — Basle, Augustin Godinet, 1557. Deux parties, petit in-8°.

<small>Je possède le seul exemplaire connu de ce volume. La première partie contient 4 ff. préliminaires et 72 ff. dont 5 pages de table.

La continuation (première et seconde) qui a un titre et un foliotage particuliers renferme 80 ff., elle n'a pas de table.

Cette édition est sans commentaires. On y lit plusieurs pièces de Belleau, J. Aubert, N. Mallot et Daurat. — La première partie paraît reproduire le texte de la seconde édition des amours de R. — Paris, 1553, in-8.</small>

EXHORTATION au camp du Roy pour bien combattre le jour de la bataille. — Paris, A. Wechel, 1558. In-4° de 6 ff. Le nom de Ronsard se trouve à la fin.

LA même, traduite en vers latins par J. Daurat (Auratus). — Paris, Wechel, 1558. In-4° de 4 ff.

EXHORTATION pour la Paix. — Paris, Wechel. 1558, In-4° de 6 ff.

LA même, traduite en vers latins par Fr. Thory. — Paris, Wechel, 1558. In-4° de 8 ff.

<small>Ce Fr. Thory est probablement fils du célèbre Geoffroy Thory ou Tory, de Bourges, dont les livres sont aujourd'hui si recherchés.</small>

LE second livre des MESLANGES de P. de R., V. — Paris, pour V. Sertenas, 1559. In-8°, 60 ff.

LA PAIX au Roy. — Paris, A. Wechel, 1559. in-4° de 12 ff.

CHANT de *Liesse* au Roy. — Paris, Wechel, 1559. In-4°, pièce de 116 vers.

Discours à Mgr. *le Duc de Savoie*. Chant pastoral à *Mme Marguerite*, Duchesse de Savoye, plus XXIIII inscriptions en faveur de quelques grands seigneurs, lesquelles devoient servir en la comedie qu'on esperoit representer en la maison de Guise par le commandement de Mgr. le Card. de Lorraine. — Paris, imp. de Rob. Estienne, 1559. In-4° de 18 ff. non chiffrés.

Chant pastoral sur les Nopces de Mgr. *Charles, duc de Lorraine* et de *Mme Claude*, fille II du Roy. — Paris, Wechel, 1559. In-4° de 20 p. chiffrées.

L'Hymne de tres illustre Prince *Charles, cardinal de Lorraine*... — Paris, Wechel, 1559. In-4°, 16 ff.

Suyte de l'Hymne... — Paris, imp. de R. Estienne, 1559. In-4°, 5 ff. non chiffrés.

Elegie sur les *Troubles d'Amboise*, 1560. A G. Des Autels, Gentilhomme charolois. — Paris, G. Buon, 1562. In-4° de 6 ff., le privilége est au verso du dernier feuillet.

Elegie... 1563. In-4°.

Elegie... 1564. In-4°.

Institution pour l'adolescence du Roy treschrestien *Charles Neufiesme* de ce nom... — Paris, G. Buon, 1562. In-4° de 5 ff., plus un 6e pour le privilége.

Institution... — 1563. Conforme à la précédente.

Institution... — Lyon, 1563. In-8° de 6 ff.

Institution... — Paris, Buon, 1564. In-4°.
Conforme aux deux premières.

Discours des Misères de ce temps à la Royne-mere du Roy. — Paris, G. Buon, 1862. In-4° de 6 ff. non chiffrés. Avec privilége du Roy.
Cette édition est sans nom d'auteur et le privilége annoncé sur le titre ne s'y trouve pas. Elle m'a été communiquée par M. Louis Pâris.

Discours... par P. de Ronsard, Gent. Vand. — 1563. In-4° de 6 ff. numérotés.
Le nom de Ronsard est sur le titre et dans le privilége qu'on lit au verso du dernier feuillet.

Discours... — Lyon, 1563. In-8° de 6 ff.

Continuation du discours des *Miseres de ce temps*. A la Royne. — Paris, G. Buon, 1562. In-4° de 10 ff. numérotés, privilége au verso du dernier feuillet.

Continuation... — 1564. In-4°.
Conforme au précédent.

Remonstrance au peuple de France. — Paris, G. Buon, 1563. In-4° de 17 ff. numérotés. Privilége au verso du dernier feuillet.
Sans nom d'auteur sur le titre ni au privilége. Communiqué par M. Louis Pâris.

Remonstrance... — 1564. In-4° de 16 ff. numérotés. Privilége au bas du verso du dernier feuillet.
Le nom de Ronsard est sur le titre et au privilége.

Remonstrance... — Paris, G. Buon, 1572. In-4°.

Remonstrance... — Lyon, 1572. In-8°.

Responce de P. de R. aux injures et calomnies de je ne sçay quels *Predicans* et *Ministres* de Geneve, sur son Discours et continuation des Miseres de ce temps. — Paris, G. Buon, 1563. In-4° de 26 ff., priv. au verso du titre.

Responce... — Avignon, P. Roux, 1563. In-8° de 26 ff.

Response... — Paris, 1564. Conforme à la première édition.

La Promesse par P. de R., Vandosmoy, à la Royne. — 1563. In-4° de 6 ff.

La Promesse... — 1564. Idem.

Les Trois Livres du recueil des nouvelles Poésies de P. de Ronsard G. V., lesquelles n'ont encores esté pas ci-devant imprimées. — Ensemble une *epistre* par laquelle succinctement il respond *à ses calomniateurs*. Seconde édition. — Paris, Buon, 1564. In-4°, 120 f.

<small>Communiqué par feu le Dr Salacroux.
J'ai consulté ce recueil après avoir épuisé l'édition de 1560, et j'en ai donné le texte; j'ai désigné par la date 1564 les pièces qu'il contient.</small>

Elegies, *Mascarades* et *Bergerie...* — Paris, G. Buon, 1565. In-4° de 4 et 87 ff.

<small>M. Techener.</small>

Abrégé de l'*Art poétique* françois à Alphonse Del Bene, abbé de Hautecombe en Savoye. — Paris, G. Buon, 1565. In-4° de 14 ff. en prose. Lettres rondes. Privilége au bas dernier verso.

Abrégé... — Rouen, Gaultier, 1565. In-8°.

Art poétique françois. — Paris, Guil. Linocier, 1585. In-16.

Art poétique françois. — En Avignon par Jac. Barro, 1586. In-16.

Le Procès à tres-ill. Prince Charles, Card. de Lorraine. S. l., 1565. In-4° de 7 ff.

Le Procès. — Lyon, 1569. In-8°.

Les Nues ou nouvelles de P. de R., V., à la Royne. S. l., 1565. In-4° de 12 pages.

<blockquote>J. Galland, éditeur des Œuvres de Ronsard après sa mort, a cru les publier pour la 1re fois en 1597; car il dit dans l'éd. de 1623, que cette pièce n'a pas été imprimée du vivant de l'auteur. Il ne connaissait donc pas cette édition, comme le fait judicieusement observer M. Brunet, ce qui prouve qu'elle était fort rare dès ce temps-là.</blockquote>

Le Fourmy de P. de R. à Remy Belleau et le Papillon de R. Belleau à Ronsard, mis en latin par Est. Tabourot, avec quelques epigrammes latines dediées à G. le Genevois, doyen en l'eglise de Langres. — Paris, Thib. Bessault, 1565. In-8°.

Epitaphe sur le Tombeau de... *Anne, Duc de Mont-Morency*, Pair et Connestable de France par J. Dorat, P. de Ronsard et autres doctes personnages, en diverses langues. — Paris, P. G. de Roville, 1567. In-4° de 32 ff.

<blockquote>Le poëme de Ronsard occupe 11 pages.</blockquote>

Epitaphe, etc. — Lyon, Didier, 1568. In-8°.

Epitaphes sur le tombeau de... par P. de R. avec un chant funèbre des neuf Muses sur le même tombeau, plus l'*anagrammatisme* du nom et surnom de mondit seigneur le Connestable par P. G. D. R. (de Roville). — Paris, P. G. de Roville, 1568. 16 p. in-4°.

LE sixiesme (et le septiesme) livre des POÈMES de P. de R. etc. — Paris, J. Dallier. 1569. 2 part. in-4°, la première de 59 ff. chiffrés, plus un fleuron, la deuxième de 36 ff., le dernier portant : Achevé d'imprimer le 1er J. d'aoust par Fleury Prevost, imprimeur pour J. Dallier, 1569.

BREF et sommaire recueil de ce qui a été faict et de l'ordre tenue à la joyeuse et triomphante *entrée de... Charles VIIII de ce nom*, Roy de France, en sa bonne ville et cité de Paris..., le mardi sixiesme jour de mars 1571. — Paris, imp. de Du Pré, 1572. In-4°, fig. sur bois.

<small>Ce recueil contient dix petites pièces de Ronsard, insérées T. IV, p. 200.
M. Aug. Aubry, libraire.</small>

LES quatre premiers livre (*sic*) de la FRANCIADE, au Roy tres-chrestien Charles Neufieme de ce nom. — Paris, G. Buon, 1572. In-4° de 14 ff. préliminaires (dans lesquels se trouvent les portraits de Charles IX et de Ronsard), et 230 p. — Achevé d'imprimer le 13 de septembre.

LES quatre premiers livres de la *Franciade*... revue et corrigée de nouveau. — Paris, Buon, 1573: In-16 de 8 et 103 ff. Portraits de Ronsard et de Charles IX.

LES quatre premiers livres, etc. — A Turin par Jan François Pico, 1574. In-16 de 204 p., précédés de 7 ff. préliminaires, contenant le titre, la préface de Ronsard et les argumens, par *Am. Jam.* (*sic*) valet de chambre ordinaire du Roy.

<small>Communiqué par M. Baillieu.</small>

LES quatre premiers livres, etc. — A Turin, etc. Même édition sans date.

<small>M. Brunet cite comme ayant donné des suites à la Franciade :
Jacques Guillaut qui a publié un 5° livre à Paris, 1606, et un 6° à Bourges, chez M. Levet, 1615, in-8.
Cl. Garnier (commentateur d'une partie des Œuvres de Ronsard), a donné un livre de la Franciade, en 1604, in-8.
Trois autres auteurs ont publié des Franciades :
P. de Laudun, seigneur d'Aigaliers (Paris, Dubrueil, 1604, in-12); Geuffrin (Paris, Sommaville, 1623, in-8), et tout récemment M. Viennet, de l'Académie Française (Paris, H. Plon, 1863, grand in-18).</small>

LE TOMBEAU du feu Roy tres chrestien *Charles IX*, Prince tres-debonnaire, tres-vertueux et tres-eloquent, par P. de R., aumosnier ordinaire de Sa Majesté et autres excellents poètes de ce temps. — Paris, F. Morel, sans date. Petit in-4° de 16 pages.

Le tombeau du... Charles IX. — Le même avec la date de 1574.

Le tombeau, etc. — Lyon, Rigaut, 1574. In-8° de 8 ff.

Le tombeau, etc. — Poictiers de l'imprimerie d'Emé Mesnier et Ant. Delacourt, 1574. Petit in-4° de 8 ff., le dernier portant un fleuron.

LES ESTOILLES à M. de Pibrac, et deux responses

à deux Elégies envoyées par le feu Roy Charles à Ronsard, outre une Ode à Phœbus pour la santé dudit seigneur Roy, puis un Discours au Roy Henry troisiesme à son arrivée en France. — Paris, G. Buon, 1575. 18 ff. in-4°.

LE TOMBEAU de tres-illustre Princesse *Marguerite de France*, duchesse de Savoye : Ensemble celuy de tres-auguste et tres-saincte memoire, François premier de ce nom et de messieurs ses enfans, par P. de R. G. V. — Paris, G. Buon, 1575. In-4°, 10 ff., titre compris, plus 4 ff. pour les : Estreines au Roy Henry III, envoyées à Sa Majesté au mois de decembre.

<small>Les Estreines à Henry III sont singulièrement placées à la suite du Tombeau de Marguerite et ne paraissent pas faire partie de la même publication, bien qu'elles n'aient pas de titre spécial. Elles sont d'ailleurs imprimées en *lettres rondes*, tandis que le Tombeau est en caractères italiques.

Le baron J. Pichon possède ce Tombeau dans un recueil de pièces analogues ayant appartenu à J. A. de Thou.</small>

PANEGYRIQUE de la *Renommée*... — Paris, G. Buon, 1579. In-4°, 9 ff.

L'HYMNE de la *Philosophie* commenté par P. Thevenin. — Paris, J. Febvrier, 1582. In-4°.

LIVRET *de folastries*... Reveu et augmenté en ceste edition. — S. l., 1584. In-12 de 72 p., lettres italiques.

<small>Reproduction page pour page de l'éd. 1553, sauf une odelette et un sonnet en plus à la fin, et en moins le privilége.

Je pense que Ronsard n'a eu aucune part à cette réimpression et qu'elle a été faite hors de France, à Genève peut-être, par quelque ennemi.</small>

Communiqué par M. Potier.

Les derniers vers de P. de R... Prince des Poëtes françois, — Paris, G. Buon, 1586. In-4° de 7 ff.

Les derniers vers, etc. — Lyon, J. Pillehotte. In-16.

Les *Destinées de la France*, par Cl. Binet.—Paris, J. Mettayer, 1594. In-4°.

<small>On trouve à la suite de cet ouvrage un fragment du Poème de la Loy, par Ronsard. Ce fragment est reproduit dans notre édition (T. VII, p. 280).</small>

Les figures et portraicts des Sept Aages de l'homme, avec les subjects par quatrains de feu Mons. de Ronssart, au pied de chacun d'iceulx. Taillez et gravez sur les principaulx inluminez de feu M. Baptiste Pellerin.—Paris, 1595. Pour N. L. C. n. (Nicolas Le Camus notaire). In-fol. oblong.

<small>Suite de sept gravures faisant partie d'un recueil de la Biblioth. imp. Z, ancien 3349. — Ce curieux recueil m'a été indiqué par le savant M. Rathery, l'un des conservateurs.</small>

L'Hymne *de l'Eternité* avec le Commentaire de N. Richelet. — Paris, N. Buon. In-8°, 1611.

L'Hercule *chrestien*. — Id. 1617.

L'Hymne des Estoiles. — Id. 1617.

L'Hymne des Daimons. — Id. 1618.

L'Hymne de Peres de famille. — Id. 1618.

Translation de l'original latin de la fondation du *Prieuré de Sainct Cosme*. Avec cette mention à la fin : Le tout fidelement traduit, etc., par feu... Messire P. de Ronsard... — Imprimé à Tours chez Jacques Poinsot et Cl. Bricet... 1636. In-4º de 5 p.

<small>Cette pièce qui se trouve à la Bibliothèque du Mans, m'a été communiquée par le conservateur M. Manceau. Elle fait partie du T. VII, page 341.</small>

ŒUVRES *inédites* de P. de R. G. V., recueillies et publiées par Prosper Blanchemain.—Paris, Aubry, 1855. Petit in-8º, portrait de R., ses armoiries et sa signature. 4 ff. préliminaires et 308 p.

<small>Ce volume, sauf la vie de R. par Guill. Colletet, a été refondu dans la présente édition.</small>

LE LIVRET *de Folastries*, à Janot Parisien, etc. — Paris, J. Gay, 1862. In-12 de xx et 52 p., plus deux ff.

<small>Réimpression textuelle de l'éd. de 1553, plus une préface fort savante et fort curieuse qu'on attribue à M. Paul Lacroix. Tiré à 100 ex. sur papier de Holl. plus 2 sur peau vélin. — Cet ouvrage a été saisi et condamné en 1865.</small>

LES *Gayetez* et les *Epigrammes* de Pierre de Ronsard, G. V., dédiez à J.-A. de Baïf, poète françois. — A Turin chez J.-F. Pico. Réimpression augmentée de pièces inédites, etc. (*Bruxelles*, 1865). In-12 de 151 p. 100 ex. pap. de Hollande, 10 sur Chine et 3 sur vélin.

<small>Comme je l'ai dit t. VI, p. 339, je pense que l'éd. de Turin n'a jamais existé. L'impression de ce volume a été faite d'après une une copie subreptice de vers recueillis pour être conservés dans le musée secret d'un bibliophile.</small>

BIBLIOGRAPHIQUE. 91

Ce travail bibliographique ne serait pas complet, s'il ne comprenait la liste des réponses provoquées par le Discours sur les Misères de ce temps, les éloges décernés à Ronsard par ses contemporains et tout ce qui est venu à ma connaissance d'ouvrages spécialement consacrés au Prince des poètes du XVIe siècle.

J'en ai formé la série suivante :

PIÈCES SUR RONSARD.

Response aux calomnies contenues au discours et suyte du discours sur les Miseres de ce temps faits par Messire P. de R. jadis poëte, et maintenant Prebstre. La première par A. Zamariel. Les deux autres par B. de Mont-Dieu où est aussi contenue la Metamorphose dudict R. en prebstre. — S. l., 1563. In-4° de 28 ff.

<blockquote>
La *Metamorphose de Ronsard en prebstre*, qui semblerait être une pièce à part, se compose des 50 vers qui terminent la première réponse. Quant aux noms des auteurs, ils sont supposés. — Zamariel serait, selon Garasse, le ministre Antoine de Chandieu. B. de Mont-Dieu est le même selon Bayle. A en croire Lamonnoye, c'est Montmeja. *Ja* en hébreu signifie Dieu, et il aurait équivoqué sur la fin de son nom.
</blockquote>

Reponse, etc. — Lyon, 1563. In-8° de 24 ff. sans chiffres.

Seconde *Réponse* de F. de la Baronie à messire P. de R., Prestre-Gentilhomme Vandomois, Evesque futur. — Plus le Temple de Ronsard

où la legende de sa vie est briefvement descrite.
— 1563, s. l. In-4º de 36 ff. non chiffrés.

<small>Le titre contient une curieuse vignette representant Ronsard, affublé d'un bonnet et d'une vaste robe; il est assis dans un grand fauteuil à bras; ses mains, que cache sa longue barbe, s'appuient sur un bâton; il regarde melancoliquement flamber le feu d'une haute cheminée. La chambre, dans laquelle il est représenté, n'a que deux coffres pour meubles; elle est éclairée par une petite fenêtre à meneaux.

On s'accorde pour attribuer cette *seconde Réponse* à Florent Chrestien. M. Brunet, dans son Manuel du Libraire, nomme à juste titre (selon moi) Jacques Grévin comme auteur du Temple de Ronsard. Je possède cette plaquette. Je la tiens de l'amitié d'Edouard Turquety, poète et bibliophile.

Cette pièce et l'éd. in-4 de la précédente me paraissent sorties des presses d'Eloy Gibier, imprimeur de la Ville à Orléans.</small>

Seconde Response, etc. — Nouvellement imprimée 1564. In-8º de 29 ff. non chiffrés.

LE TEMPLE *de Ronsard*, où la legende de sa vie est briefvement descrite. — Nouvellement imprimé. S. l. (Genève), 1563. In-8º de 7 ff.

<small>Cette satire est reproduite T. VII, p. 88. — J'en ai fait faire un tirage à part, 16 p. in-8 à quinze exemplaires, dont un sur vélin, avec le titre ci-dessus.</small>

REMONSTRANCE *à la Royne*, mere du Roy, sur le discours de P. de Ronsard des Miseres du temps, nouvellement mis en lumiere. — Lyon, F. Leclerc, 1563. In-12 de 30 ff. non chiffrés, pièce en vers, lettres italiques.

REPLIQUE sur la response faite par messire P. de R. jadis poète et maintenant prestre, à ce qui luy avoit esté respondu sur les calomnies de ses discours touchant les Miseres de ce

temps. Par D. M. Lescaldin (De Montmeja ?).
— S. l. (Orléans), 1563. In-4º de 55 p.

Apologie ou deffense d'un homme chrestien (Fl. Chrestien), pour imposer silence aux sottes reprehensions de M. P. R., soy disant non seulement poëte, mais aussi maistre des Poëtastres. Par laquelle l'aucteur respond à une epistre secretement mise au devant du Recueil de ses nouvelles poésies. (Pièce en prose.) — S. l. (Orléans), 1564. In-4º de 16 ff. dont un blanc.

Palinodies de P. de R. sur ses discours des Miseres de ce temps. Nouvellement imprimé (en vers). — S. l., 1563. P. in-8º de 11 ff.

Advertissement du medecin de Monseigneur le Cardinal de Guise à Ronsard, touchant sa Franciade. — Lyon, B. Rigaud, 1568. P. in-8º, 16 ff.

Jugement notable donné à Orléans sur certain assassinat commis au païs de Vandosmois. — Paris, pour Noel le Coq, tenant sa boutique en la galerie Sainct-Michel, pres la court du Palais, 1547 (en réalité 1574) avec Previlege. Petit in-8º de 28 p.

<small>Je mentionne, à cause seulement de son excessive rareté, la pièce ci-dessus que m'a gracieusement communiquée l'excellent érudit M. Paulin Pâris, de l'Institut, mon collègue à la société des Bibliophiles.

Ce jugement ne concerne ni Pierre de Ronsard ni même aucun des Ronsard de la Poissonnière, mais ceux de Beaumont-la-Ronce (département d'Indre-et-Loire, arrondissement de Tours), membres d'une autre branche de la famille, savoir : Jehan de Ronsard, dit l'aisné de</small>

Beaumont, escuyer, René Doré et Jehan Beauclerc, condamnés à Orléans et exécutés sur la place du Martroy, le 15 février 1574, pour vol et assassinat commis à la Denisière, sur la personne de Magdeleine de Monceaux, veuve de Guillaume de Ronsard, escuyer, seigneur de Roches, le Vivier et Bois Guignant, et trois de ses serviteurs.

Et Nicolas de Ronsard, Gabriel de Ronsard, Jehan Baptiste de Ronsard, Anisseau, Guyet Penilleau, et veuve Jehan Doré, contumaces, condamnés pour les mêmes crimes et exécutés en effigie le surlendemain 17 février 1574.

REMONSTRANCE à Pierre de Ronsard. — A Paris, 1577. In-4° de 6 ff. dont les 4 premiers seulement sont numérotés.

Pièce satirique en vers.

ORAISON *funebre* sur la mort de Monsieur *de Ronsard*, par J.-D. Du Perron. — Paris, F. Morel, 1586. In-8° de 138 p. et un fol.

LES funebres REGRETS *sur la mort* de P. de R. g. v. par plusieurs autheurs. — Paris, G. Linocier, 1586. In-16 de 72 p. Portrait.

DISCOURS *de la vie de P. de Ronsard*... Avec une *Eglogue* prononcée en ses obscèques par Cl. Binet, plus les vers composés par ledit R. peu avant sa mort. Ensemble son tombeau. — Paris, G. Buon, 1586. In-4° de 128 p.

GEORG. *Crittonii*, *Laudatio funebris* habita in exequiis Petri Ronsardi apud Becodianos, cui præponuntur ejusdem *Ronsardi carmina* partim a moriente, partim a languente dictata. — Lutetiæ apud Abraham d'Auvel. In-4°, 30 p.

PETRI *Ronsardi* Poetæ Gallici *Laudatio funebris*. Ad vita et moribus spectatissimum virum

J. Gallandium, Becodianæ Domus Dominum, Jacobus Velliardus Carnutensis ad hanc pompam has paravit orationes cum heroïco carmine. — Parisiis, G. Buon, 1546 (sic), In-4°, 21 fol.

Tableau historique et critique *de la Poésie française* et du Théâtre français au xvie *siècle*, par C.-A. Sainte-Beuve. — Paris, Sautelet, 1828. Deux volumes in-8°, dont le 2e est formé de la vie et des Œuvres choisies de Ronsard.

<small>Quoique ce livre ne concerne pas exclusivement Ronsard, je ne crois pas devoir l'omettre à cause de la grande place que le poète y tient.</small>

Le même. — Paris, Charpentier, 1843. Un vol. in-18. — Cette édition considérablement augmentée, ne contient pas les œuvres choisies de Ronsard.

<small>Elle a été tirée à grand nombre et plusieurs fois réimprimée. La dernière réimpression est de 1857.</small>

Ronsard considéré comme *Imitateur d'Homère* et de Pindare, par M. E. Gandar. — Metz, Blanc, et Paris, Durand, 1854. In-8°.

<small>Ce remarquable travail que M. Gandar a écrit comme thèse pour le doctorat ès-lettres, nous a été d'un grand secours dans nos travaux.</small>

Pierre de Ronsard (par J.-J. Bozérian, avocat au conseil d'État et à la Cour de Cassation, etc.). — Vendôme, Devaure-Henrion, 1863. Gr. in-8° de 69 p., avec portrait de Ronsard.

<small>Fait partie de la *Galerie des Hommes illustres du Vendômois*, avec portraits authentiques.</small>

Nouveaux renseignemens sur la *Maison de Ronsard à Paris*, par M. le comte Achille de Rochambeau. — Vendôme, 1865. In-8°.

Se trouve aussi dans le Bulletin archéologique du Vendômois. Année 1865.

Ce travail résume la discussion courtoise élevée entre M. Paul Lacroix et moi au sujet de la maison de Ronsard dans le Bulletin du Bouquiniste, et éclaircit complétement la question.

QUELQUES *vers inédits de P. de Ronsard.* — Lettre à M. Prosper Blanchemain, éditeur des Œuvres complètes de Ronsard, par A. de Rochambeau, membre de la Société archéologique du Vendômois et de plusieurs autres Sociétés savantes. — Vendôme, Devaure-Henrion, 1867. In-8°.

Tiré à 100 exemplaires. M. le comte A. de Rochambeau m'a gracieusement mis à même de profiter, pour mon édition, des renseignements qu'il avait recueillis.

VERS DE RONSARD MIS EN MUSIQUE.

Si l'on voulait citer les recueils du XVIe siècle qui renferment des vers de Ronsard, avec la musique notée, il faudrait les énumérer tous.

J'ai déjà signalé à la suite des Amours de P. de R. (Paris, Ve M. de la Porte, 1552, in-8°), 32 feuillets contenant la musique de chant. Je désignerai encore les volumes suivants, dont je dois le relevé à l'obligeance de M. Percheron, qui, avec une patience infatigable, a catalogué, sinon la totalité, du moins la majeure partie des chansons françaises.

BERTRAND (Anthoine de), natif de Fontange en

Auvergne. — *Premier (second* et *troisième) livre des Amours* de P. de R. mis en musique à IIII parties par... — Paris, A. Leroy et R. Ballard, 1578. In-4° oblong.

Boni (Guillaume) de Saint-Flour, en Auvergne. — *Sonnets de Ronsard*, mis en musique à IIII parties, revus et corrigés par Henry Chaudor, contenant 39 pages et 35 sonnets. — Paris, N. Duchemin, 1576. In-4° obl.

Les mêmes. — P. Ballard, 1624. In-4°.

Le 2e livre.... — Paris, Le Roy et R. Ballard, 1576. In-4° obl. de 24 ff., contenant 24 sonnets.

Cajetain (Fabr.-Martin). Poésies de *Ronsard*, etc., à quatre parties. — Paris, 1578. In-12, large.

— Trente-huit airs mis en musique sur les poésies de *Ronsard* et autres. — Paris, Adr. Leroy et Rob. Ballard, 1576. In-8° obl.

Castro (Jean de). Chansons, Odes et Sonnets de *Ronsard*, à 4, 5, 6 et 8 voix. — Louvain, 1577, in-4°.

Clereau (Pierre). Premier livre d'Odes de P. de R. mis en musique par... — Paris, Ballard, 1566.

Grotte (Nic. de). Recueil des chansons de *Ronsard*, etc.. — Paris, Ad. Leroy et Rob. Ballard, 1573. — Id. 1570, in-8° large.

Ce cahier forme aussi la 24e partie du Recueil de chansons à 4, 5 et 6 parties. — Paris, Ad. Leroy et Rob. Ballard, 1559, in-16, en 25 parties.

Lattre (Roland de). Aliàs *Orlande de Lassus* ou *Orlando Lasso*. — *Mélanges* contenans plusieurs chansons avec musique à 4, 5, 6, 7, 8 et 10 parties. — Paris, Ad. Leroy et Rob. Ballard, 1576, 2 vol. in-4°.

Sonnets et *Amours de Ronsard*. Voir un grand article dans le Bulletin du Bibliophile de M. Techner, série 4, p. 285. Année 1840.

Mélanges de 148 chansons, tant de vieux auteurs que de modernes, à 5, 6, 7 et 8 parties, avec une *préface de P. de Ronsard*. — Paris, Ad. Leroy et Rob. Ballard, 1572. In-4°.

<small>Duverdier a donné dans la Bibliothèque française un extrait de la préface de Ronsard. Je l'imprime en son entier, dans le VIIe volume, d'après l'exemplaire de la Bibliothèque d'Upsal (Suède), préface dont le conservateur m'a gracieusement envoyé la copie.</small>

Monte (Philippe de) aliàs de Mons ou du Mont, maistre de la chapelle de l'Empereur. — *Sonnetz* de P. de R. mis en musique à 5, 6 et 7 parties, par... — Paris, A. Leroy et R. Ballard, 1575. In-4° obl.

Les mêmes. — 1576, Le Roy et Ballard. In-4° obl.

Les mêmes. — Louvain, Phalise, 1576. In-4°.

Regnard ou *Requart* (François). Poésies de *Ronsard* et autres, mis en musique à 4 et 5 parties. — Paris, Ad. Leroy, 1579. In-4° obl.

ŒUVRES CHOISIES DE RONSARD.

Pendant le xviie et le xviiie siècle tout entiers, un silence de plus en plus complet s'établit autour de ce génie dont la renommée fut si grande. Les Œuvres du poète déchu ne sont plus imprimées que par extraits.

Le Recueil des plus belles pièces des Poètes françois, depuis Villon jusqu'à Benserade (Paris, Barbin, 1692, et Prault, 1752, 5 vol. in-12), donne trente-quatre pièces de lui.

Les Annales poétiques, par Imbert et Sautereau de Marsy (Paris, Delalain, 1778-1783, 40 vol. in-12), lui consacrent la presque totalité de leur V^e vol. dans lequel se trouve une notice biographique plus élogieuse qu'on ne s'y attendrait.

Un choix des poésies de Ronsard et de ses devanciers du xvie au xviie siècle a paru en 1826, à Paris, chez Werdet, en un vol. in-32.

Le second volume du TABLEAU historique et critique DE LA POÉSIE FRANÇAISE au xvie siècle, par M. Sainte-Beuve (Paris, Sautelet, 1828, 2 vol. in-8°), contient les ŒUVRES CHOISIES DE RONSARD, *avec notice, notes et commentaires*. C'est le choix le plus judicieux et le meilleur qui ait été fait des Œuvres de Ronsard. Presque tous les morceaux sont accompagnés de courtes notes destinées à en faire ressortir la valeur; et je regrette de n'avoir pu en enrichir cette édition.

M. Paul Lacroix, en publiant douze ans plus tard les Œuvres choisies de Ronsard avec des notes et une biographie (Paris, Delloye, 1840, un vol. in-18. Portrait), n'a pu faire autrement que de se conformer au goût exquis de son devancier et d'adopter, à peu d'exceptions près, les mêmes poésies.

Enfin un choix de Poésies de Ronsard, précédé de sa vie et accompagné de notes explicatives (Paris, Didot, 2 vol. in-18), commencé par M. Ambr. Firmin-Didot, sur un autre plan que les précédents, a été complété et publié par M. A. Noël, professeur au lycée de Bordeaux.

ŒUVRES DE RONSARD QUI SEMBLENT
PERDUES.

Malgré les recherches que j'ai faites, pour rendre mon édition aussi complète que possible, je ne crois pas avoir recueilli tout ce que Ronsard a laissé d'inédit. Outre ce qui a pu m'échapper entièrement, je signalerai certaines pièces dont j'ai eu quelque indication, sans pouvoir toutefois les recouvrer.

Dans mes Œuvres inédites de Ronsard j'indiquais comme perdues : *La Dryade violée* et *la Truelle-Crossée*; mais j'ai depuis acquis la certitude que *la Dryade* n'est autre que l'Élégie aux Bûcherons de la forest de Gastine (T. IV, p. 347), et j'ai cru reconnaître *la Truelle-Crossée* dans un sonnet à G. Aubert, qui fait partie du présent volume.

Donc il reste encore à retrouver :

1° Une satire qui commence par ce vers :

Il me desplait de veoir un si grand Roy de France.

2° Les lettres de Ronsard que possédait Guillaume Colletet, qu'il signale dans la vie du Poète, et qui lui venaient de Cl. Binet, ou de Jean Galland.

3° Celles dont parle Camuzat dans une lettre à Godefroy, insérée dans le Bulletin du Bibliophile de Techener (année 1844, p. 790).

« J'ay de plus, dit Camuzat, deux lettres » escrites de la main du grand Ronsard, adressées » à Passerat en l'an 1565, estant lors à Bourges » auditeur de M. Cujas et quelques autres petites » poésies... »

4° Le reste de la traduction du Plutus d'Aristophane, dont le premier acte et une partie du second ont été seuls conservés (T. VII, p. 281).

5° Les projets des quatorze premiers livres de la *Franciade*, dont parle Binet dans la Vie du poète.

6° Les lettres que M. Lalanne signale dans son *Dictionnaire des pièces autographes volées aux bibliothèques publiques de la France* (Paris, Panckouke, 1853, in-8°), savoir : une ou plusieurs lettres à Scévole de Sainte-Marthe, soustraites au manuscrit n° 292 de la Bibliothèque de l'Institut;

deux lettres arrachées dans le volume 8585 du fonds latin de la Bibliothèque impériale, et enfin une autre lettre, adressée à J. de Morel, maréchal des logis de Marguerite, duchesse de Bar, manquant au n° 8589 du même fonds.

ŒUVRES INÉDITES

EN

VERS ET EN PROSE.

En commençant ma publication, j'avais réservé une place à part pour les pièces manuscrites recueillies dans diverses Bibliothèques, certaines n'ayant jamais été imprimées, d'autres n'ayant paru que dans les Œuvres inédites de Ronsard (Paris, Aubry, 1855, in-8º).

Mais j'ai dû ajouter à cette série quelques morceaux extraits des anciennes éditions et retrouvés trop tard pour prendre place dans les sections auxquelles ils devraient appartenir.

P. B.

ŒUVRES INÉDITES

EN VERS.

AU ROY CHARLES NEUFIESME.

ODE. (¹)

Roy, le meilleur des Roys,
Race du ciel tirée,
Depuis dix ans cent fois
J'ay la mort desirée.
J'ay voulu m'en aller
Du lieu de ma naissance,
Pour n'ouïr plus parler
Des affaires de France.
  Des grands jusqu'aux petits
Tout a perdu la honte ;
Tout va de pis en pis
Et si n'en faictes conte.

---

1. Extrait du manuscrit de l'Estoile, communiqué par M. Aimé Champollion-Figeac.

J'ay veu le sceptre à bas,
La Justice affrontée,
Honnis vos grands Estats,
Vostre ordre valletée,
 Les poltrons guerdonnés
Des plus dignes offices,
Et aux femmes donnés
Les meilleurs benefices,
 Un conseil divisé
Bigarré de menées,
Le Prince mesprisé
Par tourbes effrénées,
 La prestrise en son bien
Souffrir mille dommages,
L'avare Italien
S'engraisser de truages,
 De guerre ny de paix
N'avoir experience,
N'aller point au palais,
Ne donner audience.
 J'ay veu trop de maçons
Bastir les Tuilleries,
Et en trop de façons
Faire les momeries. (¹)
 Dames et Cardinaux
Mènent trop de bagages;

---

1. Ceci s'applique à Philibert Delorme. Ronsard ne l'aimait pas, parce qu'il lui avait fait un jour fermer la porte des Tuileries. Il fit contre lui, au dire de Claude Binet, une satire, « *la Truelle crossée*, où il taxe ce de Lorme, architecte des Tuilleries, qui avoit obtenu l'abbaye de Livry. » (Voyez plus haut la vie de Ronsard.)

Le *Discours contre Fortune* (T. VI, p. 166) contient encore une allusion aux trois abbayes de Ph. Delorme. Mais un sonnet qui se trouve plus loin, dans le présent volume, et auquel j'ai restitué son titre de *la Truelle-Crossée*, est bien la pièce satirique désignée par Binet.

Ils ont trop de chevaux
Qui mangent les villages.
 Ils ne font qu'empescher;
La cour en est trop pleine;
L'un deust aller prescher,
L'autre filer sa laine.
 Telle humeur a gasté
La France dépravée;
Mais Vostre Majesté
La peut rendre sauvée.
 Rompez vostre sommeil,
Quand l'affront est extresme;
Et allez au conseil,
Sans procureur, vous-mesme.
 Ecoutez un chascun;
D'ouïr ne soyez chiche;
Soyez pere commun
Au pauvre comme au riche.
 Le Roy est en l'estat
Que le peuple conseille;
Ne soyez donc ingrat
De luy prester l'oreille.
 Il faut aller souvent,
Au lieu de la Justice,
Du juge decevant
Chastier la malice.
 Les offices royaux
Ne se doibvent point vendre;
Les serviteurs loyaux
Doibvent ce bien attendre.
 Il ne faut point piller
De Christ le patrimoine,
Ny du sien despouiller
Le prebstre ny le moine.
 De vostre Cour le train
Rognez et les bombances,
Et serrez bien le frain
De vos courtes finances.

Payez ce qui est deu ;
Que le sceptre on desgage ;
Vivez aprés de peu,
Bon pere de mesnage,
 Chassez-moy tant de chiens
Qui sans profit despendent,
Et ces Italiens
Qui la France gourmandent.
 Monstrez-vous plus aimé
Que redoutable Prince,
Et d'un camp bien armé
Tournez vostre province.
 Soyez d'esprit soudain
A lire les histoires ;
Tousjours de vostre main
Despechez vos memoires.
 Vers les hommes guerriers
Vostre bourse soit preste ;
Sont ceux qui les lauriers
Mettent sur vostre teste.
 Conseillez-vous aux vieux,
Ils ont l'age discrette.
Le poil grison vaut mieux
Que la barbe follette.
 De Dieu tenez le lieu ;
Honnorez vostre mere.
Du Prince qui craint Dieu
Le royaume prospere.
 Je ne veux par escrit
Vous estre plus moleste ;
Vostre royal esprit
Comprendra bien le reste.
 Le Romain non-pareil
Veist perdre ses provinces,
Par le mauvais conseil
De deux ou de trois Princes ;
 Il se veist abattu,
Tombé du mieux au pire :

De Trajan la vertu
Refist florir l'empire.
   Vous vaincrez comme luy
Tous vos destins contraires,
Si Roy des aujourd'huy
Vous vacquez aux affaires.

DISCOURS. (1)

SUBJECT DU DISCOURS QUI S'ENSUIT.

L'an 1580 un certain personnage, amy de Ronsard, luy donna une médaille d'Antinoüs, mignon d'Adrian, à l'exemple duquel le Roy avoit fait eslever des statues à ses mignons. Sur quoy Ronsard prist argument de composer le discours qui s'ensuit, tellement desguisé toutes fois qu'il n'y avoit que celuy à qui il le donna qui cogneut le sens caché soubs l'escorce.

Contemplant l'autre jour un amas de medailles,
Que la terre couvoit au cœur de ses entrailles,
De laquelle, en fouillant et le ventre et les reins,
Les avares sapeurs ont enrichy leurs mains,
Les unes par le temps desja toutes mangées,
Les autres non du tout mais à demy rongées,
Frustes, vaines, sans marque, et les autres avoient
Des corps assez entiers, en leur forme vivoient,

1. Manuscrit de la Bibliothèque Impériale n° $\frac{7652}{3.3}$

Le destin promettant qu'aprés longues années,
Des vieux siecles passez jusqu'à nous retournées
La terre s'ouvriroit et seroient redonnez
Tant d'Empereurs au jour, de lauriers couronnez,
Pour revivre en leur mort et revoir comment mue (¹)
La terre qu'autrefois leur sceptre avoit tenue.
Le ciel se roule ainsy. Toute chose a son tour,
La mort aprez la vie et nuict aprez le jour.
J'admirois de Cœsar l'image venerable,
Et celle de Pompée au destin miserable ;
Celle du grand Auguste à qui les cieux amis
Avoient le gouvernail de ce monde promis ;
De Tibere, banni rappelé d'avanture ;
Et de Caïus qui fust le monstre de nature ;
La medaille de Claude et celle de Neron,
Qui fust neuf ans meschant et cinq ans assez bon ;
Et celle de Trajan à la barbe espagnole,
Qui l'empire empiré remist au Capitole ;
Celle d'Antinoüs qu'en langage françois
Pour le bien appeler on diroit l'Antinois,
Des Grâces l'ornement, de Venus la ceinture,
Le compaignon d'Amour, le miroir de Nature,
Delice d'Adrian, vertueux Empereur
S'il n'eust souillé son nom d'une si grave erreur.
Cest Antinois estoit Bithynien de race ;
Comme une belle Aurore estoit belle sa face ;
Tout son corps ressembloit aux fleurs du renouveau
Ou à quelque Adonis pourtraict en un tableau.
De ses cheveux crespez la teste bien pignée
D'un zephyr amoureux tantost accompagnée
Se jouoit sur son corps ; tantost ointe d'odeurs
Flottoit dessus son front environné de fleurs.
Ses sourcils estoient bruns, bruns ses yeux, et sa veue
Estoit de tant d'attraicts et de grace pourveue
Que l'Empereur sentoit, en sentant son regard,
Luy tomber dans le cœur la pointe d'un poignard.

1. Mue du verbe *muer*, changer : *Comment change la terre*...

Il aymoit cest enfant d'une amitié si forte,
Que dés le poinct du jour où l'Aube ouvre sa porte
Au soleil, jusqu'à l'heure où s'embrunist le soir,
Il ne saouloit son cœur ny ses yeux de le veoir,
Et comme tout ravy, sans bouger d'une place,
Tousjours le regardoit et pendoit de sa face.
Lorsqu'il se fust longtemps enyvré de ses yeux,
Ses yeux maistres des cœurs des hommes et des Dieux,
La fievre doucement, fievre trop rigoureuse,
Admirant cest Ephebe en devint amoureuse.
Elle entra dans son corps, le serra, l'embrassa
Et luy baysant le sang tellement le succa
Qu'il mourust par la main de sa cruelle amye.
Son teinct prist la couleur d'une rose blesmie;
Malheureux jouvenceau ingrattement aymé,
Comme un chesne aux forests, d'un lierre enfermé
Qui si fort en ses nœuds l'entortille et le serre
Qu'à la fin, mort et sec, tresbuche contre terre.
L'Empereur, quoique grand et constant au malheur,
D'impatience atteint, se pasme de douleur,
Regrettant sa moitié, dont l'ardente Cyprine
Luy avoit attaché l'image en la poitrine.
Or, ne pouvant changer ceste ardente poison,
L'Amour aprés sa mort ne perdist sa saison;
Mais se renouvellant par son propre dommage,
L'absence et le regret l'irrita d'avantage.
Il le fist enroller au rang des immortels;
Il luy bastit un temple et dressa des autels,
Luy dediant honneurs, festes et sacerdotes,
Où le Nil amoureux rend fertiles les mottes
De l'Egypte, à l'endroit où le bord Memphien
Entend crier Anube en la forme d'un chien.
Il luy fist eslever une blanche statue
De marbre Parien, qui toute jeune et nue
Monstre encore aujourd'huy, forçant les siecles vieux,
Combien il eust d'amour et de grâces aux yeux;
Pour allonger longtemps sa courte destinée,
Il changea le vieil nom de la ville Antinée

Et la fist appeler du nom du Jouvenceau,
Afin que sa beauté, mesprisant le tombeau,
Fust d'honneur et de nom jouissante et fertile,
Par temples, par autels et par surnom de ville.
Tu pourras veoir, lecteur, en voyant cest escript,
Que toute amour poignante aveugle nostre esprit,
Ainsy que, par le sens, quelque fois nous faict croire
Qu'une corne de buffle est une dent d'ivoire. (¹)

DISCOURS D'UNE AMANTE. (²)

Qui suit d'amour les traverses doubteuses,
    Il est ainsy que par les eaux venteuses
Est un nocher dont la nef balançant
Va haut et bas sur l'onde s'eslançant.
Tantost l'horreur d'une noire tempeste
Tourne sur luy, qui menace sa teste,
Tantost le chasse encontre un dur rocher,
Tantost le faict prés le bord approcher,
Puis tout soudain en arriere le pousse,
Subject au flot qui s'enfle et se courrouce.

1. Ce vers se trouve déjà dans une pièce à Hurault de Cheverny qui fait partie du Bocage royal (T. III, p. 421).

2. Manuscrit 3.3.A. $\frac{7652}{}$ de la Bibliothèque Impériale.

Je n'ai pu découvrir les noms des héros de cette touchante histoire. Je soupçonne que l'amant repoussé par le père était Ronsard lui-même. L'amante mariée malgré elle pourrait être *Marie*. Ce qui me le fait supposer est une comparaison du deuil de la jeune fille avec la tempête qui bat les *Pins* dans les forêts. — On a vu, dans la vie de Ronsard, la conjecture que j'ai faite au sujet du nom de famille de Marie, qui, selon moi, se serait appelée Marie du Pin. — Quoi qu'il en soit, l'aventure racontée dans ces vers porte un incontestable cachet de vérité.

Ainsy qui mect sa nef dessus les flots
D'amour doubteux qui n'a point de repos,
Court incertain mainte estrange fortune,
Qui haut, qui bas, farouche l'importune.
Vous qui avez vogué en ceste mer,
Qui esprouvez la tourmente d'aymer,
Oyez comment une jeunesse sage
A doulcement evité le naufrage,
Maugré les vents et l'amoureux effort,
Et, sa nef sauve, elle a gaigné le port.
   Une courtoise, honneste et noble fille,
D'age mineur, de bien riche famille,
A qui jamais le destin ne permist
Veoir celle-là qui au monde la mist,
Croissoit ainsy qu'une vermeille rose
Croist en bouton sous l'Aube humide esclose,
Rose qui est des belles fleurs la fleur
Et qui faict honte à toute autre couleur.
Elle croissoit par son pere nourrie,
Comme la fleur d'une verte prairie,
Tendre, mignarde et qui debvoit un jour
Estre la gloire et l'honneur de l'Amour.
   Tandis son pere encore du vert age,
Blessé avant des traicts d'un beau visage,
Et de rechef d'amour espoinçonné
Remist son chef soubs les lois d'Hyméné.
Il se joignit à la mode ordonnée
A une dame en grande maison née,
Qui au printemps de sa jeunesse estoit,
Et comme luy tant d'estés ne comptoit.
Aussi l'Archer eust moyen de surprendre
Le mol esprit d'une jeunesse tendre
Qui d'autant plus se laisse decepvoir
Qu'elle n'a pas pratiqué son pouvoir.
Ce Dieu bandé, qui sur son dos secoue
La trousse et l'arc, qui des hommes se joue
Quand en nos cœurs il vuide son carquois,
Assubjectit la fille sous ses lois.

Ronsard.

Sur ceste fille il fist une conqueste
Par les beaux traicts d'un amoureux honneste
Qui, plein d'honneur, par grave honnesteté
Donnoit beau lustre à sa jeune beauté.
Tant luy revint de cest amant la grace
Que dans son cœur il avoit trouvé place,
Et son esprit tousjours à luy sailloit.
Sa belle-mere aymer luy conseilloit,
Lui remonstrant quel seroit l'advantage
S'elle estoit joincte à luy par mariage,
Qui la rendoit toute pleine d'espoir,
Qu'en mariage elle pourroit l'avoir.
 Mais d'autre part le pere de la belle,
Qui ne sçavoit que dedans sa mouëlle
Le feu d'Amour elle portoit enclos
Qui luy rongeoit secrettement les os,
Sans s'enquerir si quelque ardeur l'offense,
De la lier avec un autre pense;
Et comme on veoit que les peres ont soing
Des biens mondains plus qu'il n'en est besoing,
Bien que jamais une âme bien gentille
Ne brûle après une chose si ville,
Pour la pourvoir et mettre richement,
Luy trouva seul un mary promptement,
Dont la maison, en grandeur et noblesse,
Passoit bien loing les autres de richesse.
Ainsy le pere un mary apprestoit,
Et ce qui plus son dessein augmentoit
C'est qu'il estoit de sa femme le frere.
Ce mariage il taschoit à parfaire,
Affin qu'il veist les grands biens separez
Des deux maisons ensemble resserrez.
 O qu'aujourd'huy la femme non avare,
(Si l'on en trouve) est un oiseau bien rare,
Laquelle engaige au gain sa liberté
Plus volontiers qu'à la jeune beauté!
Mais ceste fille en son âme ne cache,
Trop belle et jeune, une si laide tache.

Elle ayme mieux qu'un tresor plantureux
Un serviteur plein d'un cœur genereux.
Pource celuy que lui cherche son pere
Ne luy pouvoit pour ses façons complaire.
Car de richesse elle n'avoit soucy,
Et d'autant plus qu'elle estoit riche aussy.
Moins reluysoit en luy de courtoisie,
Qui travailloit sa vaine fantaisie
De maint soupçon, et bref qui en commun
Estoit hay et mocqué d'un chacun.
Mesme sa sœur ne l'avoit agreable,
Qui cognoissant sa belle-fille aymable,
Humaine, douce, encores de moitié
Plus l'enhortoit (¹) mettre son amitié
Avec son frere, et, pour luy faire croire
Ce que disoit, tout ce qu'en sa memoire
Pouvoit venir qui l'en pust divertir,
Elle souloit soigneuse l'avertir,
Mille malheurs disant contre son frere,
Plus que nulle autre à son desir contraire.
Et grand plaisir à l'amante faisoit
A qui du tout tel espoux ne plaisoit.
 Or toutes fois les peres mettent peine
De s'accorder au poinct de cest Hymene;
Tantost se tient à beaucoup, puis à rien,
Tantost à peu qu'on estrainct ce lien.
L'amant, oultré d'une amoureuse playe,
Par maint voyage et maint voyage essaye
Monstrer combien son amour est en feu,
Pour de la fille acquérir peu à peu
L'affection; d'elle il se passionne,
Et comme il veoit que sa beauté fleuronne
De plus en plus, croissant comme à l'envy,
De plus en plus il est aussy ravy.
De plus en plus elle paroissoit belle,
Plus l'enflammoit mainte ardente estincelle.

1. La dissuadait.

Enfin l'accord des peres se deffaict.
Rien ne se veoit des deux costez parfaict.
Lors en son cœur sent une extresme joye
La fille, et plus dolente ne larmoye ;
Car elle espere encore de jouyr
De son amant, qui la faict resjouir.
Comme un coulomb, qui a fuy l'atteincte
De l'ongle noir de l'espervier, sans crainte
Se resjouit pour avoir esvité
La faim du bec qui l'a presque emporté ;
Ainsy, pensant que son col fust delivre
Du joug pesant où luy convenoit vivre,
Le deuil passé de son esprit chassoit ;
De mille vœux le ciel elle emplissoit
Et supplioit aux Dieux que sa priere,
Juste en son cœur, ne fust mise en arriere,
Et que jamais on ne peust s'accorder.
Il plust aux Dieux quelque temps la garder,
Luy octroyant moitié de sa demande.
Car le Seigneur qui par amitié grande
La poursuivoit, fust ailleurs accordé.
Lors ceste fille eust l'esprit desbordé
D'extresme joie ; en plaisirs elle noue
Et des hauts Dieux la puissance elle loue,
Comme si fust advenu son souhait.
Mais ce n'estoit (pauvrette !) encores faict.

   Comme celuy qu'a tourmenté la fievre,
Quand elle sort au dessus de sa levre
Et qu'un accez ou deux ne luy revient,
Il pense guay que la santé le tient,
Santé qui est de la nature amye.
Il pense loing de soy la maladie
Et que l'ardeur l'ait sans retour laissé.
Mais tout soudain il se ressent pressé
De ceste fievre en ses veines ardente,
Bruslant son corps du chef jusqu'à la plante.
Ainsy advint à elle qui pensoit,
Quand le malheur un temps ne la pressoit,

Que sa douleur fust du tout consommée.
Son vain plaisir fust tourné en fumée.
Au rang des morts le pere du Seigneur
Que ceste fille avoit à contre-cœur,
Fust arrangé dedans la fosse ouverte
Et de gazon sa poitrine couverte.
Adonc le fils, maistre de son vouloir,
Sans de l'accord ja promis se challoir,
Voulust quitter son autre fiancée.
L'amour qui bref luy blesse la pensée
Le faict pensif à celle retourner
De qui la grace il ne pouvoit gaigner.
Comme un bois sec tout soudain se renflamme
Si tant soit peu l'on ressouffle sa flamme,
Ainsy le feu qui avoit enflammé
Ce pauvre amant fust soudain rallumé.
Elle qui veoit son attente trompée
Et de rechef sa vie enveloppée
Dedans les rets, et qu'elle n'a ny sœur,
Mere, parents pour dire son malheur,
Ayant sans plus une mere marastre,
Elle ne peut, en ce cruel desastre,
Si non avoir, seule, pour tout secours,
Et nuit et jour à ses larmes recours.
Elle gémit, pleure, crye et lamente.
  Tousjours l'amant que le desir tourmente,
Avec presens et moyens la poursuit;
Plus la poursuit et plus elle le fuit.
Plus de l'aymer luy oste l'esperance,
Plus de la suivre est sa perseverance.
Plus elle est froide et tant plus il est chaud.
Plus se soucie, et moins elle s'en chault.
Enfin, voyant qu'il ne la peut conduire
Jusqu'à l'aymer autant qu'il le desire,
Pria le pere avoir de luy pitié
Et qu'à sa fille il dict son amitié,
Que pour espouse autre ne vouloit prendre
Et qu'il la fist au mariage entendre.

Ah ! la sentence amere, quand aymer
Il faut celuy qu'on ne peut estimer.
Le pere veut que, sans plus, elle n'use
De langueur, feinte, ou remise, ou excuse,
Puis que le nœud nuptial soit estrainct.
La fille adonc que le malheur contrainct,
Pour deceler la douleur qui la touche,
De telle plaincte ouvrit sa belle bouche :
— « Mon pere, las ! qui m'estes seul resté
Pour mere, frere, et sœur, et parenté,
Qui cherement m'avez tousjours nourrie
Jusques icy, espargnez-moy la vie.
Las ! je prevoy le jour de mon trepas,
Si me voulez mettre dedans ces lacs,
Si me voulez à cet homme promettre
Que je ne puis en ma poitrine mettre,
Homme fascheux, de chacun medisant,
Qui, bien que riche, à tous est desplaisant.
Il vaudroit mieux en maison plus chetive
Se marier bien souvent, où l'on vive
Sans fascherie, à son contentement,
Qu'estre à mal-aise ailleurs bien richement.
Vous qui avez plus grande experience
Que je n'ay pas, en avez cognoissance.
Par vous j'ay veu la lampe du soleil :
Changez, changez, mon pere, de conseil,
Et vostre fille encore laissez vivre !.... »
   De grosses pleurs on voyoit s'entresuivre
Qui de ses yeux à gouttes ruisseloient
Et sur sa face en ondoyant roulloient.
Son seul secours et ses plus belles armes
N'estoient sinon qu'ardents souspirs et larmes.
A joinctes mains elle prioit ainsy.
Le pere n'a de sa fille mercy.
Ny ses souspirs à pitié ne l'esmeuvent,
Ny ses doux mots attendrir ne le peuvent.
Il est ainsy qu'un rocher qui n'entend
La pauvre nef qui contre luy se fend.

Il la menace, il se fasche, il la tance,
Il veut, sans plus, que sans aucune instance,
Elle s'appreste à ce qu'il a voulu;
Que tout le faict est ferme et resolu
Et qu'il ne faut qu'autre espoux elle espere.
Quand elle ouïst ceste sentence amere,
Plus que devant tesmoigna ses douleurs;
De ses deux yeux fist deux torrents de pleurs,
En gemissant, comme faict Philomele
Qui de Théré plainct la rage cruelle.
　Tousjours ne souffle aquillon ou fort vent,
Qui des pins droits la teste bat souvent;
Et toutefois sans repos est pressée
La demoiselle en tristesse laissée.
Son pere fust quelque espace de temps
Aux champs qui sont des ennuys passe-temps.
Mais cependant, de poursuite non moindre,
Celuy qui veut auprez d'elle se joindre
Au lict nopcier, souvent prés d'elle vient
Et luy contant ses amours l'entretient.
Lors ceste fille, esperant d'elle-mesme
Le rebuter, luy dict qu'elle ne l'ayme
Et que jamais pour rien ne l'aymeroit,
Et son amour au cœur ne desiroit.
Par ce moyen du tout rompre elle pense
L'accord brassé et la dure sentence.
Mais d'autant plus il la desire et veult,
Moins en avoir la jouissance il peult.
Comme l'amour qui sa raison transporte
Triste et pensif le pousse en mainte sorte,
Aux champs il va pour le pere advertir
Comme sa fille il ne peut convertir
A son vouloir, si que nulle parole,
Tant doulce soit, ne la peut rendre molle.
　Le pere faict retour en sa maison,
Oultré d'ardeur, perdant presque raison;
Il prend sa fille, et maugré son envie,
A ce mary promptement la marie.

La Cyprienne et la grande Junon,
Et Hyméné d'elle seul compaignon,
Dont la puissance aux espouses préside,
En ce lien luy servirent de guide.
Devant le prebstre, en grand' solemnité,
S'entr' engagea des deux la volonté.
Au soir tous deux un mesme lict presserent
Et bras-à-bras l'un l'autre s'embrasserent.
Ainsy ny pleurs, ny regrets, ny soupirs
Dont s'engendroient mille petits zephyrs
Qui larmoyant, de vœux font le ciel fendre,
N'eurent pouvoir en rien de la deffendre,
Ny à son mal angoisseux secourir.
　Elle contraincte à vivre et à mourir
En mesme chambre avec ce fascheux homme,
Voyant qu'en vain de douleur se consomme,
Puisque du pere estoit tel le plaisir,
Serra la bride à son premier desir ;
Prenant l'arrest d'une vieille prudence,
Arma son cœur de forte patience ;
Pour supporter toutes afflictions
Et du mary les imperfections,
Sa volonté saigement a bridée
Qu'Amour ailleurs avoit desja guidée.
Eux deux ensemble ils vivent doucement,
Si que chaqu'un en a contentement
Et la vertu de ceste femme admire,
Qui, douce et saige, endure son martyre.
　Qui a jamais, dedans l'obscurité
D'une forest veuve de la clairté,
Porté ses pas, souvent il se desvoye
Dans le carroy d'une trompeuse voye ;
Car maint chemin, qui se traverse en croix,
Le faict errer dans l'espesseur du bois,
Et la forest est si longue et profonde
Qu'il ne veoit point l'horizon de ce monde,
Doubteux comment il en doive saillir.
Bref, par contraincte il luy convient faillir.

Ainsy d'Amour la forest est obscure,
Grande, profonde et pleine d'aventure,
Où qui ses pieds pourmene bien avant
Dans l'espesseur, il se va decevant
Et vagabond erre tousjours en crainte;
Trouvant sa voie en cent chemins contrainte,
Dans la forest le plus souvent se perd
Et de pasture aux dents des lyons sert,
Si quelque Dieu qui les hommes inspire
De telle erreur soudain ne le retire ;
Comme, au besoing, un bon Dieu s'est trouvé
Qui du peril ceste fille a sauvé,
Et la changeant d'une fille amoureuse
En une femme honneste et bien heureuse,
D'honneurs, de biens a remply sa maison
Et faict servir le sens à la raison.
   Et toute Dame est par elle advertie
Que la jeunesse à la fin se chastie.

ELEGIE. (1)

Ainsy qu'on veoit la veuve tourterelle
Aux plus beaux mois de la saison nouvelle,
De bois en bois, de buisson en buisson,
Tenir seulette une triste chanson;
Et tellement le soucy l'accompaigne,

---

1. Extrait du même manuscrit que la pièce précédente, ainsi que celle qui suit.

Cette élégie aurait-elle été faite lorsque Marguerite de France épousa Emm. Philibert, Duc de Savoie? Ronsard avait pour cette princesse une passion profonde qu'il n'osait exprimer et qui expliquerait pourquoi ces vers n'ont pas été imprimés de son temps.

Pour le regret de sa chere compaigne,
Que du printemps les amoureux presents
Ne luy sont plus gratieux ny plaisants,
Herbes, ruisseaux, fleurettes ny verdure.
Mais, lamentant, d'un enroué murmure
Remplit les bois et les champs d'alentour,
Se complaignant de fortune d'amour.
Au poinct du jour, quand le soleil s'eveille,
Et quand la nuict soubs les eaux il sommeille,
Et à midy quand l'extresme chaleur
Faict perdre aux fleurs et puissance et couleur,
Sur l'arbre sec en tout temps, à toute heure,
Sans reconfort sa compaigne elle pleure,
Qu'un oiseleur, en la prime saison,
A prise aux rets pour la mettre en prison
Et retient serve en l'obscur d'une cage. (¹)
— « Plus de ruisseaux, de fleurs, ny de bocage!
Plus nous n'irons, ce dict le triste oyseau,
Comme soulions au temps du renouveau,
Nous promener par la verte prairie,
Ny sur les bords d'une rive fleurie,
Ny par les bois de feuilles herissez,
Par les ruisseaux de mousse tapissez,
Où le gravois caquetant se pourmeine,
Roullé des flots d'une claire fontaine.
Tout me desplait; le verd ne m'est plus verd;
De noir obscur le printemps s'est couvert;
Toutes les fleurs de douleurs sont atteintes
Et les ruisseaux s'accordent à mes plaintes.
Depuis le jour que tu partis d'icy
Tout s'est changé en larmes et soucy,
Tout s'est noircy d'une douleur extresme
Et rien ne vist sinon la douleur mesme;

---

1. Imitation des beaux vers de Virgile :

Qualis populeâ mœrens Philomela sub umbrâ, etc.
(Georg., lib. IV, vers 511.)

Le jour m'est nuict, la nuict me semble jour,
Et par les bois ne regne plus amour...
Helas! je meurs. Je devois estre prise
Le mesme jour que perdis ta franchise;
Car aussy bien je ne vis plus en moy.
O! si j'estois prisonniere avec toy,
A tout le moins, prisonnieres ensemble,
Tous deux vivrions; et le deuil, qui me semble
Plus dur que mort loing de mon amitié,
Seroit plus doux porté par la moitié! »
  Ainsy se plainct, d'une longue querelle,
Par les forests la veuve tourterelle.
Et je vous plains de perdre promptement
Celle qui est vostre contentement,
Ains vostre tout. Car par amour commune
N'avez qu'un cœur et n'avez âme qu'une.
Ainsy, vivant tous les deux en commun,
Par le penser vos deux corps n'en font qu'un,
Et le penser tellement vous compose
Que vos deux corps n'est qu'une mesme chose.
Le triste jour qu'il faudra desloger,
Le ciel voudra sa lumiere changer
Pour ne veoir point vos larmes amoureuses
Et pour n'ouïr vos plainctes douloureuses.
Vous feriez fendre un rocher endurcy,
Disant l'adieu que vous direz ainsy :
— « Chere compaigne, ainçois ma chere vie,
Mon sang, mon cœur, quelle cruelle envie,
En m'esloignant me separe de vous,
Et du lien qui nous estoit si doux,
Ne plus ne moins que si quelques tenailles
En me forçant me tiroient les entrailles,
Foye, poulmons, sang, artères et cœur,
Et me laissoient tout le corps sans vigueur!
Je ne vy plus, je ne suis qu'une masse,
Masse de plomb, la charge d'une place,
Sans rien sentir; car mon seul mouvement
S'est refroidy par ce departement.

» Adieu, pensée! adieu, douces paroles!
Adieu, discours! Helas! Amour, tu voles
Plus tost que moy; tu t'en vas et ne puis
Suivre ton vol tant debile je suis.
Las! arrestée en peines si cruelles
J'ay, par le haut, pour m'envoler, des ailes
Et par le bas du plomb qui me retient.
Le souvenir seulement me soutient.
En quelque part que tu ailles, amie,
Tu ne m'as pas douteuse ny demie,
Mais toute entiere et si pourray passer
Si longs chemins par le bien du penser;
Et le vainqueur, qui vous tire par force,
N'aura sans plus que le cœur et l'escorce,
La bouche froide et le bien froid baiser,
Charbon sans feu; car l'amoureux braiser,
Jeux et plaisirs, paroles et delices,
Feront tousjours entre nous leurs offices,
Par le penser; et le penser vaut mieux
Qu'un corps pesant, de soy-mesme odieux.
Ainsy ces Dieux, qui n'ont que les pensées,
Ne peuvent veoir leurs joyes offensées.
Le corps n'est rien qu'un fardeau sommeilleux :
L'esprit est vif, actif et genereux.
En vous perdant je n'ay plus de puissance,
En vous je suis; vous estes mon essence;
Je vis en vous; je ne vis plus en moy;
Vous estes tout, mon bien et mon esmoy,
Et vostre ame est en mon corps si enclose
Si que deux corps n'est qu'une mesme chose.
» Toutes les nuicts, quand le soleil couchant
Ira le jour soubs les ombres cachant,
Vostre gentille et gracieuse image
Viendra de nuict resjouir mon courage,
Et en despit des ombres et du vent
Et des fascheux, je vous tiendray souvent
Entre mes bras, prenant quelque allegeance
En vostre vaine amoureuse semblance.

Et, si le vray ne se peut presenter,
Au moins le faux me pourra contenter.
» Or adieu donc! La gresle et la tempeste,
Foudres, esclairs puissent suivre la teste
De ce fascheux qui vous tire si loing.
Rochers, cailloux, les brigands et le soing
Soient à ses pieds, et toute chose dure,
Pour me venger du tourment que j'endure,
Affin, mon cœur, que puissiez revenir
Et que le corps perde le souvenir. »
  Ainsy direz. Lors vous voyant pleureuse,
Dolente, triste, espamée, amoureuse,
Et vos beaux yeux larmoyant à l'escart,
J'auray pitié, non pas pour ce despart,
Ny pour l'adieu qui nous ravira l'ame;
Mais pour vous veoir en tristesse, Madame,
Seule, pensive et ne pensant plus rien
Que de songer au bien qui n'est pas bien
Et qui s'enfuit vers les Alpes chenues,
Ainsy qu'au vent le long troupeau des nues.
  Je voudrois bien, d'un traict delicieux,
Boire un petit les larmes de vos yeux,
Qui descendront sur votre belle face;
Et, respirant, en mon cœur faire place
A vos souspirs parmy l'air espandus.
Quand ils seroient dedans moy descendus,
A tout le moins maugré vous convertie
J'aurois de vous quelque faible partie,
Et telle part, à la fin, tant vauldroit,
Que tout l'entier, par le temps, y viendroit.
  Pour achever, afin que je me plaigne,
Perdant, Madame, une chere compaigne,
Vous acquerrez, s'il vous plaist, un servant
Qui sera brave, et qui, en poursuivant
Vostre amitié par une amour non faincte,
Allegera vostre triste complaincte.

A M. NICOLAS DE VILLEROY. (¹)

SONNET.

Si quelque Dieu, au milieu d'un orage,
Se venoit seoir sur le bord de ta nef,
Aurois-tu peur, Nicolas, que ton chef
Forcé de l'onde endurast le naufrage?
  Non, car voyant un celeste visage
Qui te viendroit deslivrer de meschef,
Joyeux d'espoir tu penserois en bref
Maugré le vent aborder au rivage.
  Ainsy, voyant, au plus fort du danger,
Les flots plus doulx soubs ma nef se ranger,
Qui me pressoient d'une importune troupe,
  Je ne crains plus la cour puisque je voy,
Comme un grand Dieu, sur le haut de ma poupe,
Pour me sauver, assis un Villeroy.

---

1. Nicolas de Neufville, sire de Villeroy et d'Alincourt, secrétaire et ministre d'État sous Charles IX, Henri III et Henri IV, trésorier des ordres du Roi, mourut le 12 novembre 1617.
Il tenait les clefs de la cassette royale; aussi que de poètes, gens besogneux par nature, l'ont chanté pour se le rendre favorable!

A M. DE VILLEROY. (¹)

SONNET.

Pour aborder une isle plantureuse,
L'honneur de Seine et de vostre maison,
En fruicts, en fleurs, pour si belle saison,
Et pour tousjours en Seigneur bien heureuse,
Vous-mesme avez, de main aventureuse,
Pris l'aviron de si gente façon
Que l'on a veu la grace et la raison
D'un corps adroit, d'une ame genereuse;
Et qui plus est vostre main a sentie
L'aigre douleur d'une poignante ortie,
Avant qu'entrer en si belle demeure.

Ainsi, Monsieur, vostre exemple rameine,
Quoique bien grand, qu'il fault se donner peine
Pour la vertu et la vie meilleure.

A Conflans, le viij septembre 1570.

A MARIE. (²)

SONNET.

Lorsque je vais revoir ma divine Marie,
Combien me bat le cœur approchant de Bourgueil.
Ainsy que la navire abordant sa patrie,
Je vole enflé du vent d'un amoureux orgueil.

---

1. Ce sonnet, extrait des manuscrits de la Bibliothèque Impériale, a été découvert et m'a été communiqué par M. le comte Achille de Rochambeau.
2. Je ne réimprime ce sonnet que pour constater qu'il est apocryphe.

Le jour est plus riant, la prée plus fleurie;
Ma Deesse apparoit. Mais d'un altier coup d'œil,
Elle r'ouvre soudain ma playe non guarie :
Mon jour se mue en nuict et mon bonheur en deuil.

    Maintes fois je luy dis :—« Aymez-moy donc, ma Dame;
Mes amys les plus chers sont dolents de me veoir,
Tant mon corps est bruslé d'interieure flame! »
    Desdaigneuse elle rit de m'entendre douloir.
Amour! à quels travaux condemnes-tu mon ame?
Il n'est pire douleur que d'aymer sans espoir!

STANCES

POUR LA FONTAINE DU GAST PRÈS REBONDAIS. (1)

Je voudrois que Bacchus t'aymast,
  Fontaine à la bruyante course;
Afin qu'en vin il transformast
  Pour ceux de Chevillé (2), ta source.

  Les hommes du sec Chevillé
Sont alterez comme leurs plaines;
Mais quand leur gosier est mouillé,
Ils chantent clair comme Syrenes.

  Tesmoing en est ce lieù icy
Où bien souvent ils viennent boire,
Pour chasser au vent leur soucy
Et l'arracher de leur memoire.

  L'homme trop sobre ne vit pas;
Luy-mesme en vivant il s'ennuye :
La dance, le vin, les repas
Sont les instruments de la vie.

---

1. Bibliothèque Impériale. Manusc. $\frac{7652}{3.3.\text{A}}$.

2. Chevillé est un bourg à cinq lieues nord-est de Sablé, ancienne province du Maine, aujourd'hui département de la Sarthe.

AU ROY.

SUR SA DEVISE. (¹)

EPIGRAMME.

Sire, la Piété est aussi la Justice,
Ce sont les deux appuys de Votre Majesté :
La Justice punit des iniques le vice ;
La Piété, de Dieu maintient l'autorité.

SUR LA MORT DU ROY CHARLES IXe,

DÉCÉDÉ A 24 ANS, EN L'AN 1574,
AU BOIS DE VINCENNES. (²)

Voyez au mois de May sur l'espine la rose ;
Au matin un bouton, à vespre elle est desclose,
Sur le soir elle meurt, ô belle fleur ! ainsy
Un jour est ta naissance et ton trespas aussy.

---

1. Ces quatre vers sont inscrits sur la dernière page d'un précieux manuscrit conservé à la bibliothèque de La Haye (Hollande). C'est un livre d'heures ayant appartenu à Catherine de Médicis et à son fils Charles IX. La couverture, en maroquin aux armes de France, est close par des fermoirs d'argent. Dans l'intérieur du livre, chaque prière et chaque psaume sont ornés de miniatures.
2. Ce quatrain est tiré d'un volumineux recueil écrit de la main d'André Lefèvre, seigneur d'Ormesson, contenant des extraits d'histoire, de littérature et de philosophie. Ce manuscrit fait partie de la collection cédée par M. Leber à la Bibliothèque de Rouen.

QUADRAINS

CONTRE DES-PORTES. (¹)

Des-Portes, corrige tes vers
Et les tourne mieux sur la presse,
Ou l'on dira que la tristesse
T'a tourné le sens à l'envers.

Menestrier, qui veux promptement
Avoir en nostre art quelque estime,
Pour bien faire sonner ta ryme,
Accorde mieux ton instrument.

QUADRAINS

CONTRE DU BARTAS. (²)

Claude Binet, dans la vie de Ronsard, dit qu'il avoit envie, si sa santé et la Parque l'eussent permis, de traiter ingénieusement et dignement la naissance du monde. Il estoit jaloux de Guillaume Salluste, sieur du Bartas, qui avoit traité ce subjet dans son poëme intitulé *la Semaine*.

Il disoit un jour : « Je crois que Bartas aura

---

1. Bibliothèque impériale. Manusc. $\frac{7652}{3.3}$.
2. Bibliothèque impériale. Manusc. $\frac{7653}{3.3.A}$.

plus fait en une *semaine* que moi en toute ma vie ! »

Se trouvant avec Baïf et du Perron, ils firent chacun un quadrain sur le poëme de du Bartas.

Voicy celuy de Ronsard :

Bartas voulant desbrouiller l'univers
Et luy donner une meilleure forme,
Luy-mesme a faict un grand chaos de vers
Qui plus que l'autre est confus et difforme.

Voicy les vers de Baïf :

Tu as, Bartas, de beaux traicts et hardis ;
Mais tu en fais en despit de la Muse.
Certainement j'admire tes beaux dicts ;
Mais pour cela tes fautes je n'excuse.

Voicy enfin l'epigramme de du Perron :

Bartas ose, vantard, en sa longue Sepmaine
Le chaos desbrouiller ; mais estonnant les sots,
De ses vers haut tonnants, bouffis d'enflure vaine,
Il a plus que devant rebrouillé le chaos.

A FRÈRE ANDRÉ THEVET,

Angoulmois. ([1])

Thevet avoit bien frequenté
Autres fois en la Barbarie
Où les grandes chaleurs d'esté

[1]. Thevet était un voyageur célèbre à cette époque. *Tunc*

Rendent la terre mal nourrie.
Il avoit bien veu la Syrie
Et le peuple au cœur indompté
Des Parthes et de l'Arménie ;
Mais il n'avoit jamais esté
Que depuis six jours en Surie ;
Et dit-on que depuis n'a guere,
Dont ses voisins sont esbahis,
Il a veu le duc de Baviere,
Pour mieux descrire tout pays.

AU MESME.

TRADUIT DU GREC.

Bonhomme, si tu perds les yeux
Pourtant n'en trouble point ton ame.
Va plustost rendre grace aux Dieux ;
Car tu ne verras plus de femme.

DE LA BRISSAC.

Brissac aime tant l'artifice
Et du dedans et du dehors
Qu'ostez-luy le fard et le vice,
Vous luy ostez l'ame et le corps.

a lue Hispanicâ laborabat. Il y a dans les mots *Surie* et *Bavière* une équivoque avec l'action de suer et de baver.
Ce treizain et les deux quatrains qui suivent sont extraits du même manuscrit que la chanson ci-dessous.

INSCRIPTION

POUR LA MAISON D'UN FINANCIER QUI S'ESTOIT ENRICHI PAR LA RAPINE. (1)

Pour avoir en mon temps sceu prendre !
J'ay faict bastir ceste maison ;
Mais que si l'on m'eust faict raison,
Dés longtemps on m'auroit faict pendre.

CHANSON

FAITE PAR LANCELOT CARLES CONTRE LES DOCTEURS ET MINISTRES ASSEMBLÉS A POISSY (1561) A LA QUELLE RONSARD ET BAÏF ONT AUSSY TRAVAILLÉ. (2)

On trouve ainsy que de Beze et d'Espense (3)
De bien aimer n'ont fait nulle defense ;
Sur quoy Maillard, par instante priere
Veut qu'à luy seul on garde le derriere.

1. Bons mots des anciens et des modernes. Paris, 1705, in-8°. 7653
2. Bibliothèque impériale. Manusc. 3.3. A.
3. Voici la désignation de la plupart des personnages cités dans cette chanson. Les catholiques sont : Jean de Montluc, évêque de Valence; Claude de Xaintes, chanoine régulier de l'ordre de Saint-Augustin; Claude d'Espense, Hugonis et Salignac, docteurs de Sorbonne.
Les protestants sont : Théodore de Bèze, Augustin Marlorat, pendu l'année suivante au siége de Rouen, Paroceli, Malo, Pierre Vermeil (dit Martyr), Postel, d'Espine, Virel, La Rosière, et La Saule, ministre italien qu'on fit venir de Zurich.

Marlorat faict une grande complainte
Des courtisans qui n'aiment point sans feincte ;
Et le Minime en ses sermons nous preuve
Qu'il n'est amour que d'une femme veufve.
Le gros et gras Hugonis de Sorbonne
Dit que l'amour est une chose bonne.
Paroceli raconte en un long presche
Que de l'amour un chacun s'en empesche.
Le Carme aussy a dict à bouche ouverte
Qu'il faut aymer sans estre decouverte ;
Et Malo dit que pratique amoureuse
Aux bien-vivants est une chose heureuse.
Pierre Martyr nous a dict que sainct Pierre
Les amoureux en Paradis enserre ;
De Xainte aprez à chacun faict cognoistre,
Qu'il se faict bon aux bonnes apparoistre.
La Saule a dict, preschant l'autre dimanche,
Que pour l'amour il n'est que Dame blanche ;
Et Salignac dit, en langue hebraïque,
Que sans amour se perd la republique.
Valance aprez toute amour trouve bonne
Si en aymant point d'argent on ne donne ;
Puis on apprend du curé Saint-Eustache
Que l'amour garde un chaqu'un d'estre lasche ;
Et là dessus a presché La Riviere
Que pour la Dame on prend la Chambriere ;
Et Surius, expert en theologie,
A dict : Fuyez toute Dame Marie !
Et puis Postel, alleguant Dame Jeanne,
Dict qu'en aymant jamais on ne se damne.
D'Espine a dit qu'une belle poupine
Vaut beaucoup mieux que dans le pied l'espine.
Le petit Carme, avecque la marmite,
Ne trouva oncq une veufve despite ;
Et Virel veut que les feuillets on vire
Du Calendrier par lequel on souspire ;
Et le Légat par sa Bulle dispense
Que sans argent un chaqu'un ayme en France ;

Le Pape aussy, qui est le Dieu de Rome,
Pour bien aymer il dit qu'il ne craint homme;
Et puis Calvin dit, concluant l'affaire,
Qu'en bien aymant on peut à Dieu complaire.

AD TULLEUM

Primum Prœsidem. (1)

Linguæ, Tullee, prima Tullianæ
Quondam gloria, nunc Catonianæ;
Idem primus honos severitatis :
Hoc est justitiæ atque sanctitatis;
Cujus gloria summa, par favorem
Nil cuiquam dare plus minusve justo :
A te gratia nunc rogatur ista,
A te sola roganda quæ decenter,
A te sola decenter impetranda :
Ronsardo facias, tuo clienti,
In causa facili, probata, aperta,
Non prosit favor ullus, ut nocenti;
Sed ne obsit favor ullus innocenti.

1. Cette pièce se trouve aux manuscrits de la Bibl. Imp., dans le vol. 837, page 248 de la coll. Dupuy, avec cette mention : *Ronsardi manu*. — Le *Tulleus* à qui elle s'adresse doit être le premier Président Christophe de Thou. Bien que l'historien Jacques Auguste traduise son nom par *Thuanus*, j'ai lu (dans l'Essay sur la manière de traduire les noms propres françois en latin, par du Pont, Paris, 1710, in-12) que Scaliger, son ami, le nommait *Tolla*; Baillet l'appelle *Tholius* ou *Thollius*. La famille de Thou prétendait descendre des Comtes de *Toul*. Il est donc probable que Ronsard, par une adroite flatterie, aura choisi un nom latin se rapportant à la fois à cette origine prétendue et au nom de *Tullius* Cicéron.

A MADAME MARGUERITE,

Sœur du Roy Henry II. (1)

N'est-ce pas toi, vierge tres-bonne,
Qui ne peult souffrir que personne
Devant tes yeulx soit mesprisé,
Et qui tant me fus favorable
Quand par l'envieux miserable
Mon œuvre fut *Mellinisé?*
    Lorsqu'un blasmeur avec ses roles,
Pleins de mes plus braves paroles
Et des vers qui sont plus les miens,
Grinçoit la dent envenimée
Et aboyoit ma renommée
Comme au soir la lune est des chiens.

---

1. La découverte de ces strophes est due à mon ami E. Turquety. Elles n'ont été imprimées que dans le V° livre des Odes, publié à la suite de la première édition des Amours (1552). Dès la seconde impression du V° livre des Odes (1553), elles ont été remplacées par quatre autres qui ont toujours subsisté depuis. — Ce curieux passage, si je l'avais connu à temps, aurait dû être inséré dans le T. II de cette édition, page 303, comme variante de la strophe : *C'est toy, Princesse, qui animes*, etc., et des trois suivantes.
    Nul de ceux qui ont rapporté la fameuse querelle de Saint-Gelais et de Ronsard, les Lamonnoye, les Gouget, etc., ne s'est douté que Ronsard lui-même avait raconté, dans une ode à Marguerite de Savoie, l'attaque de Saint-Gelais et la manière dont cette princesse défendit son poëte. C'est, comme me l'écrit Turquety en m'envoyant ces vers, de l'*inédit* dans toute la force du terme.

Se travaillant de faire croire
Au Roy ton frere, que la gloire
Me trahissoit villainement,
Et que par les vers de mon œuvre
Autre chose ne se descœuvre
Que mes louanges seulement.

Mais Il luy feist veoir que l'envie
Etoit le tyran de sa vie,
Qui le suit d'un pas eternel,
Qui tousjours tousjours l'accompaigne,
Comme une furie compaigne
Le doz d'un pâle criminel.

Ce n'est ainsi qu'on me despite,
Mais plustost courageux m'incite
A lascher mes traits aguizés,
Tombans du ciel comme tempeste
Pour venir foudroyer la teste
De ces vieux masques deguisés.

Bien souvent mainte et mainte nue
Pour nuire au soleil est venue ;
Mais oncques ne l'ont devestu
Des traits de sa clarté plus forte :
Aussi son entreprise morte
Brunchera dessoubs la vertu.

LETTRE

DE MARGUERITE DE FRANCE, DUCHESSE DE SAVOIE, A LA REINE-MÈRE. (1)

Madame, encores que je soye bien asseurée de la bonne congnoissance que vous avez des labeurs et merites du sieur de Ronsard et que, pour ses vertuz et rares qualittez, il vous soit assez recommandé, si ne

1. Cette lettre, précieux témoignage de la protection dont

veulx-je faillir, pour le desir que j'ay de longtemps de
son bien et advancement et pour l'esperance qu'il a
tousjours eu en vostre aide et faveur, de vous escrire ce
mot de lettre en sa recommandation, et vous supplier,
Madame, le vouloir, tant pour l'amour de moy que
pour respect mesme, tenir tousjours en vostre bonne
grace et le pourvoir de quelque benefice, pour de plus
en plus luy donner moyen de continuer les labeurs qu'il
a jusques ici entrepris au proffict et honneur de toute
la France : et d'autant, Madame, que je suis certaine
que de tels personnaiges estans congneus de vous, comme
ledit Ronsard est, ne peuvent sinon trouver secours et
advancement en vostre endroict, je ne vous en feray
pour ceste heure autre plus humble priere, me remetant
à la bonne volonté et faveur qu'il vous a tousjours pleu
porter à ceux qui vous ont esté recommandés de ma
part qui m'est, Madame, une obligation si grande, que
je ne puis sinon vous en demourer toute ma vye rede-
vable : et sur ce point, je me recommanderay tres
humblement à vostre bonne grace, priant Dieu vous
donner, Madame, en santé tres bonne et longue vye.

De Ryelle, ce IIIIe jour de May. (1560.)

Vostre tres humble et obeissante Sœur
et Subgette,

MARGUERITE DE FRANCE.

la fille de François Ier honora constamment Ronsard, ne
pouvait être mieux placée qu'à la suite du curieux fragment
de l'ode dédiée par le poëte à sa bienfaitrice. — Elle est
tirée des manuscrits de la Bibliothèque Impériale : Beth.
8691, fol. 14. Je la tiens de M. Louis Pâris, qui l'a signalée
et publiée le premier.

LA TRUELLE CROSSÉE.

SONNET. (¹)

Penses-tu, mon Aubert (²), que l'empire de France
Soit plus chéri du ciel que celuy des Medois,
Que celuy des Romains, que celuy des Gregeois
Qui sont de leur grandeur tombés en decadence?
 Nostre empire mourra, imitant l'inconstance
De toute chose née, et mourront quelquefois
Nos vers et nos escrits soient latins ou françois;
Car rien d'humain ne fait à la mort resistance.
 Ah! il vaudroit mieux estre architecte ou maçon,
Pour richement tymbrer le haut d'un écusson
D'une *Crosse* honorable, en lieu d'une *Truelle!* (³)
 Mais de quoy sert l'honneur d'escrire tant de vers,
Puisqu'on n'en sent plus rien quand la Parque cruelle,
Qui des Muses n'a soin, nous a mis à l'envers?

---

1. Ce sonnet, si je ne me trompe, est bien celui que Binet, dans la vie de Ronsard, signale sous le titre de *la Truelle crossée*, et que j'ai longtemps cherché en vain.
 Je l'ai trouvé, ainsi que les cinq pièces qui suivent, dans la *Nouvelle Continuation des Amours de Ronsard*, recueil si rare que je n'avais jamais pu le consulter.
2. Guillaume Aubert, de Poitiers, poète cité dans la Bibliothèque de Duverdier.
3. Ceci fait allusion à l'abbaye de Livry, qui venait d'être donnée à Philibert de Lorme, architecte des Tuileries.

ELÉGIE.

Au bœuf qui tout le jour a trainé la charrue
On oste au soir le joug, quand la nuict est venue,
Et mis dedans l'estable est pansé doucement,
Soulageant son travail par un bon traitement.
 Quand le cheval guerrier courant aux bords de Pise,
Des jeux Olympiens a la gloire conquise,
Et que son corps poudreux des joustes de cinq ans
Il a bien nettoyé dans les flots Alphéans,
Plus son ventre vieillard son maistre n'eperonne ;
Mais luy oste le frein et liberté luy donne.
 Quand un soldat a fait aux guerres son effort
Pour gaigner la bataille et pour fausser un fort,
Et qu'il a tout le corps marqué de belles playes,
Il vit franc de combats au rang des mortes payes,
Et à quelque crochet, ou debout contre un bois
Pour l'y laisser rouiller attache le harnois.
 Mais toy, mechant Amour, tousjours tu renouvelles
Tes playes contre moy et tes fiertez cruelles ;
Et bien que jà trente ans pésent de sur mon chef
Pourtant tu n'as pitié de mon triste meschef ;
Mais comme un fier tyran inexorable et rude
Tu ne m'ostes du col le joug de servitude,
Foulant du pied ma teste et brûlant sans repos
D'un feu continuel mes veines et mes os.
 Pour n'estre desormais une nouvelle fable
Au peuple, il seroit temps (s'il te fust agreable)
De me donner congé et mettre en liberté
Mon col, qui si longtemps au joug fut arresté,
Affranchi du travail et des peines gaignées
Suivant tes estendars par dix ou douze années,
Sans recevoir un bien ; car jamais dessous toy
Amant ne guerroya si malheureux que moy

Ny si desesperé. Eh! quoy, fils de Déesse!
Je ne suis plus dispos ne bouillant de jeunesse.
Pour faire une courvée il te faut attizer
Ceux à qui le menton ne fait que de frizer,
Afin que tes beaux traits leur servent d'exercice.
Ceux de cet âge là sont bons à ton service ;
Ils sont forts et dispos et n'ont encor senty
Le mal dont tant de fois je me suis repenty.
Mais quoy! c'est un tribut qu'il faut que chacun paye ;
Non que je sois lassé d'avoir au cœur la playe
Que ton beau traict me fist. Plustost mille trespas
Me puissent advenir que jamais j'en sois las ;
Car je te serviray soit en barbe meslée
Ou soit que tout mon chef blanchisse de gelée.
 Je ne suis ny tout seul ny certes le premier
A qui tu fais du mal. Ton traict est coustumier
De navrer les plus grands et ceux dont la nature
Des plus nobles vertus gentilement a cure.
Tous les Dieux ont aymé et les hommes aussi ;
Et bref il n'y a rien exempt de ton souci.
 Si quelque homme mortel m'avoit fait cet outrage,
J'armerois contre luy l'ire de mon courage
Et m'en voudrois venger ; mais puisque c'est un Dieu
Je ne me puis deffendre ; il luy faut donner lieu ;
Car on tient pour certain qu'une humaine poitrine
Ne sçauroit resister à la force divine.
De cela sont temoings les géans odieux
Qui en vain feirent teste à la force des Dieux.
 Or fay-moy doncques, Dieu, tout ce que voudras faire.
Rien qui vienne de toy ne me sçauroit desplaire ;
Je suis ton serviteur, je ne veux d'autre Roy :
Sans barbe je fus-tien ; barbu je suis à toy ;
Tien je seray tousjours, et deussé-je en tristesse
User ma pauvre vie avecques ma maistresse.

SONNET.

Pourtant si ta maistresse est un petit p.....
Tu ne dois pour cela te courroucer contre elle.
Voudrais-tu bien hayr ton ami plus fidelle
Pour estre un peu jureur ou trop haut à la main?
  Il ne faut prendre ainsi tous péchés à desdain,
Quand la faute en pechant n'est pas continuelle.
Puis il faut endurer d'une maistresse belle
Qui confesse sa faute et s'en repent soudain.
  Tu me diras qu'honneste et gentille est t'amie ;
Et je te respondrai qu'honneste fut Cynthie,
L'amie de Properce en vers ingenieux,
  Et si ne laissa pas de faire amour diverse.
Endure donc, ami, car tu ne vaux pas mieux
Que Catulle valut, que Tibulle et Properce.

SONNET.

J'aurai tousjours en une haine extresme
Le soir, la chaise et le lit odieux
Où je fus pris, sans y penser, des yeux
Qui pour aimer me font hayr moy-mesme.
  J'auray tousjours le front pensif et bleme
Quand je voirray ce bocage ennuyeux
Et ce jardin, de mon aise envieux,
Où j'avisay cette beauté supreme.
  J'aurai tousjours en haine plus que mort
Le mois de may, le lierre et le sort
Qu'elle ecrivit sus une verte feille ;

J'auray tousjours ceste lettre en horreur
Dont pour adieu sa main tendre et vermeille
Me feist present pour me l'empreindre au cœur.

DU GREC DE DAURAT.

Celui qui veut sçavoir
  Combien de feu j'endure
Dans le cœur, pour avoir
Une maistresse dure,
  Contemple de mon corps
La peau toute halée,
Sans couleur par dehors
Comme cendre bruslée,
  Et m'ayant ainsi veu
Mon feu pourra comprendre ;
Car la grandeur d'un feu
Se cognoist à la cendre.

LE GEAY.

Te tairas-tu, Geay babillard ?
  Tu entreromps le chant mignard
De ce linot qui se degoise,
Qui fait l'amour dans ce buisson
Et d'une plaisante chanson
Sa jeune femelle apprivoise.
  Tu cries encore, vilain !
Va-t'en, tu as le gosier plein
D'un chant qui predit les orages.

Que ne vient icy l'esprevier?
On t'orroit bien plus haut crier
Le jargon de mille langages.
    Va-t'en donc tes petits couver,
Ou bien afin de leur trouver
Je ne sçay quoy pour leur bechée.
Pendant que tu m'es importun,
Puisse arriver icy quelqu'un
Qui te derobe ta nichée.

A SA DAME. (1)

SONNET.

Où print Amour ceste grandeur de gloire
Dont vostre face heureuse il honora?
De quelle mine estoit l'or qui dora
Vos blonds cheveux que l'or mesme on doit croire?
    En quel jardin print-il la rose, voire
Le lys du quel vostre teint colora,
Ou le coral du quel il decora
Les blancs sommets de vos cousteaux d'ivoire?
    Et de quel astre embla-il la lumiere
De vos beaux yeux qui vous font la premiere
En majesté et en douceur d'audace?
    Amour vous aime et le ciel vous honore;
Moi avec eux j'idolâtre et adore
Le saint portraict de vostre belle face.

1. A la fin des Odes, 1553, in-16.

A GUILLAUME DES AUTELZ,

Charolois. (1)

SONNET.

Sur un autel sacré je veux sacrer ton loz,
Mon devot Des Autelz, loz qui la France honore
Fameuse par tes vers de Thebe jusqu'au More,
More qui tout le ciel assure de son dos.

Puisse tousjours la mer, au choquer de ses flots,
Faire bruire ton nom ; puisse le vent encore
L'aller soufflant partout, du rivage hyperbore
Jusques à l'autre rive où le jour est esclos.

Car c'est toy bravement qui n'as point eu de crainte
Hardi d'aller à Thebe et d'epuiser l'eau saincte
Dont Dirce fit jadis son Pindare immortel. (2)

Aussi ta mesme ardeur en mesme flot humée
N'enflamme moins que luy çà bas ta renommée,
Ne moins que flamme au ciel ton signe de l'Autel. (3)

ODELETTE

A JAN BRINON ET A SA SIDÈRE. (4)

Auparavant j'avoy, Brinon,
Orné mon livre de ton nom ;
Mais ores je me delibere,

---

1. Odes, V^e livre. 1553, in-16.
2. Guillaume des Autelz a fait des odes Pindariques à l'imitation de celles de Ronsard.
3. La constellation à laquelle on a donné le nom de l'Autel fait partie du ciel austral.
4. Cette odelette et les deux pièces suivantes sont tirées

Afin de doublement l'orner,
De le partir et d'en donner
Une partie à ta Sidere.
 Car puisque Amour vous veut lier
Ensemble, il vous faut dedier
Mon livre à tous deux ce me semble.
Ensemble doncques recevez
Mon livre, puisque vous n'avez
Qu'un corps et qu'un esprit ensemble.

ODELETTE

A SA MAISTRESSE.

Je veux aimer ardentement,
 Aussi veux-je qu'egallement
On m'aime d'une amour ardente.
Toute amitié froidement lente
Qui peut dissimuler son bien
Ou taire son mal ne vaut rien ;
Car faire en amours bonne mine
De n'aimer point c'est le vray sine.
 Ces amans si froids en esté,
Admirateurs de chasteté,
Et qui morfondus petrarquisent,
Sont tousjours sots ; car ils ne prisent
Amour qui de sa nature est
Ardent et prompt et à qui plaist
De faire qu'une amitié dure,
Quand elle tient de sa nature.

de la deuxième édition des Meslanges. Paris, G. Corrozet, 1555, in-8°.
 Jean Brinon, dont le poète a fait l'épitaphe, était d'une famille de robe. Il dissipa la fortune que les siens avaient amassée et mourut jeune, sans postérité.

EPIGRAMME A JULIEN.

Tousjours tu me presches, Julien,
Que je ne parle que de boire,
Et que ce n'est pas le moyen
De m'acquerir ni biens ni gloire;
Mais reponds, gentil glorieux,
(Je veux defendre mon affaire)
Reponds-moy, ne vaut-il pas mieux
En ecrire, que de le faire?

RESPONSE.

Tu veux avecques ton bel art
Du bon sophiste contrefaire;
Il ne faudroit, gentil Ronsard,
Ny en escrire ny le faire.

EN FAVEUR DE N. NICOLAÏ.

A MONSEIGNEUR LE CONNESTABLE. (1)

Monseigneur, je vous donne en ceste carte icy
Les acquets de Henry et les vostres aussy;
Car par vostre conseil, maugré la force angloise

---

1. Le second Livre des Meslanges de P. de R., V. Paris, Lemangnier, 1559, in-8°.

C'est Nicolas de Nicolaï, sieur d'Arfeuille, géographe et voyageur, qui parle dans ces vers, où il offre à Anne de Montmorency les plans de Boulogne et de Calais.

Il reconquit Boulongne et la remist françoise.
Vous y verrez Calais au naturel depeint,
Lequel par deux cents ans l'Anglois avoit contraint
De nous abandonner. Maintenant la puissance
De nostre Roy le tient en son obeissance.
Vous verrez la grandeur, les places et les forts
Du Boulongnois et d'Oye, et la mer et les ports,
Monts, fleuves et forests qui s'esjouissent d'estre
Reduits dessous la main de leur ancien maistre.
Si doncques un pays qui n'a nul sentiment
Est ayse de son Roy, combien plus vivement
Croiriez-vous que de joye au cœur m'est avenue
Comme à vostre servant, pour vostre bienvenue.

QUATRAIN

SUR LES SECONDES ŒUVRES DE BOËSSIERE
(1568).

Virgile par essay chanta la Bucolique,
  Puis le Troyen Ænée; ainsy premierement
Boyssieres a chanté son amoureux tourment,
Et ores son Hercul' d'un long vers heroïque.

QUATRAIN AU MESME
(1579).

Celuy-là qui fut ecorché
  Par le vouloir de nostre Prince,
Chante de voir si bien torché
Celuy qui vivement le pince.

IAMBES

CONTRE UN MESDISANT DE RONSARD. (¹)

Avant, avant vers furieux !
Fouldroyons l'homme injurieux,
Qui, de sa bavarde ignorance,
Veut honnir l'honneur de la France,
Aboyant d'un gosier felon
Un des plus cheris d'Apollon !
Ourdissons une corde telle
Que celle d'Archiloc, ou celle
Qu'Hipponax, ireux, retordit,
Afin que Bubal se pendist.
    Et vous, infernales Furies,
Si jamais vos forceneries
Donnerent tourment eternel
A quelque pale criminel,
C'est à ce coup, sœurs Eumenides,
Vengeresses des Pegasides,
C'est, Eumenides, aujourd'hui
Qu'il le faut donner à cestuy,
Rebrouillant de vostre tempeste
Le cerveau de sa folle teste.

1. Il m'a paru intéressant de conserver ces Iambes que j'ai recueillis en tête des *Amours* (Basle, 1557). Ils sont suivis du sonnet à la louange de Ronsard par Saint-Gelais. Et pourtant ils semblent s'appliquer à ce dernier qui en a sans doute été peu flatté. Ceci expliquerait comment la paix entre les deux poètes fut plus apparente que réelle. Ils ne portent point de signature. S'il est difficile d'admettre que Ronsard les ait écrits en entier, il pourrait en avoir composé une bonne partie. — P. B.

Et l'emplissant en sa fureur
De vostre plus hideuse horreur ;
Pour le moins d'une telle rage
Tempestant si fort son courage,
Qu'il semble un Adraste nouveau
Ou quelque autre Ajax porte-fleau,
Le meurtrier de sa mere, Oreste,
Athamas, Rolland ou Thyeste,
Ou ce bel enfant furieux
Aimé de la mere des Dieux.
   Là doncques, race furieuse,
Gesnez son ame vicieuse,
Et l'une de vous sur son sein
Acharne un lezard inhumain,
Et l'autre de rouges tenailles
Bourrelle ses ordes entrailles ;
Puis toutes trois vous assemblez,
Et de cent tourmens redoublez
Faites-luy ressentir en l'ame
Le guerdon de son meschant blame !
Couvrez-luy ses cheveux pendans
De mille serpenteaux mordans ;
Puis ayant tors d'un pouce horrible
Les cordons d'un fouët terrible,
Gravez son crime sur son dos,
Froissez-luy malement ses os
Et de cent singlades cruelles
Detranchez-le jusqu'aux mouelles ;
Faites qu'il ait toujours en vain
D'Erysichton l'ardente faim,
Et le paissez, damnant sa vie,
Des mets venimeux de l'envie ;
Puis tousjours sa peine agravant,
Des eaux de Galle l'abreuvant
Et luy donnant les chiens pour guide
Qui deschirerent Euripide,
Tortillé de mille liens
Sur les sommets Caucasiens

Chassez-le, et faictes qu'il y sente
Sa peine tousjours renaissante,
Et pesle-mesle son malheur
Croisse à l'envy de sa douleur!
Car c'est le tourment que merite
Une ame des Dieux si maudite,
Si maudite dis-je des Dieux
Et de la nature et des cieux,
Tâchant miscrable d'offendre
Le renom de nostre Terpandre,
De ce Ronsard qui de ses vers
Dore nostre age et l'univers;
Et souiller d'une voix honnie
Les vertus de mon Lomenie,
En qui le vray portraict je voy
Du vray secretaire d'un Roy,
Et sous qui l'heureuse nature
M'a faict prendre ma nourriture.
 C'est pourquoy, d'un vers furieux,
Je foudroye l'injurieux
Qui de sa bavarde ignorance
Foudroye l'honneur de la France;
Aboyant d'un gozier felon
Un des plus cheris d'Apollon.

ŒUVRES INÉDITES

EN PROSE.

DISCOURS.

D'Aubigné, dans son *Histoire universelle*, mentionne, à la date de 1576, « une assemblée que le Roy faisoit *deux fois la semaine en son cabinet* pour ouïr les plus doctes hommes qu'il pouvoit, et *mesme quelques dames* qui avoient estudié, sur un probleme toujours proposé par celuy qui avoit le mieux fait à la derniere dispute. »

Binet et Colletet parlent aussi de cette conférence, qu'ils appellent Académie du Palais, et citent, en témoignage de l'éloquence de Ronsard, le docte discours qu'il fit *sur le subject des Vertus actives*, par le commandement et en présence du Roi Henry III.

Ce discours est, à n'en pas douter, celui que nous publions ci-après.

Nous le devons à la libéralité de M. Geffroy, professeur à la faculté des lettres de Bordeaux, un savant et infatigable investigateur, qui l'a découvert dans un manuscrit de la bibliothèque de Copenhague, contenant les copies de dissertations faites par plusieurs membres de cette Académie du Palais, et entre autres un discours où Desportes plaide contre Ronsard et les vertus morales, en faveur des vertus intellectuelles.

A l'aide des indications qui précèdent, il est facile de recomposer la scène. Au Louvre, dans ce cabinet du Roi, aux draperies de velours bleu fleurdelisé d'or, aux boiseries sculptées et dorées, encadrant des peintures de nos artistes de la Renaissance, Henry III, assis, préside la séance; à ses côtés se tiennent la fière Catherine, sa mère, la protectrice de Ronsard, et Louise de Vaudemont, qui depuis un an est reine de France. Derrière le Roi chuchottent ses mignons; à ses pieds quelques petits chiens de Lyon dorment sur des carreaux de velours. Autour de la pièce les plus savants hommes du siècle, tels que Ponthus de Tyard évêque de Châlons, le cardinal du Perron, Baïf, Doron le maître des requêtes, d'Aubigné l'historien protestant, etc., se groupent avec ces *quelques dames qui avoient estudié*, et parmi lesquelles brille peut-être la galante et spirituelle Marguerite de Valois.

Le Roi a désigné d'avance le sujet. Ronsard parle gravement, et Desportes, qui, placé vis-à-vis de lui, l'écoute en souriant, attend l'heure de soutenir la cause des vertus intellectuelles.

DES VERTUS

INTELLECTUELLES ET MORALES.

Encores, Sire, que je ne me sois jamais occupé (a) à longuement discourir et que ma principale vaccation a esté plus de faire que de parler, si est ce que obeissant à vostre commandement, je m'en acquitteray le mieulx que je pourray, et seray d'aultant plus digne de pardon que j'essaye ung chemin tout nouveau et que je fais tout ce que je puis pour vous obeir et servir.

Il me semble que la question que vostre Majesté nous proposa l'autre jour, nous commandant de nous en aprester, est à sçavoir si les vertus morales sont plus louables, plus necessaires et plus vallentes que les intellectuelles. Quand à moy, j'en diray mon advis le plus briefvement que je pourray, laissant le surplus à ceste docte compagnie, plus exercée que moy en la philosophie et en l'art de bien dire; car mon principal mestier a tousjours esté la poësie.

Il faut entendre, Sire, que l'ame est divisée en deux parties et facultés, l'une raisonnable et l'autre irresonnable. La partie raisonnable est celle où est l'intellect, qui, comme ung grand cappitaine du hault d'un rempart, commande à ses soudars. Les vertus attribuées à l'intellect sont : sapience, science, prudence, les arts, les cognoissances des causes et les notices des principes.

Les vertus moralles sont habitudes aguisées et aprises par longue accoutumance et long usage, inssinuées, imprimées de longue main en cette partie et faculté de l'ame irresonnable, pour corriger, chastier, subjuger et mettre sous l'obeissance les passions de l'appetit et

---

a. Var. : *appris*...

de la sensualité. Lesquelles vertus sont fortitude, patience, constance, foy, verité, justice, liberalité, magnanimité, et leurs dépendances, lesquelles vertus morales consistent tousjours en la mediocrité et au milieu de deux vices; c'est à sçavoir entre le trop et le peu. Pour vous monstrer, Sire, que mon dire est vray, nous en definirons deux ou trois; car, elles definies, vous pourrez facilement comprendre les autres.

Temperance est une vertu de sçavoir comander aux voluptez sur deux extremitez et biens contraires. L'un est ung debauchement et dereglement aux voluptez; l'autre est une stupidité et hebetement des sens, qui empesche que l'homme ne peust honnestement gouster quelque volupté, comme on dict qu'estoit Zenocrates.[1]

Force ou fortitude est une vertu d'endurer et soufrir les perils et les dangers, et en temps et lieu, avec raison, s'exposer à la mort si besoing en est pour le service de sa patrie et de son Prince. Ses contraires vices sont : temerité et couhardise. Le temeraire, sans raison ni sans occasion, se precipitera luy-mesmes au danger; le couhard, encore que les trompettes animassent les pierres et que la bataille se donnast, ayant le cœur glacé de peur, sans avoir esguard ny à son devoir, ny à la honte, s'enfuyra.

Liberalité est une vertu qui despend son bien honnestement et splendidement, et qui prent plus plaisir à donner que à recevoir. Ses extremités sont prodigalité et avarice. Vous voyez qu'un mauvais mesnager menge et dissipe en habillemens, festins et plaisirs, en peu de jours, le bien que ses ayeulx ont acquis avec cent ans de travail. Son autre contraire vice est l'avarice. L'avaricieux, encore qu'il ayt plains coffres d'argent, il se lerra plustost mourir de faim que d'en oster ung liard.

---

1. Xenocrate de Chalcedoine, disciple de Platon, célèbre par sa probité, sa prudence et sa chasteté, avait l'esprit très-lent. Ce qui faisait dire à Platon qu'Aristote avait besoin de bride et Xenocrate d'éperon.

Pour retourner à mon propos, il est certain que les vertus moralles ne sont pas facultez naturelles, comme est le voir, l'ouïr, le fleurer, le toucher, le gouster, l'engendrer, le digerer. En tous temps l'homme voit, et oyt, et touche, et engendre, et digere, si ses instruments ne sont viciés. Mais les vertus sont aprises par usage et longueur de temps ; car devant que l'homme sache bien se temperer et commander, qu'il soit bon justicier, obeissant à ses superieurs, charitable et misericordieux, il fault qu'il ayt apris auparavant que c'est que temperance, force, patience, justice, charité, miséricorde et telles autres vertus en general. Doncques ses vertus ne sont pas naturelles, elles sont toutes aprises ou, pour plus modestement parler, accoutumées. Quand l'homme les a une fois aprises par longue coustume, il les met aprez en execution et operation.

De en (¹) la partie inferieure de l'ame, qui est la sensualité, il y a ung mouvement naturel, que nous appelons passion, comme est ire, crainte, douleur, joye, tristesse ; lesquels tiennent, comme dit Platon, du sang et du cœur, et qui sont presque dans le corps comme sont en la Republique les marchands et la noblesse. Le sang, comme siege de l'appetit de concupiscence et desir, semble au marchand lequel appete tousjours d'avoir plus qu'il n'a. Et le cœur ressemble à la noblesse qui, pleine de magnanimité, de force, d'ire, de colere, de courroux et d'ardeur, envoye de terribles impressions en l'entendement. Et la raison est au hault de la tour et au sommet de la teste, comme un Roy en son trosne, ou le senat en son pallais, corrigeant, amendant et fesant venir à obeissance telles passions et perturbations, et les contenant en leur debvoir.

Les anciens poëtes, affin que j'honnore mon mestier, ne pouvant monstrer aux yeux corporels combien le vice venant de passion estoit monstrueux, firent peindre une chimere, qui estoit divise en lyon, en dragon et

1. Dedans ?

en chévre, et ung chevalier dessus, nommé Belorophon, qui la tuait. Ce Belorophon estoit ung philosophe moderé, bien rassis et bien apris aux vertus moralles, qui tuoit, subjugoit ses passions et propres affections. Encore ont-ils fainct qu'il y avoit des hommes qui estoient centaures, bestes par la partie inferieure à cause de la sensualité, et hommes par la haulte à cause de la raison.

Or, quand les passions sont debordées et hors de mediocrité, elles ne sont pas seullement vicieuses, mais elles engendrent les vices. Mais, quand elles sont bien moderées et guidées par le frain de la raison, elles ne sont pas vicieuses; au contraire elles sont principes et matieres de la vertu; car de voulloir du tout comme les stoïciens deraciner hors de l'homme les passions, cela est impossible. Tant que nous aurons foye et cœur, veines, arteres et sang, nous aurons des perturbations; or de les sçavoir bien moderer et attramper, c'est le faict et vray effect des vertus moralles.

Qui voudra considerer la faculté de l'ame en ses deux parties, il trouvera que les vertus intellectuelles sont si jointes aux morales, qu'il est bien malaisé de les pouvoir separer; car qui conduiroit la sensualité et nostre brutalité, si ce n'estoit la prudence et la raison, qui, comme un bon cochier, conduict ses chevaux et de loin prevoit s'il y a point quelque fosse, ou bourbier, ou torrent, de peur de se perdre luy, sa coche et ses chevaux.

Mais pource qu'il y a plusieurs sciences intellectuelles, qui ne sont utiles au maniement des affaires publiques, comme est la phisique, l'astrologie, la judiciere et beaucoup d'autres telles curiosités; si nous comparons telles vertus intellectuelles aux morales, les vertus morales les passeront de beaucoup. Socrate fut le premier, lequel, voyant les philosophes auparavant luy s'estre amusés à la cognoissance des metheores et, tousjours plantés sur une montagne, avoir les yeux attachez aux nues, pour sçavoir les causes des foudres, tonnerres, tempestes, cometes, neges, pluies, gresle et telles impressions de l'air, luy, cognoissant que cela estoit inutille et qu'aussy bien, soit qu'on en sache la cause ou que on ne la sache point, ils ne laissent pas d'estre; il attira la philosophie, qui estoit en l'air (comme on dict que les sorcieres de Thessalie tirent la lune et la font venir en terre), la communicqua aux hommes et la logea dedans les citez, tournant la contemplation en l'action. Anaxagore, Thales, Democrite, se sont amusez à la contemplation; aussi ils n'ont jamais rien proffité à leur Republique, pour en acquerir le nom de bons citoyens. Au contraire, Pericles, Themistocle, Aristide; pour se mesler du maniment des affaires civiles et politiques, ils ont bien institué leur cité de bonnes loix, en temps de paix; en temps de guerre, bien ordonné les batailles, raporté force victoires et triomphes, au grand honneur et contentement d'eulx et de leurs citoyens.

On ne laisse pas d'estre homme d'honneur et de vertu, et de vivre bien et sainctement sans sçavoir telles curieuses vanitez, qui nous estonnent du nom seullement, et dont l'effect n'est que vent. Voyez-vous pas nos laboureurs, qui n'ont jamais apris que l'art de la charue; toutefois ils vivent en gens de bien et d'honneur. S'il y a quelque probité, vertu, foy, simplicité, prudhommie au monde, elle est parfaitement entre les laboureurs.

Ceux des terres nouvellement trouvées en Canada, Perou, Calicuth, n'ont poinct de science; toutefois ils sçavent garder, de nature, une amitié et société et ung bon comerce les ungs avec les autres.

Maintes villes ont flory en honneur et vertu, avant que la recherche de telles sciences fut reçue et aprouvée: comme Lacedemone, Rome, et mille autres. Or, qui pourroit avoir les vertus moralles et intellectuelles ensemble, je confesse veritablement seroit Dieu et auroit le souverain bien. Mais, puisqu'il est malaysé de les trouver en ung mesme subject, que l'action empesche la contemplation, et la contemplation l'action, il vault mieux choisir la meilleure partie, la plus utile et la plus necessaire, et plus propre aux maniemens des affaires, qui sont les vertus moralles, qui nous rendent modérés, bien conditionnés, et qui nous font appeler du nom de vertueux et de gens de bien, que nous amuser à la vanité.

Vous me direz que la cause est tousjours meilleure que son effect, et que les intellectuelles sont les causes et les moralles l'effect. Je n'en veux pas opiniastrement disputer; mais je sçais bien que jamais homme ne congneut parfaictement la cause des choses, sinon par ombre et en nue, et que Dieu a mis telles curiosités en l'entendement des hommes pour les tourmenter. Qu'ay-je affaire de la cause qui faict estre le soleil ce qu'il est, s'il est plus grand ou plus petit, s'il est rond ou faict en dos de navire, s'il s'allume au matin ou s'estainct au soir? cela ne sert de rien, ny à moy, ny au publicq; mais de cognoistre ses effects et operations, comme il eschauffe la terre et la faict fructifier, par ses rayons que je sens et que je voy, de cela veritablement m'apartient la cognoissance.

Si l'on me dict que la vertu intellectuelle a pour subject les choses celestes, qui poinct ne faillent, et que les moralles n'ont pour subject que les choses basses et pleines de changemens et de mutations, et par consequent moins exellentes, je responds que ce n'est pas grande vertu de contempler et s'amuser en un subject qui ne peult faillir, ni tromper. Mais avoir pour subject les choses incertaines et le gouvernement des villes, où les ungs sont coleres, les autres flegmatiques, les autres melancoliques, les uns ambitieux, les autres modestes, les autres arrogans, les autres simples, comme on voit en toutes villes, pleines d'alterations, de changes, de varietés de mœurs, et les sçavoir bien policer, gouverner et moderer, veritablement c'est plus d'artifice que regarder et mediter cela qui est constant, et qui ne peult faillir ny decevoir. Caton le censeur disoit que Rome se perdroit quand on introduiroit tant de science. Quant à moy, si ce n'estoit de peur de honte, je dirois que je ne congnois poinct tant de vertus intellectuelles, qui sont propres aux endormis et agravez de longue paresse, pour (¹) les hermites et autres telles gens fantastiques et contemplatifs; me retirant du costé de l'action. Car que sert la contemplation sans l'action? de rien, non plus qu'une espée qui est tousjours dans un fourreau, ou ung cousteau qui ne peult couper.

Je conclus doncq, puisque les vertus morales nous font plus charitables, pitoyables, justiciers, attrampés, forts aux perils, plus compaignables, et plus obeissans à nos superieurs, qu'elles sont à preferer aux intellectuelles.

DISCOURS SUR L'ENVIE. (²)

Sire, l'argument de l'Envye est de soy mesmes si fascheux, espineux et pierreux et sterile aux Roys, que proprement je le puis acomparer aux terres ingrates et infructueuses lesquelles trompent tousjours la peine du laboureur, et ne luy rendent à la fin, pour beaucoup de travail et d'esperance, sinon la cueillette d'une petite moisson. Toutesfoy, par vostre commandement,

---

1. Le mot *pour* est rayé et comme ajouté d'une autre écriture.
2. Cette pièce, qui fait partie du volume 559 de la collection Dupuy à la Bibliothèque Impériale, est accompagnée de cette note : « Discours politique recité devant le feu Roy Henry IIIe par feu Monsieur de Ronsard, et escrit de sa main. »

Comme le précédent, il a été lu à l'Académie du Louvre.

je feray, comme de coustume, le mieux que je porray.

Indignacion, hayne, æmulation, malveillance et envye, sont choses diverses, comme il me semble, combien que, à les contempler de prés, ce n'est qu'un seul arbre qui produict divers maulx, lesquelz ont tous pour object la douleur et la volupté.

L'indignacion que les anciens appelloyent Nemesis est ordinairement une passion bonne et louable de soy, comme venant d'une bonne cause : c'est quand nous sommes faschez, courroucez et indignez de l'injuste prosperité des meschants ou de ceulx qui parviennent aux richesses, estatz et honneurs, sans les avoyr meritez.

Misericorde est son contraire, qui se fasche de ce que les gens de bien sont affligez et tourmentez injustement ; et l'indignacion inveterée et conçue de longue main engendre la hayne, car de nature nous haïssons les meschans et vicieux comme peste de la Republique ; toutesfois, nous n'en sommes pas envyeux, car les hommes ne desirent point estre meschanz ; au contraire nous les detestons, haïssons et aborrons.

La haine s'estend encore plus loing, car elle appartient aussy bien aux bestes comme aux hommes. Les bestes n'ont point l'indignacion, l'æmulation, ny l'envye ; comme le loup et la brebis, l'aigle et le cygne, le chat et le souriz ; ou, si vous voulez faire mouryr de despit une panthere, qui hait l'homme à toute extrémité, il ne faut que luy monstrer le tableau où un homme sera portraict.

L'æmulation est semblablement une passion louable, comme ayant son estre d'une bonne volonté d'ensuyvre et inmiter à ce qu'elle voit estre le plus excellent, ou n'estre autre. Telle affection est propre aux jeunes hommes (à cause de l'abondance du sang) lesquelz pensent que les choses difficiles leur seront faciles, quant ils sont poussez d'une chaleur et d'une genereuse æmulation. On n'inmite jamais les choses basses, viles et abjectes, qui n'aportent point d'honneur à l'acteur, mais les excellentes et rares, tant les biens de l'ame que du corps, que de fortune, comme science, prudence, temperance, richesse, honneur, dignité, beauté, grace, force, agilité et leurs semblables. Quant on voit un homme docte, on s'essaye d'estre sçavant, pour acquerir réputacion comme luy. Quant on voit ung homme riche, magnifique et liberal, on s'esforce avec toute opiniastreté d'amasser des biens, pour estre magnifique, liberal, pitoyable et misericordieux comme luy. Quant on voit ung homme propre, courtoys et bien esprouvé, on s'estudie de l'inmiter afin de se rendre agreable comme il est. Somme, l'æmulation est tousjours genereuse, comme est inmitant ung patron genereux et vertueux.

Son contraire est le mespris; c'est quant ung homme est si fier, ou si sot et si mal né, qu'il mesprise et aborre toutes vertus et toutes choses excellentes; tant s'en fault qu'il les daigne imiter.

L'envye est le plus meschant et le plus villain vice de tous, comme celuy qui n'a pas pour subject les estrangers, mais freres, parens, voysins, compaignons, pareils et amys. C'est une douleur et tristesse procedante d'ung lasche couraige et d'une abjecte et villaine pusillanimité de l'ame, qui se tourmente, ronge et lyme soy-mesme de la prosperité, faveur, credit, beauté, force, agillité, pudeur et sçavoyr, et, bref, de toute bonne fortune et prosperité qui arrivent à son pareil; passion qui rend l'envieux extremement tourmenté; car, se desfiant de ses forces et de ses facultez, il entre en desesperance de pouvoyr esgaller, passer ou atteindre aux bons succez et heureuse prosperité de son compaignon, et s'oppose tant qu'il peut à son advancement. Or pource que telle envye se faict en plusieurs sortes, j'en diray seullement cinq ou six à cause de briefveté :

Tous ceulx qui sont d'ung mesme mestier, mesme condition et mesme profession, de mesme classe et de parenté, de mesme renom, richesse, beauté, agilité de corps, gloyre, estat, royauté, dignité, excellence ou faveur, sont tous envieux les ungs des autres ; car les hommes veullent tousjours de nature, vaincre et surpasser en dignitez, honneurs, renom et credit leurs pareilz et compaignons ;

Ceulx qui sont illustrez et anoblys par actes genereux sont envyeux des autres qui les inmitent, et pensent que celluy qui les suyt leur veuille arracher l'honneur sur lequel ils ont desja mis la main ; tels furent Marius et Sylla, Cæsar et Pompée ;

Ceulx entre lesquelz il n'y a gueres difference d'honneur, de dignité et de renom, et ne s'en fault gueres qu'ilz ne soient esgaulx, ou se surpassent de bien peu et sont inférieurs de bien peu, sont envyeux les ungs des autres ;

Ceulx qui sont et qui veulent estre tenuz pour sages et sçavans : comme Platon ([1]) qui voulut faire brusler les livres de Democrite, desquelz il avoyt tiré ses plus beaux escripts ;

Ceulx qui sont prez voysins se portent rancune ; car jamais on n'a procez ny debat contre ung estranger, ny contre ceulx que on ne cognoist point, ny contre ceulx qui sont mortz il y a longtemps ;

Ceulx qui voyent que les autres ont eu en peu de jours et sans grand'peine ce qu'ilz n'ont sceu avoyr, ny esperé jamais recevoyr ny par travail, ny par longueur de temps, sont envyeux ;

Ceulx qui voyent que les aultres possedent les biens, faveurs et honneurs qu'ils avoyent autrefois et desquels ils avoyent autrefois jouy, comme les vieilles gens qui portent tousjours envye aux jeunes, pour ce qu'ilz ont la beauté, la jeunesse et la santé qu'ilz soulloyent avoyr.

On cognoist par là que la rancune n'est qu'une volonté maligne et desfaillante de bon cueur, qui se

---

[1]. Ronsard parle ici de Platon assez légèrement ; ce n'est pas un érudit.

desfye et desespere de ne pouvoyr jamais atteindre aux honneurs de son compaignon.

Au contraire, tous ceulx qui ont surmonté la fortune et qui, par la consummation de toute excellente vertu, sont montez en extreme degré de haulteur, ne sont plus ny envyeux ny envyez, mais au lieu de l'envye, ils ont des malveillans (1) et des ennemys.

Alexandre, aprés qu'il eut par l'heureuse faveur du ciel gaigné toute l'Asie, n'avoyt point d'envyeux; car il estoit monté si hault et en telle grandeur, que l'envyeux ne l'osoyt regarder, se desesperant d'atteindre au moindre de ses faictz. Il ne portoit point d'envye aussy à ses soldatz, ny à ses capitaines, d'autant qu'ilz estoyent constituez en moyndre dignité et qu'ilz ne pouvoyent jamais le surpasser.

Les grandz personnages, montez au tres hault et tres extreme sommet de l'honneur, reluysent comme le soleil de midy qui ne fait gueres d'humbres; c'est à dire que l'envye ne les suyt plus.

Et tant s'en fault que on leur porte rancune que, en lieu d'en estre envyeux, on devient admirateur et adorateur de leur excellente vertu.

Tel fut Alexandre qui eschappa l'envye, mais non la hayne des siens, laquelle à la fin le fist mouryr.

Le proverbe qui dict que celluy est malheureux qui n'a point d'envyeux, ne s'entend que des basses et mediocres fortunes, et non de celles qui sont venues à toute extremité de grandeur. Car l'envie est des pareilz et non de ceulz qui surpassent et franchissent de bien loing toute mediocrité.

Or, de toutes les passions de l'ame irrésonnable, l'envye est la plus extresme; car comme elle s'estouffe soy-mesme de sa fureur, elle-mesme par punition divine est aussi sa meurtriere, sa gesne et son torment; et toutes les furies, cerberes, harpies et gorgonnes des enfers ne sont que passe-temps et jeux auprés de la

---

1. La copie porte *malveillances*.

rancune qui assiege le cueur de l'envyeux ; elle ressemble aux viperes qui crevent le ventre de leur mere en naissant, et à ces vers qui s'engendrent dans les arbres, qui, petit à petit, font des pertuys dans l'escorce, et, à la fin, les consument en poudre et les font mourir, ou à la rouille qui, peu à peu, d'une dent sombre et seche, mange, ronge et consume le fer et l'acier.

Pour ce, les anciens ont comparé l'envye à l'ydre que Hercule tua, non pour porter cinquante testes, mais pour se nourryr comme faisoyt l'ydre dans les maraiz de Lerne de fange et de bourbier, en vilaines pensées, ordes aprehensions ([1]) et venymeuses cogitations, et comme dict Ovide, pour se paistre de couleuvres, d'aspictz et de serpenz. L'envyeux a le visaige plombé, les dents rouillées; maigre par tout le corps, il ne dort jamais ; il est comme louche et ne regarde jamais droict, ny ne dresse les yeux vers le ciel, de douleur qu'il a de le voyr si beau ; et, come le labeur et lassitude travaille le corps, ainsi la rancune et l'envye travaille extrememant l'esprit. Et comme on voit que les guespes et les freslons ne s'assoient et ne mangent jamais qu'ès plus belles fleurs, ainsi l'envye a pour subject de sa malice les plus belles vertus, qu'elle ronge en son cueur ; et se ronge elle-mesme, voullant ronger et manger autruy ; et qui plus est, son tourment le plus vehement est que toutes les passions se peuvent honnestement deceler et déclairer ; mais jamais homme n'osa dire et confesser qu'il fût envyeux et jalloux de la prosperité d'autruy, tant l'envye est un vice abject, pusillanime et villain.

Or, quand les esguillons, les poinctes et les crochets de la rancune ont totalement penetré l'homme, et que sa raison est du tout chassée du logis, cette miserable

---

1. La copie porte : *hors des appréhensions*, ce qui ne fait aucun sens. Est-ce bien Ronsard lui-même qui aurait écrit ainsi, et ne paraît-il pas manifeste que la phrase n'a pu être écrite ainsi que sous la dictée? (M. Gandar.)

peste n'engendre pas seulement des passions en l'ame ; mais, par mainte longue et fascheuse maladye, elle s'aparoist au corps de l'envyeux, luy creve les yeux, luy saffrane et jaunist le corps, et luy presse si fort le cueur, comme estant espece de tristesse, que souvent elle le faict tabide et phitisique ; car telle peste, luy desrobant par une continuelle imaginacion sa force et vigueur du corps, le faict destiller et descouler peu à peu, comme la neige au soleil ou comme la cyre au feu, luy envoye en dormant des songes entrecoupez d'horribles fantosmes et d'espouvantables visions ; et tellement sa melancholye noyre l'agite et le tourmente qu'il tombe quelquefois en une lycanthropie et court les champs, pensant estre loup garou.

Comme ceulx qui sont morduz d'ung chien enragé pensent tousjours voir en l'eau l'ymage du chien qui les a morduz, ainsi l'envyeux, par une faulce aprehension, songe et resve tousjours aux biens, honneurs, richesses et dignitez de son pareil, dont il est envyeux ; et davantaige, par telle imaginacion et impression, corrompt si bien son sang qu'il luy sort par les yeux des vapeurs et subtilz espritz venimeux, lesquelz espritz, jetez par les rayons des yeux et entrez dans les yeux de ceulz qui les regardent, sont plus dangereux et veneneux que les basilicz, serpens et crapaux, et deviennent bien souvent lancez par la melancholye, au lieu d'envyeux, fascinateurs et enchanteurs.

On dit que l'Envye voulut ung jour entrer au ciel, mais elle en fut repoussée par la déesse Excellente(1), qui la feist tumber de hault en bas et descendre vers les hommes, d'autant qu'il n'y a point d'envye au ciel ; la lune n'en porte point au soleil, ny le soleil à la lune, ny Mars à Venus, ny Saturne à Jupiter ; car ils sont tous en leur genre accomplis et parfaictz.

Le remede de se gueryr de telle peste est de penser

1. Il manque quelque chose à cette phrase, à moins que par *Déesse Excellente* il n'entende Minerve.

jour et nuyt en nous mesmes, devant que le mal soyt violent : « Que fais-je? Pourquoi me consumé-je moi-mesme pour le bien d'autruy auquel je ne peux parvenir? » et voyant les hommes plus miserables que nous, nous resjouyr de ce que nous ne sommes point en telle extremité.

Et fault se bender contre la passion et repousser la rancune par sa vertu, et, en lieu d'envyeux, devenir inmitateurs, pour tascher à ressembler à celuy dont les vertus et les honneurs nous rendent jaloux et envyeux.

Voilà que j'avois à dire de ce cruel monstre, dont Dieu nous veuille garder par sa divine grace, et l'envoyer aux Tartares, Scittes et Turcs, pour tres cruelle punition et tourment de toute leur mechansseté.

RONSARD.

LETTRES.

A MONSIEUR ET BON AMY
MONSIEUR PASSERAT,
A BOURGES. [1]

Monsieur Passerat. Depuis ma lettre escritte, monsieur Lambin est venu souper avec moy qui m'a monstré vostre lettre latine en laquelle j'ay veu comme les bons huguenots de Bourges (car autres ne peuvent estre qu'eux) ont semé par la ville que ledit

---

[1]. Bibliothèque Impériale. Manuscrits. Ancien fonds latin, n° 8585.

sieur Lambin avoit dit en chere publicquement que le monde estoit delivré de trois athées, sçavoir Muret, Ronsard et Louveau. (1) Je n'ay recueilly autres fruicts de telle nouvelle sinon l'honneur qu'on me faict de m'accoupler avec de si grands personnages, desquels je ne merite deslier la courraye du soullier et voudrois que l'on me fist tousjours de tels outraiges à si bon marché et à si bon prix, et me sentirois bien heureux de pouvoir esgaller les vertus, sçavoir, et doctrine, et bons vers des deux, et mesmes de Muret que j'ay cogneu homme de bien. Si monsieur Lambin l'a dit, je n'en sçay rien, cela ne m'importe en rien et la dessus je m'en iray demain aux Trois Poissons boire à vos bonnes graces, me recommandant de tout mon cœur à vos divines Muses.

Vostre humble amy et serviteur,

RONSARD.

A MESSIEURS LE MAIRE

ET LES ECHEVINS DE LA VILLE DE TOURS. (2)

Monsieur le Maire, je croy que vous avez bien entendu, avec tout le corps de la ville, le procés que le seigneur Fortin, contre tout droit et raison et iniquement et de mauvaise conscience a contre moy

---

1. Je ne suis pas sûr d'avoir bien lu ce dernier nom. Ce pourrait être Belleau ou Brodeau.
2. Je dois à M. Victor Luzarche la communication de cette lettre qu'il a insérée dans un recueil intitulé : Lettres historiques des Archives communales de la ville de Tours, depuis Charles VI jusqu'à la fin du règne de Henri IV (Tours, Mame, 1861, grand in-8°), rare et splendide volume

et lequel procès il vous veut persuader et à tous messieurs les eschevins, soubs couleurs frivolles et raisons en l'air que c'est pour le proffit et utilité du public; comme si les rois et les corps de villes estoient tyrans pour oster le bien d'un particulier, non seulement particulier à moy, mais commun à tout le couvent de Sainct-Cosme, pour le bailler au premier venu qui s'armeroit de ce beau tiltre d'utilité publique. Je ne fais point de doubte qu'il ne veuille persuader à ceux qui le voudront croire que facilement il enrichira les fauxbourgs de Tours, comme les Gobelins ceux de Saint-Marceau. Quant à moy, je n'en croy rien, pour ce que je n'en voy rien et aussi que nullement il ne donne sa teinture et sa peine à ses voisins, ains la vend bien cher, si non quelquefois quelque vieux devanteau d'une bonne femme qu'il fera reteindre pour grand mercy; voilà le proffit qu'il aporte au public et devant qu'il se feust venu planter en mon fond et en

imprimé pour la Société des Bibliophiles de Touraine et tiré à 180 exemplaires. — Le savant éditeur a accompagné cette lettre d'une note d'où nous extrayons les passages suivants :

« Notre poète qui se plaint en termes pleins de vivacité et d'amertume d'une usurpation faite par le sieur Fortin sur une des dépendances du prieuré de Saint-Cosme dont Ronsard était abbé commendataire, nous fournit un nouveau témoignage du caractère irascible attribué aux poètes en général et en particulier au célèbre écrivain vendômois. »

« Le ruisseau que Ronsard voulait soustraire aux souillures du teinturier Fortin est la Choisille, charmante petite rivière aux eaux transparentes et pittoresques, qui se jette dans la Loire en face du prieuré de Saint-Cosme. Saint-Cosme et ses environs étaient des lieux sacrés pour Ronsard, tout remplis encore des souvenirs de sa belle Marie; lieux devenus pour le poète une solitude chérie, dans l'âge de la maturité, à l'époque même où il écrivait la lettre que nous publions; lieux enfin où il devait terminer sa vie et recevoir la sépulture dix-sept années plus tard. »

Victor Luzarche.

ma terre, laquelle il n'a que par amphithéose, et que de mauvaise foy il veut dire sienne et de son propre, les draps ne laissoient pas d'estre communs en cette ville et le peuple vestu sans luy. Je vous suply, Monsieur, au premier jour vouloir faire entendre à messieurs de la ville mes raisons, affin qu'ilz me donnent jour et heure pour montrer mes tiltres et enseignemens et cinq ou six arrests de la cour du parlement pour la riviere de la Choisille, depuis trois, quatre et cinq cens ans et depuis dix-huit mois aux requestes, contre les bateliers, teinturiers et mesme fait que cestuy-cy. Aussy je feray paroistre à messieurs, par deux contracts, comme le lieu et terre où le seigneur Fortin s'est venu planter et habituer sa maison, teintures et chaudrieres, sont du propre patrimoine de Sainct-Cosme baillez en amphithéose depuis soixante et dix ans et dont les vies ne sont encores faillies; et voyant ledit seigneur Fortin qu'il avoit mauvaise cause s'est tantost voulu armer de messieurs le comte de Sanserre et seigneur de Loué, de messieurs du chapitre Sainct-Martin et de vous autres, messieurs de la ville, aux uns donnant à entendre que la riviere estoit à eux à cause du pont de la Motte, aux autres que la maison estoit en leur fié, aux autres que c'estoit pour le bien public, pensant les attirer par ces points là à frayer aux despens du procés et jouir du proffit de leur peine; mais la malice a esté incontinent descouverte, comme elle vous sera facilement, aprés avoir veu mes tiltres et enseignemens que je vous montreré et à tous messieurs de la ville, toutes les fois qu'il vous plaira l'ordonner. Je suis bien marry, Monsieur, de vous ennuyer de si longue et fascheuse lettre et sur ce je mettray fin, suppliant le Createur vous donner tres heureuse et longue vie, aprés m'estre humblement recommandé à toutes vos bonnes graces.

De vostre maison de S. Cosme, ce XVIIe Juillet 1568.

Vostre humble et affectionné voisin et serviteur,

RONSARD.

AU CHAPITRE DE SAINT-MARTIN
DE TOURS. (1)

Venerabilibus et circumspectis viris decano, thesaurario et capitulo, insignis ecclesiæ beatissimi Martini Turonensis ad romanam Ecclesiam nullo medio pertinentis,
Petrus de Ronsard, *serenissimi domini nostri Caroli Francorum regis christianissimi consiliarius et eleemosinarius, necnon prioratus conventualis sancti Cosme de Insula prope Turones, ordinis sancti Augustini membri, a dicta vestra insigni ecclesia dependentis, ac eidem jure ordinario et lege diocesana immediate subjecti, prior commendatarius, ac unus ex octo dignitatibus hebdomadariis vestræ ecclesiæ,*

Reverentiam, obedientiam et subjectionem, tantis viris et patribus debitas.

Placuit præfatæ Majestati Regiæ nos animum nostrum

---

1. Paris, Bibliothèque Impériale. Coll. Gaignières, 640, page 157.
Par cette lettre, écrite en latin, Ronsard, prieur de Saint-Cosme, et, à ce titre, l'un des dignitaires semainiers de Saint-Martin de Tours, prie les membres du Chapitre de le faire remplacer dans ses fonctions aux fêtes prochaines. Le motif mérite d'être remarqué : c'est Charles IX qui retient son poète à Paris pour qu'il travaille sans relâche à la *Franciade*. Il y a deux mois à peine que les quatre premiers chants ont paru; on doit donc en croire Ronsard :

    Si le Roy Charles eust vescu,
    J'eusse achevé ce grand ouvrage.

Ronsard est conseiller et aumônier de Charles IX, comme il l'était de Henri II et de François II. Le gentilhomme signe et scelle de son sceau, avec trois poissons sur l'écusson. (Note de M. Gandar.)

*ad versibus præclara hujus nostræ Galliæ gesta ad hæc
usque nostra tempora scribendum et in lucem emittendum,
quo ne videatur sopita tot generosorum virtus, appellere* (1),
*jam, procul dubio, cœlestis gratiæ dono, hujus operis
limina salutavimus, ac eadem gratia prosequemur. Quamobrem
ut hebdomadem ipsam, quam in præfata vestra
ecclesia nostri prioratus, hujusmodi ratione* (2), *in propria
(cessante legitimo impedimento), vel per capacem ejusdem
vestræ Ecclesiæ facere tenemur, per vos deputandum, vel
a nobis jam deputatum et commissum, tantisper regiæ
majestati serviemus, vel quamdiu vestris venerandis circumspectionibus
placuerit, fieri permittatis, rogo atque
obsecro. Me hac vestra gratia et munificentia fruentem
gratum ac memorem perpetuo præstabo.*

*Datum et actum Parisiis sub signo et sigillo nostro, die
XI^a mensis Novembris, anno Domini MDLXXII.* (3)

RONSARD.

Scellé en cire rouge entre deux papiers sur lacs de parchemin.

Ici le fac-simile de l'écusson, trois poissons (4); puis au verso et sur le dos est écrit :

1. Le texte est clair, malgré l'embarras de la phrase. Le Roi veut que Ronsard s'applique *(animum appellat)* à écrire en vers et mettre en lumière les gloires de la France jusqu'à ce jour *(ad hæc usque nostra tempora)*. (Note de M. Gandar.)
2. De la manière suivante : soit en personne, soit par un délégué. (Note de M. Gandar.)
3. J'ai rétabli l'orthographe du texte latin. On voit ce qu'il faut penser des paroles de Sainte-Marthe : *latine doctissimus*. Ronsard avait beaucoup lu les latins, mais il ne savait pas écrire leur langue. (Note de M. Gandar.)
4. Les Ronsard portaient d'azur à trois gardons d'argent. Cet écusson timbre encore les châteaux de la Poissonnière et de Glatigny, qui appartenaient à la famille.

Mais le poète avait des armoiries particulières qui lui avaient été données par Charles IX : d'azur à trois roses d'argent, feuillées et soutenues de sinople (Paillot, p. 574),

« Le penult⋅ jour de nov⋅ l'an 1572, ces presentes lettres ont esté presantées au chapitre de l'Eglise de M⋅ S. Martin dudit Tours par fr. Toussaint Morand, soubz-prieur dud. prieuré. M⋅⋅ du chap⋅⋅ de lad. Eglise ont dict qu'ilz excusoient et de faict ont excusé led. s⋅ Prieur pour les causes mentionnées au blanc de l'autre part, faisant faire ses sepmaines qu'il est tenu faire, et ce par personne capable, jusques à ung an.

Faict au chap. de lad. Eglise mons⋅ s. Martin, les jour et an que dessus.

Par chapitre,

QUERCEROT.

A ANTOINE DE BAÏF. (¹)

Bons Dieux! Quel livre m'avez vous donné de la part de M. de Sainte-Marthe! ce n'est pas un livre, ce sont les Muses mesmes, j'en jure tout nostre mysterieux Helicon; et s'il m'etoit permis d'y asseoir mon jugement, je le veux preferer à tous ceux de mon siecle, voire quand Bembe et Naugere, et le divin Frascator en devrait estre courroussez, car, joignant la splendeur du vers nombreux et sonoreux à la belle et pure diction, la fable à l'histoire, et la philosophie à la medecine je di : *Deus, Deus ille Menalca!* et le siecle heureux qui nous a produit un tel homme, c'est assez dire. — Je m'en vais dormir et vous donne le bon soir.

RONSARD.

allusion peut-être à cet anagramme de son nom : Rose de Pindare.

.1. Cette lettre fait partie de la précieuse collection d'un amateur, qui a eu la bonté de m'en donner une copie. Claude Binet la mentionne dans la vie de Ronsard et fait connaître qu'elle a été écrite à Baïf à propos de la *Pædotrophie* de Scévole de Sainte-Marthe.

LETTRE DE LOYS DE RONSART

A M. LE GRAND-MAISTRE. (¹)

Monsieur,

La suffisance de monsieur le Tresorier Babou present porteur me gardera de vous faire longue lettre, mais bien vous advertiray de la bonne santé et disposicion en quoy sont Messeigneurs quy ne pourroit estre meilleure come empremier suis informé par mondit sieur le Tresorier et pareillement de leur traictement et estat de vivre.

Monsieur et Mademoiselle de Chavigny et les autres serviteurs et servantes de mesdits Sieurs sont arrivez en ceste ville deliberez chacun en leur endroict de bien soigneusement servir mesdits Seigneurs en actendant que autrement le Roy et Madame y aient pourveu. Et cependant, Monsieur, je feray servir pour la bouche de mesdits Sieurs, les officiers les plus capables et souffisans qui soient de par deça et pour ce que du demourant du faict et conduicte de la maison, mon dit sieur le Tresorier et moy en avons tenu propos ensemble, et aussi que je luy ay baillé ung memoire des officiers qui furent menés à Barcellonne estans ès galleres et ailleurs. Je ne vous en diray davantage, sinon que je vous supplie, Monsieur, tres humblement me tenir en vostre bonne grace pour humblement recommandé et comme l'ung des anciens serviteurs de

---

1. Ni cette lettre ni la suivante ne sont de Pierre de Ronsard. Celle-ci est de Loys son père, et a été écrite pendant qu'il était en Espagne au service des fils de François Ier livrés en otage à Charles-Quint.

M. le Grand-Maître est Anne de Montmorency, qui avait succédé dans cette charge à M. de Boisy, mort en 1519, et qui devint connétable en 1538.

vostre maison et qui s'est employé au service des Roys par l'espace de quarante ans : Et davantaige Monsieur qu'il vous plaise faire entendre auxdits sieurs et dame la peine et travail que j'ay soufferte par deça pour le service de mesdits Sieurs en maniere que par vostre moyen elle puisse estre recogneue par cy aprés. Et ce faisant, je vous en seray tres tenu et obligé et sera la fin de ma lettre, priant notre Seigneur, Monsieur, qu'il vous doint bonne et longue vie.

De Perdrace le XVme Janvier.

D'ung de vos humbles et obeissants serviteurs cest

RONSART. (1)

LETTRE (2)

A MONSIEUR LE COMTE DE MONTAFIER, (3)

Gentilhomme ordinaire de la chambre du Roy.

Monsieur, je n'ay voulu faillir, aprés avoir seu l'opinion de vos amys, de vous avertir comme toutes choses se passent, de quoy vous ne pouvez

---

1. On pourrait aussi bien lire *Ronssart* ou même *Roussart*.
2. Cette lettre est conservée en original dans les archives du château du Grand-Lucé, département de la Sarthe. La copie en a été donnée par madame la marquise d'Argence, née Rochemore, propriétaire de la terre du Grand-Lucé. Il me semble évident, d'après l'L initiale de la signature, qu'elle a été écrite par Louis de Ronsard, curé d'Évaillé. Le poète n'eût jamais annoncé avec tant d'indifférence la mort de ce Roi qu'il aimait d'une affection presque paternelle, ce Charles IX si richement doué pour les arts et les lettres, qui laissa faire et ne fit pas la Saint-Barthélemy, et à qui sa mort aurait dû faire pardonner le crime politique commis sous son nom.
3. Seigneur de Lucé, du chef de sa femme Anne de Pisseleu.

recevoir contentement, ayant vous et monsieur votre frere perdu le Roy votre maistre, lequel deceda dimanche aprés midy entre troys et quatre, auquel Dieu a faict ceste grace de luy donner l'esprit sy asseuré que se estre souvenu de ses affaires jusques à demye heure avant sa mort. Aussy qu'il a pryé et commandé à ceulz qui luy ont esté affectionnés, serviteurs durant sa vie, qu'ils le luy fussent aprés sa mort, et qu'ils eussent à reconnoistre la Royne sa mere, comme luy mesmes, attendant le retour du Roy de Pollongne son frere, lequel est averty il y a trois sepmaines de se tenir prest au premier mandament qu'il auroit, pour le peu d'esperance qu'on avoit que le deffunt Roy peust plus vivre. Il a aussy permis que monsieur feist ferre le serment aulx capitaines des gardes tant françoys que autres, à la Royne sa mere.

Vos amys sont d'opinion que vous en venyez pour luy baiser les mains. Il y a quatre jours qu'il ne se despechoit pas un passeport et avoit-on mandé à Metz de ne laisser passer personne aussy que l'on a averty par tous les gouvernements et à ceulx qui commandent aulx armées de prendre garde à eulx. Chemereux partit assoyr à dix heures pour aller en Poullongne, l'on en a despeché d'autres par divers endroits, qui est, Monsieur, tout ce que je vous puis mander.

Faisant fin, je pryerai Dieu, Monsieur, qu'il vous donne santé heureuse et longue vie.

A Paris, ce dernier de may.

Messieurs le premier et de Beaumont vous baysent bien humblement les mains.

Vostre à jamais tres obeissant pour vous faire service.

L. DE RONSARD.

FIN DES ŒUVRES INÉDITES.

ORAISON FUNEBRE

SUR LA MORT

DE MONSIEUR DE RONSARD

PRONONCÉE EN LA CHAPPELLE DE BONCOURT,
L'AN 1586, LE JOUR DE LA FESTE SAINT MATTHIAS,

PAR

MONSIEUR DU PERRON,

Depuis Evesque d'Evreux, Cardinal,
Archevesque de Sens et Grand Aumosnier de France,
lors aagé de 27 ans.

A MONSIEUR DES PORTES,

Abbé de Tyron et de Josaphat.

Monsieur, ayant esté ceste oraison prononcée pour celebrer la memoire de M. de Ronsard, j'ay pensé que je n'en pouvois addresser la publication plus dignement qu'à vous, auquel il semble avoir resigné la gloire de sa profession, et vous avoir laissé comme son unique successeur. Je vous l'envoye donc peinte et tracée fidellement sur le papier, à fin de representer à vostre esprit par l'image des characteres, ce qui s'en pourroit estre escoulé du son et de la memoire des paroles. Vous la recevrez, s'il vous plaist, à vos perils et fortunes; c'est à dire, si elle est leuë avec quelque louange, vous recueillirez le fruict de ce que j'ay appris en vostre conversation; si au contraire, vous me servirez de garant envers ceux qui taxeront et accuseront ma temerité, comme ayant esté le principal autheur, non seulement de me la faire entreprendre, mais aussi de me persuader de l'exposer au jour et à la lumiere de l'impression; et vous souviendrez, vous et ceux qui assisterent au festin qui se fit chez vous le mardy dix-huitiesme de mars, où le dessein de ces funerailles fut pris, que je n'eus que depuis le lendemain, qui fut le mercredy des Cendres, jusques au lundy suivant qu'elle fut prononcée, pour m'y preparer. Dieu vueille qu'elle puisse satisfaire en quelque chose à vostre desir, au merite de Monsieur de Ronsard, et au jugement de ceux qui la liront.

ORAISON FUNEBRE

SUR LA MORT

DE MONSIEUR DE RONSARD.

Messieurs,

Je pense qu'il n'y a personne en ceste compagnie qui ne sçache bien la fin pour laquelle nous sommes icy assemblez, qui est de rendre les offices funebres aux cendres et à la memoire de feu Monsieur de Ronsard. Et de faict, quand il n'y auroit autre chose que l'honneur et la reverence que je voy que vous y apportez, ce seroit assez pour me convier à le croire, et me tesmoigner par mesme moyen que vous louez et favorisez nostre intention. Ce que j'estime seulement que vous trouvez estrange, est comme j'ay eu l'asseurance d'entreprendre ceste action, plustost que beaucoup d'autres qui s'en acquitteroient, sinon selon l'excellence du subjet, au moins plus dignement et heureusement que je ne l'ose esperer.

Et pour vous dire la verité, quand je regarde maintenant où je suis, je ne me trouve pas moins estonné moy-mesme, de voir que les prieres de mes amis ayent eu tant de poids en mon endroit, que de me faire accepter une charge à laquelle mes forces sont si inegales et inferieures. Aussi certes n'a-ce pas esté sans un long combat en mon ame, et plusieurs resistances aux honnestes desirs de ceux qui m'en sollicitoient, que je me suis laissé vaincre à leur persuasion. Car comme d'un costé je recognoissois que ce m'estoit beaucoup d'avantage d'avoir à traitter d'un argument où je ne pouvois avoir faute de matiere, ny de paroles; d'ailleurs je considerois que tant plus sa vertu me donnoit de champ et d'estendue, et plus elle preparoit les assistans à attendre de moy des louanges infinies, et correspondantes à son merite.

De maniere, Messieurs, que si je n'eusse adjousté à tous ces respects, celuy de la pieté et de l'obligation, il m'eust esté bien mal-aisé de forcer et surmonter ma timidité. Mais je confesse franchement que ceste seule pensée a eu plus de pouvoir en mon esprit, que le soin de ma reputation et la crainte de n'égaler pas le desir et l'esperance des auditeurs. Car outre ce que toute la France en general doit à la gloire de son nom, comme estant un des plus nobles ornemens dont elle ait jamais triomphé par dessus les autres provinces; encore pour mon particulier j'ay tant de causes qui m'obligent à aimer et honorer sa memoire, que je ne luy puis nier aucun gage d'affection, sans commettre une trop grande ingratitude. Que si pendant qu'il a esté en ce monde il a pris quelque plaisir à mes paroles, et si ceste voix qui est maintenant debile et affligée pour l'ennuy que je reçoy de sa mort, luy a esté autresfois agreable; je croy certes, que le plus doux fruict qu'il en recueillit jamais, c'est le devoir et l'office que je luy rens aujourd'huy.

Non que je me vueille reserver ce theatre à moy seul, et empescher ceux qui en seront ambitieux d'y paroistre et de s'y signaler. Au contraire, je ne pretens autre chose que de les piquer et animer de ceste juste et religieuse jalousie, esperant que ce sera un argument de s'exercer à l'advenir, à tous ceux qui voudront combatre de la gloire de bien dire; comme aussi ils ne sçauroient faire œuvre plus honorable, ny pour eux, ny pour l'eloquence mesme, que de la consacrer à un si digne et excellent subjet. Cependant je me contenteray d'avoir eu ceste bonne rencontre de commencer le premier, et monstrer le chemin aux autres en une tant saincte et officieuse entreprise; et prieray ceste belle ame de me pardonner si je ne puis atteindre à representer parfaictement sa vertu. Ce me sera assez d'en faire seulement les premiers traits; c'est-à-dire, de toucher quelque chose de ses louanges en general, et puis je bailleray le tableau à ceux qui viendront aprés moy, pour y adjouster les autres beautez et ornemens, leur jurant et protestant que je n'auray point de regret d'estre surmonté par eux; ains me sentiray tres-honoré de sacrifier ma reputation, si j'en puis pretendre quelqu'une, au lustre et à l'exaltation de la sienne.

Au moyen dequoy aussi je parleray avec beaucoup moins de crainte et de defiance, et principalement si vous continuez de me prester la mesme attention que vous avez faict jusques à maintenant. Chose que j'obtiendray facilement, pourveu que vous vous souveniez combien le lieu auquel vous assistez est sainct et venerable, et combien le temps que vous y employez vous doit estre sacré et précieux. Car ce ne sont point icy les obseques d'un homme vulgaire et ordinaire comme les autres, ce sont les funerailles du pere commun des Muses et de la Poësie.

Que si ceux qui conduisoient anciennement leurs peres au sepulchre, y portoient la teste voilée et couverte comme s'ils eussent assisté aux sacrifices des Dieux, pour tesmoigner par ceste ceremonie exterieure qu'ils honoroient leurs peres decedez, de la mesme façon qu'ils reveroient les Dieux ; et quand ils approchoient de leurs monumens, s'y contenoient avec pareille religion que s'ils fussent entrez dedans les temples et eussent esté auprés des autels ; à plus forte raison en ces honneurs funebres, et en ce convoy spirituel que nous faisons aux cendres et à la memoire du grand Ronsard, il faut que tous les enfans des Muses observent le mesme respect, que les anciens avoient accoustumé de deferer aux solemnitez mortuaires de leurs peres charnels et corporels.

Mais c'est trop vous solliciter d'un devoir auquel je vous voy desja assez preparez de vous-mesmes, et partant il vaut mieux commencer d'entrer en propos, et mettre peine de dire ce que le lieu et occasion desirent de nous. Pour à quoy parvenir plus heureusement, nous prierons celuy qui est l'autheur de tous bons et louables discours, premierement qu'il nous inspire des conceptions qui luy soient agreables ; et secondement, si c'est une requeste qui se puisse impetrer, qu'il nous face la grace que nous n'eclipsions et n'obscurcissions rien de la gloire et de la splendeur de ce grand homme que nous celebrons, par l'imperfection et par le defaut de nos paroles.

Pierre de Ronsard (Messieurs) le Genie et l'Oracle de la Poësie françoise, quant au costé paternel, avoit derivé son extraction de la Moravie, province située entre la Pologne et la Hongrie, d'une maison dont le chef s'appelle le marquis de Ronsard. De ceste famille il y a environ deux cens cinquante ans qu'un puisné courageux, voulant chercher son adventure par les armes, sortit du pays avec une troupe de jeunesse volontaire ; et ne voyant point de plus belle occasion que la guerre, lors allumée entre les François et les Anglois, se vint rendre en France auprès de Philippes de Valois, lequel il servit si dignement en toutes les expeditions militaires, qu'il le prit en amitié, et desirant de l'obliger et retenir, luy donna de grands biens en ce royaume; au moyen desquels il se maria, et s'habitua en Vendomois, où il planta comme une branche et une colonie de la famille de Ronsard, qui y a fleury jusques à maintenant.

De ceste maison de Ronsard, que l'on appeloit la Poissonniere, à cause d'une de leurs principales terres, descendit Loys de Ronsard pere de celuy dont nous solemnisons la memoire, qui servit les enfans de France, du vivant du grand Roy François, et les accompagna en leur voyage d'Espagne, et depuis fut maistre d'hostel du Roy Henry II, lors de son advenement à la couronne, et eut beaucoup de part auprés de luy, comme estant homme d'agreable compagnie et de bon entendement, et au reste qui monstroit desja quelque inclination à la poësie, et se mesloit de faire des vers selon le temps.

Pour le regard de l'origine maternelle, il a eu l'heur d'appartenir à une infinité d'illustres familles françoises, comme à celle du Bouchage, et partant à Monsieur de Joyeuse, de la presence duquel ses funerailles sont maintenant honorées ; à celle de la Trimouille, des Rouaux, des Chaudriers ; noms si signalez en ce royaume, par les celebres actions de ceux qui les ont portez, que nos histoires n'ont point de plus ordinaires discours. Ce qui suffira pour ceste heure, à fin qu'il ne semble pas que nous allions chercher dans les racines ce qui se doit trouver dans les branches, et que ces ornemens domestiques que nous luy appliquons, ce soit par faute de louanges qui luy soient propres et particulieres à luy-mesme.

Quant au temps de sa naissance, il y en a diverses opinions. Les uns veulent qu'il soit né l'an mil cinq cens vingt-deux, et par ainsi mort en son an climacterique ; chose que l'on a remarqué arriver à beaucoup de grands personnages ; les autres s'arrestent à ce qu'il en a escrit, ayant signalé l'année de sa nativité par la prise du grand Roy François, comme souvent il se rencontre de ces fortunes notables à la naissance des hommes illustres; là où nous pouvons encor observer en passant, que la prise de ce Roy devant Pavie, qui est l'accident duquel il a voulu noter l'année de sa nativité, tombe justement en un mesme jour que celuy auquel nous celebrons la memoire de sa mort, qui est la feste de Sainct Matthias.

 Estant doncques ceste belle lumiere venue au monde, et commençant dans peu de temps aprés à jetter de clairs rayons d'esperance de ce qu'elle feroit à l'advenir; ses parens delibererent de la donner à l'estude des lettres, tant à cause de la vivacité de son esprit, que d'autant qu'ayant eu cinq freres aisnez, il en restoit encores trois, nombre suffisant pour emporter la plus grande partie du bien de la famille. Parquoy si tost que son aage le permit, ils l'envoyerent en ceste université, où leur intention ne reussist pas pour la premiere fois, comme ils esperoient. Car ce libre et genereux esprit, qui ne se pouvoit forcer par les loix et par la severité d'un precepteur, mais avoit besoin de quelque passion interieure pour l'exciter à desployer sa vigueur, se desgousta du premier coup des lettres et de l'estude, tellement qu'ils furent contraints de le retirer cinq ou six mois aprés, et le dedier à la profession des armes, pour l'exercice de laquelle il avoit le corps bien composé.

 Prenant donc ceste seconde resolution, ils l'envoyerent au camp d'Avignon, où il fut donné page à Monsieur d'Orleans; avec lequel ayant demeuré quelque temps, il receut commandement de suivre le Roy d'Escosse, qui estoit lors deçà la mer, et l'accompagner en son royaume; ce qu'il fit, et y sejourna deux ans et demy, pendant lesquels il apprit les particluaritez et la langue de la province. Or ce fut là premierement qu'il commença à prendre goust à la poësie. Car un gentil-homme escossois, nommé le seigneur Paul, tresbon poëte latin, se plaisoit à luy lire tous les jours quelque chose de Virgile ou d'Horace, le luy interpretant en françois, ou en escossois; et luy, qui avoit desja jetté les yeux sur les rymes de nos anciens autheurs, s'efforçoit de le mettre en vers le mieux qu'il luy estoit possible. Retournant d'Escosse il passa par l'Angleterre, où il s'arresta environ six mois, et de là arrivé en France s'en revint trouver Monsieur d'Orleans, qui le retint encores certain temps auprès de luy, estant soigneux de le faire bien instituer aux exercices où l'on a accoustumé de dresser la jeunesse; ausquels à raison de son excellente disposition naturelle il se rendoit merveilleux pardessus tous ses compagnons, fust à tirer des armes, à monter à cheval, à voltiger, à lutter, à jetter la barre, et autres tels efforts, où l'avantage de la complexion est principalement requis. Car ceux qui l'ont cogneu en sa premiere fleur, racontent que jamais la nature n'avoit formé un corps mieux composé ny proportionné que le sien, tant pour l'air et les traicts du visage qu'il avoit tres-agreable, que pour sa taille et sa stature extremement auguste et martiale; de sorte que le ciel sembloit avoir mis toute son industrie à preparer un lieu qui peust recevoir dignement ceste ame pleine de tant de gloire et de lumiere, de laquelle les beautez du corps devoient estre comme la splendeur et les rayons.

Monsieur d'Orleans, qui voyoit les premices de sa vertu naissante et l'opinion que tout le monde concevoit de luy, se resolut de plus en plus de ne le laisser point ocieux, mais de le faire hanter et converser avec les nations estranges, pour le rendre capable d'estre employé aux belles charges, ausquelles il jugeoit que son instinct et sa nature l'appelloient. A ceste occasion, il le depescha en Flandres et en Zelande, et depuis luy donna encore une seconde commission pour retourner en Escosse, en la compagnie du sieur de Lassigny. Apres tous lesquels voyages il fut aussi envoyé en Allemagne avec Lazare de Baïf, lors ambassadeur, et y sejourna jusqu'à ce qu'il eust appris la langue, et l'estat du païs. Puis de là, finalement s'en revint en France trouver la Cour qui estoit à Blois; où il ne fut pas si tost arrivé (comme la jeunesse est susceptible de telles impressions), que l'amour luy entra en l'esprit.

Or luy estoit-il survenu une debilité d'ouïe durant son voyage d'Allemagne, qui commençoit à le rendre mal-propre pour l'entretien ; ce qui fut cause qu'il se mit à representer ses passions sur le papier, choisissant la façon d'escrire plus accommodée à son sujet et à son inclination, à sçavoir la poësie, en laquelle il luy estoit permis de suivre la liberté de ses imaginations. Et encores qu'au commencement il ne s'addonnast à ceste profession que comme en se jouant, et la faisant servir à un autre dessein, toutefois quand il vit que ses vers estoient leuz avec louange, il s'y eschauffa et affectionna à bon escient. Joint aussi que son accident l'empeschoit d'oser plus pretendre à la Cour ce qu'il y avoit esperé, le separant de la compagnie des hommes, et le confinant en une espece de solitude, parmy laquelle il estoit tres-aise d'eslire une occupation, où il peust pour le moins tirer quelque gloire de son incommodité.

Considerant donc qu'il avoit bien desja acquis une grande facilité de faire des vers, mais que la cognoissance des langues anciennes luy manquoit, au moyen dequoy il craignoit de ne pouvoir pas voler si haut sur ses propres aisles comme il l'eust desiré, il se repentit d'avoir mesprisé l'estude en son enfance. Et ores qu'il se vit en un aage où il sembloit n'estre plus seant de retourner à l'escole des lettres pour apprendre les premiers elemens de la langue grecque et latine, si est-ce qu'il passa par dessus toutes sortes d'obstacles ; et arrivé en ceste Université, se vint ranger auprés de Dorat, où il demeura cinq ans entiers, estudiant si assiduement qu'il recompensa avec beaucoup d'usure la perte qu'il avoit faite auparavant. Car il s'orna et embellit l'esprit de tout ce qu'il y avoit de rare et d'excellent dedans les anciens poëtes tant grecs que latins, des despouilles desquels nostre langue n'avoit point encore triomphé ; et usa de leurs richesses si industrieusement qu'elles paroissoient sans comparaison plus belles, mises en œuvre dedans ses escrits, que dedans les livres de leurs premiers autheurs ; combien qu'au commencement les aureilles des courtisans françois, qui n'estoient pas encores accoustumées à ces ornemens estrangers, fissent quelque difficulté de les supporter, rejettant tantost la hardiesse des conceptions, qui estoient poëtiques et eslevées, tantost la licence des constructions et des façons de parler, qui estoient imitées et empruntées des autres nations, et tantost la nouveauté des mots lesquels il se voyoit contraint d'inventer, pour tirer nostre langue de la pauvreté et de la necessité.

Mais luy, dont le demon estoit invincible et ne pouvoit ceder au jugement de la multitude, se servant d'un suffisant tesmoin à luy-mesme, de celuy que la posterité feroit de ses œuvres, resista courageusement à la passion de ses calomniateurs, et ne cessa jamais de suivre le mesme vol qu'il avoit entrepris, jusqu'à ce que toute l'envie estant esteinte, et tous les monstres surmontez et abbatus, on commença à luy applaudir en plein theatre, et luy par consequent à jouïr du plus doux fruict qui se puisse recueillir de la gloire, qui est celuy que nous en recevons pendant que nous sommes vivans.

Aprés ce premier combat, il luy en survint encore un autre bien esloigné et bien different de sujet ; c'est que les disputes de la religion se remuerent et allumerent en ce royaume. Or est-ce la coustume de ceux qui innovent en ces matieres, de rechercher avant toutes choses les attraits et delices du langage, à fin d'allecher la multitude, et faire couler plus facilement leur opinion sous la douceur du style et des paroles. En quoy certes ils avoient beaucoup d'avantage sur les docteurs catholiques, dont les uns s'estoient endormis tout à fait durant le long repos de l'Eglise, et les autres s'estoient plus employez à entretenir le peuple à la pieté et à la devotion, qu'à l'eloquence et aux beaux discours. Joint d'ailleurs que les estudes d'humanité, ensevelies sous les ruines de l'Empire romain, commençoient à estre deterrées en France depuis si peu de temps, c'est à dire, depuis l'advenement du grand Roy François, qu'il n'y en avoit encores que pour les esprits plus curieux.

Ce-pendant ce defaut apportoit un grand prejudice à la religion catholique, d'autant qu'il sembloit aux ames populaires que leurs docteurs estoient hommes barbares et ignorans, qui ne sçavoient pas seulement parler leur langue maternelle; et que tout ce qu'il y avoit d'esprits polis et judicieux en ce royaume, estoit de l'autre party; et sur ce prejugé on faisoit courir force livrets de theologie par les mains du vulgaire, non seulement en prose et en oraison soluë, mais mesme en ryme et en poësie. A quoy une infinité de gens applaudissoient pour la nouveauté du sujet; lequel ils n'avoient point encore veu traitter en tel genre d'escriture, jusques à tant que ce grand Ronsard prenant en main les armes de sa profession, c'est à dire le papier et la plume, à fin de combattre ces nouveaux escrivains, s'aida si à propos d'une science prophane comme la sienne, pour la defense de l'Eglise, et apporta si heureusement les richesses et les tresors d'Egypte en la Terre-saincte, que l'on recogneut incontinent que toute l'elegance et la douceur des lettres n'estoient pas de leur costé, comme ils pretendoient.

Au mesme temps donc les voila qui le prennent à partie en son propre et privé nom, se jettant sur luy tous ensemble, comme si la cause de l'Eglise et la sienne eussent esté inseparablement conjointes. Mais il les defendit si glorieusement et l'une et l'autre, qu'ils demeurerent confus et esmerveillez, et n'eurent plus ny voix ny plume pour repliquer. Dont outre le gré que toute la France luy en sceut, et l'honneur accompagné de liberalitez que le Roy qui estoit lors, et la Royne sa mere, luy firent en ceste consideration; encore mesme le pape Pie V eut la generosité de l'en remercier par escrit, et de tesmoigner solemnellement les bons et utiles services que l'Eglise avoit receus de luy ; ce qui acheva de l'encourager à prendre l'habit et la profession ecclesiastique, à laquelle il y avoit déja long-temps que ses amis l'exhortoient.

De là peut-on juger combien il avoit une ame universellement née à la poësie, veu que quelque théme qu'il se soit jamais proposé, il l'a manié si dignement que nul autre ne s'en pouvoit mieux acquitter, distribuant également l'excellence de son esprit à tous ses ouvrages. Car à l'heure qu'il a pris des sujets pleins de vanité, comme sont les matieres d'amour, il a tant contenté ceux qui les ont leus, que l'on a dit qu'il ne se pouvoit rien voir de plus aggreable ; lors qu'il a traité des argumens de guerres et de combats, il a tellement estonné tout le monde, que l'on a pensé qu'il ne se pouvoit rien imaginer de plus espouvantable. Mais quand il s'est mis à escrire des points de theologie et de religion, ç'a esté lors qu'il a ravy les esprits de telle sorte, que l'on a trouvé qu'il ne se pouvoit rien apprehender ny concevoir de plus admirable.

Somme : par tout il a esté superieur aux autres, et par tout il a esté égal à luy-mesme. Il s'est bien veu aux siecles passez des hommes excellens en un genre de poësie ; mais qui ayent embrassé toutes les parties de la poësie ensemble, comme cestuy-cy a fait, il ne s'en est point veu jusques à maintenant. Homere a bien emporté la palme entre les Epiques, Pindare entre les Lyriques, un autre entre les Bucoliques, et ainsi des autres ; mais la gloire universelle de la poësie ils l'ont tous divisée entr'eux, et chacun en a pris sa partie. Il n'y a jamais eu qu'un seul Ronsard qui l'ait possedée toute pleine et toute entiere.

Aussi certes y avoit-il plus contribué de naturel, luy seul que tous ceux dont l'antiquité nous a laissé les monumens. Car la partie plus necessaire pour cest effect, qui est l'imagination, il l'avoit si vive et constante tout ensemble, que quand il est question de representer quelque chose, les autres sont froids et languissans auprès de luy. Ceux qui auront veu les hymnes qu'il a faicts des quatre saisons (comme je pense qu'il s'en trouvera fort peu en ceste compagnie qui n'ayent eu ceste honneste curiosité) confirmeront assez mon opinion, et attesteront qu'il est presque impossible de jetter les yeux dessus, que l'on ne sente un certain ravissement d'esprit, et que l'on ne confesse qu'il faut qu'il y ait quelque âme et quelque genie là dedans qui agite et transporte soit les lecteurs, soit les auditeurs.

A ceste excellente imagination qu'il avoit apportée de sa naissance, son inconvenient qui s'augmentoit de jour en jour, adjoustoit encore l'autre commodité dont nous avons desja parlé, qui estoit l'amour de la solitude. Car comme il voyoit que sa surdité le rendoit moins agreable pour la conversation des hommes, il prenoit sujet de là de se retirer des compagnies, combien que parmy les compagnies et le peuple mesme il portast aucunement la solitude avec luy. Ce qui sans mentir me semble luy avoir esté un merveilleux avantage pour l'exercice de sa profession. Car il n'y a point d'objets qui destournent tant l'esprit de l'imagination et de la contemplation, que ceux de l'oüie, ny qui soient plus contraires aux inventions et conceptions.

C'est pourquoy les anciens bastissoient les temples des Muses le plus loing qu'ils pouvoient des villes et des habitations publiques; estimant que la solitude, le repos et le silence, et n'estre point troublé par les bruits et tumultes populaires, servoit incroyablement aux recherches et meditations poëtiques.

Aussi voyons-nous que de son temps la surdité estoit presque fatale à luy et à du Bellay, et aux autres qui avoient quelque nom en ceste profession. De sorte que tout ainsi que durant l'ancienne Grece, l'aveuglement estoit comme une marque commune à ceux qui estoient excellens en la poësie; ainsi semble-il que la surdité ait esté de nostre siecle un charactere commun à tous les grands et excellens poëtes françois. Sur quoy il y a encore cecy à considerer, c'est que les autres professions se peuvent bien apprendre par enseignemens et preceptes; mais la poësie, si nous croyons ceux qui y ont fleury, il faut qu'elle vienne du naturel et naisse d'une certaine vigueur d'esprit, et qu'elle soit excitée par une influence, et par une agitation divine. Pourtant estimoient-ils anciennement que les poëtes estoient saincts, et qu'il les falloit reverer comme les instrumens et les organes des Dieux. Au moyen dequoy ceste science ne dependant d'aucune doctrine exterieure, à raison qu'elle est toute inspirée divinement, et consiste en l'invention, et non pas en la recordation des choses, il semble que le sentiment de l'oüie ne luy est point particulierement necessaire, comme estant consacré à la memoire et au ressouvenir. De maniere qu'il ne faut nullement trouver estrange, si ce pere des poëtes qui estoit instruit du ciel, et avoit une source de doctrine interieure en luy-mesme, n'estoit point assisté de l'entier usage de ceste faculté, pour apprendre de la conference d'autruy, ce qui devoit proceder de son seul genie, et de sa propre inspiration.

Car comme les habitans de l'isle de Candie, quand ils erigeoient des statuës à Jupiter, les faisoient tousjours destituées d'oreilles, pour donner à entendre au peuple, que celuy à qui il appartenoit de sçavoir toutes choses de luy-mesme, il ne falloit point qu'il eut d'oreilles pour apprendre rien de personne. Ainsi ce grand Ronsard, qui par un instinct divin, et par une science infuse recevoit l'intelligence des mysteres de la poësie, lesquels il devoit annoncer et exposer aux hommes de sa nation, il n'estoit point besoin qu'il eust d'oüye pour recueillir aucune instruction de la bouche des autres, luy qui portoit l'escole et la discipline des principaux secrets de son art en luy-mesme, et estoit enseigné de Dieu particulierement et immediatement, non point par des oreilles charnelles et materielles, mais par les oreilles du cœur, et par les oreilles de la pensée!

Bien-heureux eschange de l'oüye corporelle à l'oüye

spirituelle; bien-heureux eschange du bruit et du tumulte populaire à l'intelligence de la musique et de l'harmonie des cieux, et à la cognoissance des accords et des compositions de l'ame! Bien-heureux sourd, qui as donné des oreilles aux François, pour entendre les oracles et les mysteres de la poësie! Bien-heureux sourd, qui as tiré nostre langue hors d'enfance, qui luy as formé la parole, qui luy as appris à se faire entendre parmy les nations estrangeres!

C'est ce grand Ronsard, qui a le premier chassé la surdité spirituelle des hommes de sa nation, qui a le premier fait parler les Muses en françois, qui a le premier estendu la gloire de nos paroles, et les limites de nostre langue. C'est luy qui a fait que les autres provinces ont cessé de l'estimer barbare, et se sont rendues curieuses de l'apprendre et de l'enseigner, et qu'aujourd'huy on en tient escole jusques aux parties de l'Europe les plus esloignées, jusques en la Moravie, jusques en la Pologne, et jusques à Dansich, où les œuvres de Ronsard se lisent publiquement. Somme : si nostre langue a quelque chose dequoy se comparer, dequoy se vanter, dequoy triompher à l'endroit des langues estrangeres, si elle a quelque lustre, quelque splendeur, quelque ornement, c'est à la seule memoire de Ronsard qu'elle est tenue de tout cest avantage.

Quelle chose donc ferons-nous pour celebrer dignement ce que nous avons receu de luy? Quels tombeaux, quelles statuës, quelles colonnes, quels temples, quels autels luy edifierons-nous? Quelles fleurs, quelles offertes, quelles effusions espandrons-nous sur sa sepulture? En combien de parties diviserons-nous ses os et ses cendres, comme les Egyptiens diviserent les membres d'Osiris leur patron et leur bien-facteur, à fin que chaque province de ce royaume puisse jouir d'une portion de ses reliques, pour leur eriger des sepulchres et des monumens par tous les endroits de la France qui luy est obligée universellement? Quels combats poëtiques, quels jeux, quelles solennitez instituerons-nous en faveur de ses obseques, à fin que tous les poëtes s'assemblent d'an en an au jour de ses funerailles, pour disputer entre le prix et la victoire de la poësie, comme ils faisoient aux anniversaires d'Amphidamas? Et en somme de quelle recognoissance userons-nous pour ne laisser point esteindre et ensevelir la memoire de tant d'obligations, dans le mesme tombeau dans lequel il est inhumé et ensepulturé?

Ceux de la ville d'Argos colloquerent Homere au rang des Dieux de leur cité et de leur province, et l'associerent avec Apollon en leurs invocations et en leurs mysteres. Les Roys d'Egypte luy edifierent des temples et des lieux sacrez, et esleverent auprés de luy pour trophée et pour monument de sa gloire, toutes les villes qui debattoient du lieu de sa nativité. Les Roys de Perse firent mettre ses vers en leur langue maternelle, et prenoient la peine de les apprendre par cœur, et de les chanter et reciter de leur propre bouche.

Que diray-je plus? L'antiquité mesme a estimé que les Dieux se mesloient de la sepulture des poëtes, et leurs histoires racontent, quand Lysander mit le siege devant la ville d'Athenes, que la mort de Sophocle estant intervenue, Bacchus l'admonesta en songe qu'il eust à donner permission aux Atheniens de porter et convoyer ses delices au sepulchre; c'est à dire, d'ensevelir les cendres du poëte Sophocle, et de leur rendre les honneurs funebres qui leur appartenoient. Et n'a pas esté jusques aux nations plus esloignées de la douceur et de l'humanité, qui n'ayent celebré les funerailles des poëtes avec beaucoup de reverence et de devotion.

Faudra-il donc que les François seuls, entre tant de marques et d'exemples de recognoissance, soient notez d'ingratitude et d'impieté? Sera-il dit que les Anciens ayent estimé que la sepulture des poëtes estoit sacrée, et que c'estoit une action digne du soin et de la diligence des Dieux; et que nous soyons si froids et negligens à nous en acquitter maintenant? Sera-il dit que des peuples barbares et septentrionaux comme sont les Getes, ayent eu la pieté d'inhumer solennellement et honorablement un pauvre poëte estranger qui estoit banny et relegué en leur province, et de luy eriger des monumens et des sepulchres magnifiques; et que les François mesprisent les obseques et les funerailles de leur poëte naturel, qui n'est point mort parmy les nations estrangeres, mais qui a rendu l'esprit dedans le sein et entre les bras de sa patrie?

Que diront tant d'ames genereuses qui ont vescu en ce royaume par le passé, et dorment maintenant en repos, de voir que nous laissions partir de ce monde avec si peu de soin et d'ornement, celuy dont elles ont attendu la venue par un si long-temps, pour faire revivre la memoire de leurs belles actions, et les dedier à l'Eternité et à l'Immortalité? Que diront tant de vieux chevaliers françois et tant d'anciens heros, qui nous ont laissez aprés eux pour recueillir les fruicts et l'heritage de leur gloire, que nous rendions ceste ingrate recompense à la memoire de celuy qui nous fait jouyr d'une si honorable succession?

Que dira ce magnanime Charles, les delices et le soucy de la Muse de Ronsard, qui n'a point dedaigné autresfois de s'abbaisser de son throsne royal, pour s'égaler avec luy; et n'a point fait difficulté de prendre la plume au lieu du sceptre pour le provoquer au combat des vers et de la poësie? Que dira-il donc maintenant quand il le verra descendre au sepulchre sans appareil et sans pompe, despouillé et destitué de tous ornemens funebres, comme un autre homme du commun et du vulgaire? Ne regrettera-il pas de n'estre plus en ce monde pour avoir le contentement de luy decerner les ceremonies qui luy sont deues, pour faire inhumer ses os et ses cendres avec les reliques de tant de Roys ses predecesseurs, qu'il a retirez de l'ombre et de l'obscurité du tombeau; et finalement pour luy faire eriger une statuë sur son sepulchre, comme ce grand Scipion africain en fit eslever une au poëte Ennius?

Mais quoy, faut-il que nous allions réveiller ceux qui reposent dans leurs monumens? Faut-il que nous leur allions demander des larmes pour honorer cest enterrement et ces funerailles? N'y a-il plus personne qui puisse ressentir le malheur arrivé à toute nostre nation d'estre privée de la plume de celuy qui faisoit parvenir l'image et le lustre de ses actions à la posterité? N'y a-il plus personne qui se soucie de dedier et d'appendre les despouilles de Mars au temple des Muses? N'y a-il plus personne qui pense à laisser aprés soy quelques marques et quelques tesmoignages d'avoir vescu?

S'il est ainsi, pourquoy est-ce que les François se monstrent si passionnez des beaux desseins et des actes genereux? Pourquoy est-ce qu'ils courent si volontairement à toutes sortes de dangers et de labeurs? Pourquoy est-ce qu'ils se vouent à l'execution de tant de difficiles et perilleuses entreprises? Car en fin si leur ame ne se promet rien de la recognoissance des siecles à venir, et si toutes leurs considerations sont enfermées des mesmes limites dont leur vie est enclose et contenue, quel besoin est-il qu'ils se consument par tant de veilles et de travaux, ny qu'ils courent tant de fortunes et d'accidents, à la mercy desquels ils s'exposent et se sacrifient à tous propos?

Mais il y a je ne sçay quelle effigie de la gloire qui reside dans l'esprit des personnes vertueuses, comme dedans un temple et dans un sanctuaire, et les admoneste incessamment de ne mesurer point la renommée de leurs actions par la brieveté de ceste vie; ains de l'égaler et la comparer avec toute l'estendue de la posterité. De sorte que les belles choses que nous faisons de jour en jour, il nous semble en les accomplissant que ce sont des semences de nostre gloire que nous semons et espandons dedans le champ de l'eternité, pour en recueillir le fruict d'une memoire perpetuelle.

Et soit que cette vanité nous apporte quelque volupté aprés que nous sommes enlevez d'icy-bas, ou soit qu'elle cesse de nous delecter, pour le moins avons-nous le contentement, tant que nous sommes vivans, de jouir de l'usufruict d'une telle esperance, et de flatter nos esprits de ceste douce et agreable illusion.

Que si cependant il s'en trouve encore de si insensibles aux flammes de l'honneste ambition, que de n'estre point touchez de la mort de celuy qui pouvoit faire reluire leur vertu aprés eux ; et s'il y en a encore qui ne celebrent pas ses obseques avec les mesmes larmes et la mesme passion que nous sommes obligez d'y apporter, ce defaut retournera à leur perte, et non à son dommage, à leur honte, et non à son deshonneur.

Car aussi bien les offices que nous luy faisons maintenant, ce n'est pas en intention d'adjouster rien à son lustre et à sa splendeur que nous les executons ; et ces honneurs funebres que nous deferons à sa sepulture, ce ne sont pas tant des trophées et des enrichissements de sa gloire, comme ce sont des monumens de nostre recognoissance que nous dressons et erigeons à la veue de la posterité ; à fin que ceux qui viendront aprés nous, louent nostre jugement, et ne nous accusent point de sacrilege et d'impieté.

Ce sera ceste juste et equitable posterité qui rendra à sa memoire le prix et la recompense qu'elle merite, et ne se sentira plus de la froideur et de la stupidité des hommes de nostre temps. Elle solennisera ambicieusement ces funerailles dont nous tenons aujourd'huy si peu de conte. Elle reverera avec devotion ce sepulchre que nous sommes si negligens de construire et d'edifier. Toutes les pierres de ce glorieux monument luy seront sacrées et precieuses, et plus il ira en decadence, et plus il se fera sainct et venerable en son endroit par l'antiquité du temps, et par la succession des années. De maniere que ceux qui auront quelque religion envers les Muses, le viendront un jour visiter avec admiration, et y feront des vœux et des pelerinages pour acquerir le don et l'inspiration de la poësie. Il y aura encore à l'advenir quelque nouvel Alphonse qui saluera le païs de sa nativité, et rendra graces au genie de la province, d'avoir produit un si rare et excellent personnage. Il viendra encores cy-après quelque second Alexandre; il naistra encores quelque nouveau monarque du monde, qui pleurera sur la sepulture d'Achille, et ne regrettera en sa fortune sinon de n'avoir pas vescu du temps de ce grand Homere françois.

Mais quel autre Alexandre devons-nous souhaiter? N'avons-nous pas nostre Roy, qui a consacré luy-mesme la sepulture de Ronsard avec ses larmes? qui a honoré les funerailles de l'Homere gaulois, avec ses propres plaintes, et qui a servy d'exemple et de lumiere à toute la France, en un acte si plein de pieté? Quel autre plus grand desplaisir peut-il ressentir maintenant que de voir que l'image de sa vie, que la description de ses combats et de ses victoires, si heureusement entreprise et commencée par la Muse du grand Ronsard, n'ait peu estre continuée et achevée par le mesme autheur, et qu'il faille qu'elle demeure defectueuse et imparfaite, ne se trouvant plus personne qui ose mettre la main sur un si digne tableau, ny prendre le crayon aprés un ouvrier si excellent et si inimitable?

Il est vray que la posterité jugera assez de toutes les actions d'un tel Prince, par ce seul eschantillon, luy estant facile de recognoistre que ç'aura esté la plume de Ronsard qui aura defailly à sa gloire et à son merite, et non sa vertu et son merite qui aura manqué à la plume de Ronsard.

Mais je ne pren pas garde que j'excede le terme de la narration, et sors des limites que je m'estois prescrits à moy-mesme, ayant plustost desseigné de vous representer les accidens qui luy sont arrivez un peu avant sa mort, que de vous entretenir d'aucunes autres considerations.

Or je ne sçay pas comme je me suis engagé en ce long labyrinthe de propos, ny ne sçay pas aussi comme je m'en pourray retirer ; car ces larmes me sont douces, et ces meditations me consolent. Et tout ainsi que les yeux des hommes ne se retirent pas aisément des objets qui leur sont agreables, et quand on les en pense divertir c'est alors qu'ils y retournent d'eux-mesmes ; ainsi il m'est tres-difficile de r'appeller mon esprit de ceste chere et ravissante contemplation.

Neantmoins si ne faut-il pas que l'excez de la pieté m'emporte tellement outre les loix et les bornes de la mediocrité, que je perde le dessein et la memoire de mon premier discours, et ne me souvienne plus d'y adjouster la fin et le couronnement.

Estant donques le sieur de Ronsard arrivé sur le declin de son aage, et se trouvant incommodé des accidens de la vieillesse ; au lieu que ceux que la nature favorise d'heritiers pour succeder aprés eux, ont accoustumé de penser à faire leur testament, et donner ordre à leurs affaires, à fin de les laisser jouir en repos du bien qu'ils leur ont acquis ; il commença de songer à son testament et à sa derniere volonté ; non comme il ordonneroit de ses affaires temporelles, mais comme il disposeroit de ses escrits, qui estoient ses enfans spirituels. Et pourtant delibera de les faire r'imprimer tous ensemble en un grand volume ; à fin qu'estant ainsi liez et ramassez, ils ne courussent pas fortune de s'esgarer si aisément, et par mesme moyen d'y inserer quelques additions et corrections, et en somme d'y mettre la derniere main, et les laisser à la posterité comme il vouloit qu'ils fussent leuz et recitez.

Ce qui fut cause qu'il demeura un hyver en ceste ville, auquel, outre les empeschemens qu'il avoit le reste du jour, il estoit contraint de veiller les soirs pour voir les espreuves, et fournir de matiere aux presses des imprimeurs, qui devorent une grande quantité de labeur. Or estoit-il fort cassé et abbatu, tant à cause des exercices violens qu'il avoit faits en sa jeunesse, de sauter, luitter, voltiger, monter à cheval, et autres divers excez, que pour la grande subjection qu'il avoit rendue à sa profession, depuis la fleur de son aage jusques au commencement de sa vieillesse.

Car comme il se vit desja avoir quelque nom par la France, et neantmoins qu'il estoit venu tard à l'estude des lettres, il s'y opiniastra tellement, pour recompenser la perte du temps, et soustenir et augmenter la reputation qu'il avoit acquise, qu'il travailla douze ou quinze ans continuels, perpetuellement estudiant et perpetuellement composant. Or comme entre tous les labeurs celuy de l'ame affoiblit le plus les forces naturelles, et fait une plus grande consomption d'esprits, aussi de tous les travaux de l'esprit, celuy qui consiste en la composition et où il faut que l'ame mette quelque chose hors d'elle mesme, est sans comparaison plus violent et pernicieux que celuy qui ne gist qu'en une simple et oiseuse lecture, où l'entendement n'a autre peine qu'à recevoir les conceptions d'autruy; et principalement en la poësie, qui a besoin d'une plus grande contention pour trouver des imaginations eslevées et separées du commun. De sorte que ces efforts le consommoient jusques à le faire tomber en de grandes maladies, pour lesquelles les medecins ne luy defendoient rien tant que l'exercice de la poësie. Mais il n'y avoit point de considerations assez fortes pour arracher une chose si profondement imprimée et enracinée en son esprit.

L'image de la gloire se presentoit à toute heure devant ses yeux, et ne le laissoit reposer ny nuict ny jour, ains le tenoit en une perpetuelle passion de parvenir à ceste immortalité qu'elle luy promettoit; laquelle aussi elle luy a livrée, non pas gratuitement ny liberalement, mais moyennant le prix le plus cher qu'il luy pouvoit payer, c'est à dire, le retranchement de sa vie. Car il n'y a point de doute estant né comme il estoit, que s'il eust voulu mesnager sa santé il n'eust vescu un siecle entier. Il est vray aussi à l'opposite qu'il ne jouiroit pas maintenant de ceste seconde vie que ses labeurs luy ont acquise pour la luy conserver durant tous les aages futurs, sans sentir aucune alteration ny corruption, experimentant en luy-mesme du naturel de la gloire ce que l'on dit de celuy du cedre, à sçavoir qu'il conserve les morts, et fait mourir les vivans.

Ses œuvres doncques furent achevées d'imprimer en une nouvelle forme avecques beaucoup de contentement pour luy, de voir qu'il avoit eu le loisir, devant que d'estre prevenu d'aucun accident, de leur dire le dernier adieu. Elles furent aussi fort tost recueillies, comme rien qui sortoit d'un si grand personnage ne pouvoit estre negligé; avec divers jugemens toutesfois, les uns approuvant les censures et additions qu'il y avoit faites, les autres les trouvant languissantes, et estimant qu'elles se sentoient de la froideur de la vieillesse.

Cependant ce dernier labeur le mina tellement qu'il fut soudain aprés saisi de la goutte, à laquelle il y avoit desja quelque temps qu'il estoit subject, et si estrangement traicté, qu'il demeura dix mois entiers perclus et arresté dedans un lict, avecques des douleurs qu'il est plus facile d'imaginer que de representer. Ceste maladie l'ayant accompagné jusques aux premieres fleurs, comme il vit le retour du printemps, et qu'il y avoit quelque esperance que le changement de saison luy ayderoit à recouvrer sa santé; il n'eut pas le loisir d'attendre que les beaux jours l'eussent un peu remis pour reprendre l'air et la liberté des champs, et se faire porter en un prieuré qu'il avoit en Vendomois, appelé Croix-Val.

Aussi tost qu'il y est arrivé, voila les troubles qui s'esmeuvent par toute la France sous le nom de ligue et d'union, et les guerres civiles plus allumées et embrasées en ce royaume que jamais. Il est vray que leur premier feu ne dura pas long-temps en son ardeur, d'autant que les affaires furent incontinent moderées et pacifiées (c'est à dire dans la venue de l'esté), pendant laquelle saison aussi il eut quelques tresves avec son mal, dont toutes-fois l'automne commençoit à luy faire payer bien cherement les interests, quand voila de l'autre costé les armes entre les mains de ceux que l'on nomme de la religion, le chasteau d'Angers prins pour eux, et leurs compagnies qui passent la riviere de Loire, et mettent tout l'Anjou et le Vendomois en allarme.

Sur ces entrefaites descend M. de Joyeuse, duquel l'expedition fut si heureuse, qu'après avoir reduit la place en l'obeïssance du Roy, et empesché le passage aux troupes qui s'en vouloient retourner en Poictou, il fit escarter et dissiper tout ce nuage en peu de temps. Luy qui ne sçavoit encore rien du desordre de ceste armée, ains avoit seulement les nouvelles que les forces de delà la riviere fondoient en Vendomois, print l'allarme à bon escient, pensant que la guerre s'y venoit terminer. Et pource resolut de desloger, tout malade qu'il estoit, et se faire rapporter en ceste ville, où il souffrit à son retour de si estranges tortures, que ce n'estoit que fleurs et delices que tout ce qu'il avoit essuyé jusques alors.

Au bout de quelque temps, comme ceux qui ne sçavent plus quel remede appliquer à leur mal, en accusent leurs licts ou leurs chambres, estimans qu'il ne tient qu'à changer de lieu qu'ils ne changent de condition ; il s'imagina que c'estoit le sejour de Paris qui luy estoit ainsi contraire, à cause de l'espesseur de l'air et des vapeurs qui y rendoient l'hyver beaucoup plus pluvieux et catharreux qu'ailleurs ; et partant qu'il luy falloit regaigner celuy de Vendomois, et se faire retrainer à Croix-Val, nonobstant la dissuation de ses amis, et les remonstrances qu'on luy faisoit des inconveniens que l'agitation du coche luy avoit desja causés et luy causeroit encore par les chemins.

Retourné qu'il fut à Croix-Val pour la seconde fois, ce fut lors qu'il commença à desesperer du tout de sa santé ; car les excessives douleurs qu'il enduroit tant à raison de la violence ordinaire de sa maladie, que pour les travaux qu'il y avoit adjoustez d'ailleurs, l'empeschoient de prendre aucune heure de repos ; chose qui luy apportoit un grand affoiblissement d'estomac et une merveilleuse diminution de chaleur naturelle. Et encore pour s'achever, voyant qu'il avoit tousjours les yeux ouverts, et l'ame esveillée et sensible aux pointes de sa douleur, il s'advisa (à fin de conjurer la cruauté de son mal), d'avoir recours à un somme artificiel, et se mit à boire du jus de pavot, lequel au lieu de luy donner allegement, luy refroidit si fort le sang et les esprits qu'il tomba en une atrophie et en un defaut de nourriture. Et lors non seulement il perdit l'usage de toutes les parties de son corps, excepté celuy de la langue qui luy restoit pour exprimer la peine des autres ; mais mesmes les extremitez de ses membres venans à ne recevoir plus de vie ny d'aliment, et se trouvans occupées d'humeurs vicieuses, commencerent à se despouiller et descharner ; de sorte que c'estoit un tres-piteux spectacle que de jetter la veue dessus, et qu'il n'y avoit ame si asseurée qui n'eust eu occasion de s'en effrayer et d'en trembler.

La sienne neantmoins entre tous ces tourmens ne faisoit aucune contenance de ceder à la rigueur de son mal ; au contraire, prenoit de jour en jour de nouvelles forces pour combattre contre sa douleur, non pas en touchant la terre à la façon d'Antée, mais en s'approchant du ciel, et le touchant avecques l'esperance et le desir. Tellement que combien qu'il se vist parmy les larmes de ses amis et de ses parens, qu'il fust comme aux accez et aux advenues de la mort, et que l'on apperçeust son visage tout en eau, et ses linceux tout mouillez et trempez de sueur, si est-ce qu'il composoit encore au fort de ce combat les plus beaux poëmes spirituels qu'il estoit possible, et les prononçoit avec une parole si ferme et asseurée, qu'il ne paroissoit pas que ce fust une voix mortelle qui parlast, mais quelque divinité qui se servist de sa bouche pour rendre ses oracles; tant il avoit un courage invincible, et une ame vrayement et essentiellement poëtique.

Car en somme, comme si ceste profession eust voulu prendre fin avec luy, il sembloit qu'elle faisoit lors ses derniers efforts, luy arrachant encore de l'esprit, au milieu de ces agonies, des vers si hardis et si animez, que c'est chose plus humaine de les admirer que de les imiter. Aussi certes pouvons-nous bien dire desormais, pour le moins de la poësie françoise, qu'elle a accomply son tour et sa revolution dans le cercle et dans le periode de sa vie. Il l'a veue en son orient, il l'a veue en son occident ; il l'a veue naistre, il l'a veue mourir avecques luy ; elle a eu un mesme berceau, elle aura une mesme sepulture!

Entre les œuvres donc qu'il tira de son esprit pendant qu'il fut à Croix-Val, sortirent des stances qu'il addressoit à un sien neveu, deplorant la misere de ceste vie, et l'admonestant de fuir les voluptez comme pestes de la jeunesse, qui n'apportoient autre chose que la perte de l'ame et la ruine du corps.

Aprés il desseigna et prononça luy-mesme son epitaphe, de la façon qu'il vouloit qu'il fust gravé sur son tombeau. Cela fait, il profera quelques sonnets en forme de plaintes sur la vehemence de sa douleur, contenans comme il se voyoit mourir partie aprés partie, devant ses propres yeux, et ne pouvoit jetter la veue sur aucun lieu de son corps sans horreur et compassion; mais que le secours du ciel estoit prochain, et qu'il esperoit n'avoir plus gueres de temps à souffrir de ceste sorte. Puis en dedia certains autres à Dieu, le priant d'avancer le terme de son salut. Qu'il avoit essayé tous les remedes des hommes, qu'il avoit espuisé tous les secrets de l'art et de la nature pour trouver moyen d'avoir quelque minute de repos; mais que ny le jus de pavot, ny les autres drogues des apothicaires ne luy servoient plus de rien; et partant qu'il l'adjuroit comme souverain medecin d'y vouloir mettre la main luy-mesme, et luy envoyer le sommeil ou la mort.

En fin aprés plusieurs tels combats de corps et d'esprit, se sentant pressé d'adjouster la catastrophe et le dernier acte à ceste tragedie, et en ayant eu non seulement des advertissemens naturels, mais mesmes des presages extraordinaires (comme il advient souvent à ces grands personnages avant leur deceds) soit que c'eust esté son ange qui luy fust apparu une des nuicts precedentes, ou bien quelque autre vision; il delibera d'entreprendre encore un voyage pour le dernier qu'il desiroit d'accomplir en ce monde, à sçavoir, de se faire transporter en un prieuré qu'il avoit prés de Tours, appellé Sainct Cosme.

Ce prieuré est situé en un lieu fort plaisant assis sur la riviere de Loire, accompagné de boccages, de prairies, et de tous les ornemens naturels qui embellissent la Touraine, de laquelle il est l'œil et les delices; ce qui le luy faisoit aimer par dessus ses autres maisons, comme estant la plus propre à entretenir ses Muses et recréer la beauté de son esprit, et d'ailleurs le premier bien ecclesiastique dont il avoit esté pourveu.

Ne conservant donc plus autre passion sinon de s'y voir transporter, à fin de jouir de ceste derniere felicité d'y mourir, et se persuadant que ses os y reposeroient plus doucement, il se fit mettre dans son chariot, tout perclus et estropié que je vous l'ay descrit; et s'estant ainsi acheminé malgré les injures de l'air, travailla tant de ceste premiere traitte, qu'il alla coucher environ à trois lieues de là, et l'autre lendemain d'aprés qui estoit un jour de dimanche, arriva finalement à S. Cosme sur les cinq heures du soir; depuis lequel temps jusques au jeudy suivant il ne luy survint aucun accident notable, sinon qu'il alloit affoiblissant de jour en jour.

Le jeudy comme sa chaleur naturelle commençoit à manquer tout à fait, et à n'estre plus suffisante pour entretenir le sentiment de ses douleurs, il tomba en un long assoupissement, auquel ayant demeuré jusques sur le soir, il commanda un peu aprés son réveil, qu'on prist la plume pour escrire ce qu'il dicteroit.

Puis recita deux sonnets, l'un addressé à son ame, où il l'excitoit de se disposer à ce bien-heureux depart, lequel il sentoit approcher, luy demandant ce qu'elle pensoit faire, si elle s'amusoit à dormir lors qu'il estoit question de songer à desloger; si elle vouloit demeurer engourdie en la masse de son corps; que la trompette avoit sonné, qu'il falloit serrer bagage; qu'il falloit suivre le chemin pavé de ronces et de chardons que Jesus-Christ avoit tracé pour la racheter, qu'il falloit prendre courage et n'abandonner point la carriere; que ceux qui mettoient la main à la charrue et regardoient derriere eux, qui commençoient la course et ne l'achevoient point, n'estoient pas dignes du loyer. Le second estoit une espece d'adieu à toutes les choses caduques et perissables, lesquelles il se voyoit prest d'abandonner, et une forme de remonstrance à soymesme, qu'il n'estoit plus temps de penser à la terre, que c'estoit fait, qu'il avoit devidé le fil de ses destinées, qu'il avoit espandu son nom et ses escrits par tout le monde; maintenant que sa plume s'envoloit au ciel pour y estre changée en quelque nouvel astre, et luy au dessus du ciel pour y estre transformé d'homme en ange, et faict de corporel incorporel auprés de Jesus-Christ.

Le vendredy, environ sur le midy, arriva le sieur Gallandius, qui avoit tousjours esté son intime et particulier amy, et qui certes luy conserve ceste mesme affection sacrée et inviolable aprés sa mort, rendant aujourd'huy à sa memoire par ces actions publiques et solemnelles, les honneurs et les offices dignes de l'amitié qu'il luy a portée pendant qu'il vivoit. Or apprehendoit-il, ayant sceu sa venue, de parler à luy et l'entretenir, encore que d'ailleurs il le desirast passionnément, de peur que sa presence ne luy attendrist le cœur et ne luy renouvelast par trop la memoire de leur ancienne familiarité. Pourtant quand il le vit entrer dedans sa chambre, il eut l'esprit saisy d'angoisse, jusques à se laisser tomber quelques larmes des yeux. Car ceste belle ame dont la trempe s'estoit tousjours monstrée si forte à tous les autres traits de sa douleur, ne se sceut tenir lors, qu'elle ne s'amollist à la souvenance de leur societé et privauté passée. Et comme il cognut qu'il se vouloit mettre en devoir de le consoler, mais que les pleurs et les souspirs luy empeschoient la parole, il prit le premier le propos et luy dit : Qu'il estoit bien-heureux de partir de ce siecle où il sembloit que tout alloit en confusion et en ruine. Que s'il y avoit quelque chose qui l'obligeast à desirer d'y demeurer plus long-temps, c'estoit l'affection qu'il portoit à ses amis, entre lesquels il tenoit le premier rang; mais qu'il se promettoit qu'ils ne seroient jamais esloignez l'un de l'autre, et que si leurs corps estoient separez, pour le moins leurs ames converseroient ensemble. Quant à luy, puis que c'estoit le plaisir de Dieu, il y obeïssoit volontiers, et qu'aussi bien ceste vie ne luy estoit plus qu'une mort continuelle; qu'il ressentoit que Dieu l'appelloit à une meilleure et plus asseurée, qu'il en avoit divers advis, non seulement par le manquement de sa chaleur naturelle qui defailloit tout à fait, mais aussi par des presages qui venoient de plus loin, et que quelques nuicts auparavant, comme tout le monde estoit sorty de sa chambre, il luy estoit apparu une grande lumiere, et là dessus luy recita ceste histoire dont mille personnes ont ouy parler. [1] Puis finalement avec des larmes de part et d'autre plus chaudes que devant, le pria qu'il le laissast et se retirast d'auprés de luy, tant pour n'augmenter point son affliction par la veue de la sienne, qu'aussi à fin qu'en mourant il ne luy restast point un object devant les yeux, qui luy fist avoir

---

1. Binet et Colletet ne disent rien de cette apparition.

regret de partir de ce monde et s'en aller à celuy où il estoit appellé.

Au mesme temps survindrent plusieurs notables habitans de la ville de Tours, qui l'avoient souvent visité depuis qu'il estoit arrivé à Sainct Cosme, et entendans qu'il n'y avoit plus d'esperance qu'il peust passer ce jour, s'estoient avancez de le venir voir de meilleure heure que les precedens. Un peu aprés donc qu'ils furent entrez, le sous-prieur de Sainct Cosme qui les avoit conduits, prit la parole et luy dit : Qu'il sembloit que Dieu les vouloit tant affliger que de le retirer d'avec eux; partant que ce seroit dignement fait à luy de s'y preparer pendant qu'il luy en restoit le loisir; qu'il avoit des affaires temporelles; qu'il croyoit qu'on luy avoit déja conseillé d'y donner ordre; qu'il avoit aussi des affaires spirituelles, qui estoit l'estat de son ame et le salut de sa conscience; qu'il estoit temps d'y vacquer et se resoudre de quelle façon il vouloit mourir.

A ces mots il s'aigrit, et luy demanda s'il ignoroit comme il vouloit mourir; puis repartit qu'il vouloit mourir comme estoient morts ses peres, c'est à dire, en la foy de l'Eglise catholique! Et lors commanda qu'on luy appellast tous ses religieux, et qu'il desiroit qu'ils fussent spectateurs du dernier acte de sa vie; ausquels quand ils furent assemblez il commença à faire ceste declaration : Qu'il recognoissoit qu'il avoit esté pecheur comme les autres hommes, voire beaucoup plus grand pecheur que la plus part des autres hommes; qu'il s'estoit laissé decevoir aux charmes de ses sens, et ne les avoit pas reprimez et chastiez comme il devoit. Cependant, qu'il avoit tousjours tenu la foy et la religion que ses ayeulx luy avoient laissée; qu'il avoit tousjours embrassé la creance et l'union de l'Eglise catholique; qu'il avoit mis un bon fondement, mais qu'il avoit basty dessus du foin, du bois et de la paille. Pour le regard du fondement qu'il avoit establÿ, il estoit tres-asseuré qu'il demeureroit; quant à ce qu'il avoit edifié dessus, il esperoit en la misericorde du Seigneur qu'il seroit consommé par le feu de sa charité et de son amour. Pourtant les prioit-il qu'ils creussent comme il avoit creu, mais ne vescussent pas comme il avoit vescu ; neantmoins qu'il n'avoit jamais entrepris ny sur la vie, ny sur les biens, ny sur l'honneur de personne ; mais que ce n'estoit pas dequoy se glorifier devant Dieu.

Puis s'appercevant qu'ils avoient le visage tout trempé, adjousta qu'ils ne pleurassent point de le voir en l'extremité où il estoit, mais plustost deplorassent leur condition de ce qu'ils avoient encore à languir si long-temps aprés luy. Que le monde estoit une perpetuelle agitation, une perpetuelle tourmente, un perpetuel naufrage ; que c'estoit une mer et une confusion de pechez, de larmes et de douleurs, et que le seul port de toutes ces infortunes et miseres c'estoit la mort. Pour luy, qu'il n'emportoit aucun desir ny aucun regret de la vie, qu'il en avoit essayé toutes les fausses et pretendues felicitez, qu'il n'y avoit rien oublié qui luy eust peu apporter la moindre ombre de contentement, mais qu'à la fin il avoit trouvé par tout l'oracle du sage : Vanité des vanitez ! Que de la plus belle et plus louable de toutes ces vanitez, qui estoit la gloire et la renommée, il avoit eu autant de sujet d'en estre rassasié que personne de son siecle ; qu'il en avoit jouy et triomphé par le passé ; maintenant qu'il la laissoit et resignoit à sa patrie, pour la recueillir et posseder aprés sa mort, et s'en alloit d'icy bas aussi content et assouvy de la gloire du monde, comme desireux et affamé de celle de Dieu.

Aprés avoir prononcé ces choses et plusieurs autres, avec la mesme constance que s'il eust esté en un corps emprunté, il commanda (sur les trois ou quatre heures) qu'on luy apportast les Sacremens requis en telles extremitez, lesquels ayant sainctement et devotement receus, et ayant dit les dernieres paroles, il se tourna vers la paroy pour reposer.

Cependant toute l'assistance estoit en pleurs et en larmes, qui regrettoit le malheur commun, et se plaignoit de ceste separation comme d'une tyrannie de la destinée, s'efforçant de retenir et conjurer ce divin esprit, ny plus ny moins que s'ils l'eussent peu arrester avec leurs mains et leurs prieres.

Les anges d'autre costé assistoient invisiblement à son dernier combat, et attendoient le partement de ceste belle ame, pour l'accompagner en son voyage, veillans à l'entour d'elle tandis qu'elle reposoit.

Environ donc une heure aprés, il sortit de ce sommeil, ou plustost de cest assoupissement; mais comme il se sentit esveillé, il recognut que son discours commençoit à se troubler, et apprehenda que les assistans n'y remarquassent de l'alteration, et qu'il luy arrivast de leur dire quelque chose mal à propos. Pour à quoy remedier il appella sa garde, et luy commanda qu'elle prist garde à luy, et que quand il commenceroit à resver elle le poussast, et l'en advertist; ayant encore ce beau soin au dernier acte de sa vie, de ne vouloir pas qu'il luy eschappast aucune parole indigne de l'esprit et de la bouche du grand Ronsard.

Et cela fait, inclina de rechef la teste sur le chevet de son lict pour reposer, comme il avoit fait un peu auparavant.

Helas! à la mienne volonté que je peusse mettre icy fin à mes paroles, et que je ne fusse point obligé de poursuivre ceste oraison, et la continuer plus avant!

Car qui est-ce qui donnera de l'eau à mon chef, comme dit le prophete, et qui est-ce qui donnera des fontaines de larmes à mes yeux? Qui est-ce qui me convertira tout en voix et en langues, pour aller publier ces tristes nouvelles, pour aller annoncer que le grand Pan est mort, pour aller exciter des gemissemens et des lamentations par toute la France?

C'est maintenant que les Oracles sont cessez; c'est maintenant que la poësie est esteinte et abolie! c'est maintenant que les Muses sont delaissées et abandonnées ! Pauvre nation françoise, qui avois nagueres tant dequoy triompher par dessus les autres provinces, où s'en est fuye ta gloire et ta splendeur? et qu'est devenu ton lustre et ton ornement? Faudra-il cy-aprés, quand tu te voudras comparer avec les peuples estranges, que tu sois contrainte de retourner aux sepulchres et aux monumens, et d'avoir recours à la memoire des choses passées? Pauvre province affligée, pleure cet accident avec tes autres calamitez, et ne le pleure pas simplement pour l'interest d'une perte si deplorable, mais encore à cause des mauvais augures et presages que le deceds de ces grands hommes tire ordinairement aprés soy aux Estats et aux Republiques où ils ont vescu !

Et vous qui estes icy presens et assistez à ce saint et devot office, qui estes une bonne et grande partie des ornemens et de la lumiere de ce Royaume, et qui devez estre plus sensibles aux mal-heurs du public que le simple peuple et les ames basses et vulgaires ! laissez-vous toucher à la passion, conjoignez vos plaintes avec celles des Muses et avec les nostres, et monstrez que vous avez plus perdu à la mort du grand Ronsard que personne du monde, vous de qui les vies meritent le prix et la couronne de l'immortalité !

Mais que dy-je, à la mort du grand Ronsard? Non ! non, Messieurs ! resserrez vos souspirs et vos larmes ! Ronsard n'estoit point mortel, il n'estoit point subjet à la mort ! c'est offenser le rang et le merite de sa condition, que de le plaindre et regretter en ceste qualité; c'est faire tort à la force et à la grandeur de son courage, que de le pleurer et lamenter ainsi effeminément ! Il nous a laissé une si digne et excellente partie de luy-mesme, il nous a laissé une telle provision de ses labeurs et de ses ouvrages, il nous a laissé de si vives et perdurables reliques de son esprit, que non-seulement elles suffisent pour l'exempter de la destinée des choses mortelles, et faire que ce noble genie qui ne respiroit qu'eternité et immortalité, soit perpetuellement et eternellement present avec nous; mais encore pour luy exciter des imitateurs et des successeurs.

Il vivra, il sera leu, il fleurira, il se conservera dans la pensée et dans la souvenance des hommes, tant qu'il y aura quelques enseignes et quelques marques de l'empire des François, tant que la langue françoise aura quelque cours et quelque son parmy les nations estrangeres, tant que les lettres seront en estime et en reverence; et bref, tant qu'il y aura des hommes qui voudront jetter les yeux sur les actes de leurs devanciers. Il ne craindra aucune suitte de temps ny aucune antiquité, il frequentera spirituellement et invisiblement avec nous, et plus il ira en avant et plus il verra croistre et augmenter sa renommée; et au lieu que n'agueres elle excedoit toutes celles de son siecle, maintenant qu'il est decedé, il la verra s'exceder et surpasser elle-mesme; ny plus ny moins que les phioles pleines de parfums et de senteurs, lesquelles venant à se casser, espandent leur odeur encore beaucoup plus loin qu'elles ne faisoient auparavant.

Car quant à ce voile terrestre qu'il a abandonné, quant à ces os et à ces muscles qu'il a despouillez, qui ne luy appartenoient non plus que les habits dont il estoit enveloppé, et n'estoient non plus parties de luy que le monument dans lequel ils sont enclos et ensevelis; outre ce que c'est sacrilege de se plaindre de l'ordonnance divine, et que les larmes qui accusent le jugement de Dieu sont coulpables de blaspheme et d'impieté; encore semble-il que c'est luy vouloir mal que d'avoir regret qu'il soit delivré de la charge et des incommoditez que ceste prison caduque et mortelle luy apportoit; qu'il soit hors des douleurs dont il estoit detenu; qu'il ait changé sa condition servile et pleine de captivité, à la franchise et à la liberté des anges; et que ce clair esprit, depestré des empeschemens du corps et de l'épesseur de la matiere qui ne servoient sinon de troubler la lumière de ses conceptions, soit desormais uny immediatement avec Dieu; et, tout nu et descouvert, contemple aussi nuement et à descouvert ceste supresme essence, qui est la mesme pureté et la mesme simplicité !

Il ne void plus maintenant l'ombre et la figure des choses intelligibles, mais en considere le vray original et le vray exemplaire. Il ne void plus Dieu en enigme et par reflexion, mais l'observe face à face, jouit de la privauté et de la familiarité que les anges ont avec luy ; et, en ceste souveraine cause des causes, en ce miroir universel, en ceste glace polie et resplendissante, recognoist les idées et les formes de toutes choses ! Il regarde tourner sous luy le soleil, la lune et les estoiles. Il apperçoit mouvoir sous ses pieds les nues, les vents et les tempestes. Il jette les yeux sur le globe de la mer et de la terre, franc d'interest et de passion, et constitué en un port duquel se descouvrent, sans trouble et sans peril, toutes sortes de tourmentes et de naufrages.

Là où il est eslevé, ne penetre aucune douleur ny aucune tristesse. Là ne s'esprouve sinon un perpetuel excez de joye et de felicité. Là ne s'entendent que chants d'alegresse et de ravissement. Là il compose et consacre luy-mesme des hymnes à la louange du Souverain, meslant sa voix parmy ceux qui l'appellent incessamment Sainct, Sainct, Sainct, Dieu des armées ! et attendant, en gloire et en triomphe, la reunion de ce corps vil et contemptible, qui est maintenant reclus et relegué dans un tombeau, mais pour en sortir quelque jour plus auguste et plus florissant qu'il ne fut jamais, et dont la poudre et les cendres sont des arrhes et des semences de l'immortalité !

Que je l'estime heureux, Messieurs, de s'estre retiré de ce monde au temps que toutes choses l'obligeoient de l'avoir en horreur ; que non seulement les maladies qui le tourmentoient, mais aussi celles dont toute la République des François estoit travaillée, ne luy pouvoient faire desirer autre chose que la mort ! Certainement quand je considere en quelle saison il est sorty de ceste vie, en quelle disposition estoient les affaires de ce miserable royaume à l'heure qu'il nous a laissez, et comme il est mort en un temps qu'il estoit beaucoup plus facile de deplorer l'estat de sa patrie que de la secourir, je ne puis attribuer son trespas sinon à une faveur du ciel, et me semble qu'estant decedé si à propos pour luy, nous devons plustost dire que Dieu luy a donné la mort, que non pas prononcer qu'il luy a osté la vie. Il n'a point veu de ses yeux charnels et passibles les guerres civiles et domestiques allumées en ce royaume pour la neufiesme fois, et tout ce lamentable estat achevé de ruiner par les pretextes et contentions de la religion. Il n'a point veu la cinquiesme inondation des Reistres et autres estrangers en sa province. Il n'a point veu la dissipation des lettres et des Universitez. Il n'a point veu l'Eglise, pour la defense de laquelle il a autresfois si heureusement combatu, plus cruellement menacée, si Dieu n'envoye quelque remede inesperé à nos malheurs, que jamais. Et en somme il n'a point esté contraint de polluer son regard du sac et des funerailles de sa patrie, et de craindre non seulement la domination des meschans, mais mesme d'apprehender l'avantage et la victoire des bons, pour la perte d'une infinité de gens de bien qui y est inevitablement conjoincte.

Là où nous, pauvres infortunez qui sommes enclos dans des vaisseaux de fange et de boue, qui sommes logez dans des maisons de terre et de pourriture, qui n'avons qu'une ombre de lumiere et d'intelligence, et dont l'ame est comme morte et ensevelie dans ces sepulcres mobiles que nous portons continuellement avec nous; combien cherement achetons-nous non pas ceste vie, mais ces reliques de vie qui nous restent encores à achever aprés luy, les reservans au spectacle de tant de piteuses et cruelles tragedies? Ne seroit-il pas bien plus desirable, puis que nous devons tous parvenir à un mesme but, d'y arriver des premiers, sans demeurer si long-temps spectateurs de nos miseres, et de celles d'autruy, et accroistre nostre infelicité, par le prolongement de nostre vie? Car qu'est-ce que nous emportons autre chose du peu de temps que nous avons à vivre d'avantage, sinon qu'en partie nous voyons plus de mal, en partie nous l'endurons, en partie nous l'executons? Et puis finalement nous payons le tribut commun et necessaire à la nature; nous suivons les uns, nous precedons les autres; nous deplorons les uns, nous sommes regrettez des autres : et ce mesme office de larmes que nous rendons aux uns, nous l'attendons et le recevons des autres.

Telle est la condition des hommes, dont la vie est comme l'eau qui est espandue sur la terre, et n'est plus ramassée : telle est la loy de Nature, que quand nous ne sommes point, nous naissons, et quand nous sommes naiz, de rechef nous sommes dissous. L'homme est une fueille d'automne preste à choir au premier vent, une fleur d'une matinée, une ampoulle qui s'enfle et s'esleve sur l'eau, une petite estincelle de flamme dans le cœur, et un peu de fumée dans les narines. L'homme est un phantosme qu'on ne peut retenir, une ombre d'un songe d'une nuict, un exemple de misere et d'imbecillité, un jouet de fortune et de nature, et tout le reste, phlegme et colere! L'homme, dit le Prophete, est foin, et ses jours fleurissent comme la fleur de l'herbe qui croist parmy les champs!

Pourtant vaudroit-il beaucoup mieux, Messieurs, mesnager nos larmes et les reserver et espargner pour nous-mesmes, que de les espuiser et consumer à deplorer la mort de ce grand personnage que nous celebrons, veu qu'aussi bien luy sont-elles inutiles et superflues. Car ce que nous pouvons faire pour luy maintenant qu'il est eschappé de ceste vallée de pleurs et de miseres, ce n'est plus de le plaindre et de le lamenter. Les larmes qui arrousent sa sepulture ne coulent pas pour son interest, mais pour le nostre. Et encore que ce soient d'honnestes tesmoignages de nostre affection et de nostre recognoissance, si est-ce qu'elles doivent avoir leur reigle et leur mesure aussi bien que toutes autres choses. Le seul office que nous luy pouvons rendre desormais selon les hommes, c'est de cherir et d'estimer sa memoire, c'est de la cultiver et celebrer entre nous, c'est d'en parler le plus souvent et le plus honorablement qu'il nous sera possible. Et pour le regard de Dieu, d'autant qu'il ne nous apparoist point que ce bel esprit soit encore parfaictement purgé des reliques des pechez qu'il a commis estant en ce monde (combien qu'il nous soit permis d'esperer en la meilleure part), ce que nous pouvons adjouster en sa faveur, c'est de luy contribuer nos vœux et nos prieres, pour ayder à l'acquitter de ce qu'il doit d'amendes et satisfactions temporelles. Or cela c'est chose qui n'a point besoin de vous estre recommandée, tant à cause que la charité chrestienne vous y oblige assez, que pour ce que l'affection particuliere que vous portez à sa memoire, ne vous permet pas d'estre negligens en ce qui luy peut obtenir du secours et de l'allegement.

Tu as donc icy maintenant, ô grand Ronsard! ces derniers devoirs et ces honneurs funebres, qui te sont offerts de la part d'une ame pleine de passion et de pieté en ton endroit. Tu as icy maintenant les essais et les premices de mon eloquence, si l'on peut appeller eloquence des paroles et des plaintes proferées par la douleur, lesquelles en somme quelles qu'elles soient, te sont dediées et consacrées. Tu as icy sans doute l'ornement de tous les ornemens, qui te doit estre le plus agreable, non pas des effusions d'onguens et de parfums, dont l'odeur eust esté ensevelie avec toy dans le mesme tombeau, et fust perie dés le premier jour de ta sepulture; non pas des œillets et des roses qui se fussent fanies aussi tost qu'elles eussent esté espanchées sur ton cercueil. Le present que je te fay c'est ceste funebre et devote oraison, laquelle parviendra jusques aux siecles d'aprés nous, et ne permettra point que tu sois entierement esloigné de ceux qui la liront ; mais remettra tousjours devant les yeux de la posterité l'image et l'effigie de ton ame, depeinte et representée au vif ainsi que dans un tableau.

Que si tu ressens encore (comme sans doute tu ressens) quelque chose de ces offices d'humanité, et si Dieu concede tant de grace et d'indulgence aux âmes des bien-heureux, que de leur permettre de gouster encore quelque plaisir en ces honneurs qui leur sont decernez par les hommes ; monstre-nous que tu es esmeu et touché de nostre pieté ; assiste toy-mesme et sois present invisiblement aux ceremonies qui s'accomplissent icy bas en ton honneur ; jette les yeux sur ces solemnitez qui se celebrent pour glorifier ta memoire ; reçoy ces vœux et ces mysteres en bonne part, et les favorise d'un doux rayon de tes yeux, et d'un gracieux aspect de ta veue.

Nous ne t'instituons point des offrandes et des sacrifices à la façon des payens ; nous te presentons ce que la pureté et la simplicité de nostre religion nous permet. Nous n'immolons point des animaux sur ton tombeau, ny ne respandons point du laict et du sang dessus ta sepulture ; nous ne te faisons point toutes ces offertes et ces effusions mortuaires ; mais nous nous immolons nous-mesmes par la violence de nostre douleur, comme autant d'hosties et de victimes sacrifiées à ton Genie ; nous luy offrons et luy respandons nos pleurs et nos larmes, qui sont le sang des plaies et des blesseures de nostre âme. Ce sont là les honneurs funebres que nous deferons à ta memoire. Nous ne t'edifions point des temples et des lieux sacrez, estans asseurez que tu t'en es basty un dedans tes œuvres qui sera plus glorieux et plus durable que toutes les masses de pierre et tous les ouvrages d'architecture. Nous ne t'eslevons point des tombeaux et des sepultures magnifiques, estimant que le plus digne monument que l'on te puisse consacrer aprés ta mort, c'est la douleur et la lamentation publique. Nous ne te dressons point des statues, des colomnes, des arcs triomphaux ; car toy-mesme t'es erigé des images, des effigies et des statues par tout le monde ; non pas des images muettes et inanimées, non pas des statues caduques et perissables, et qui tombent d'elles mesmes dés le propre jour que meurent les personnes à qui elles sont dediées, comme celle de Hieron, roy de Syracuse, mais des images respirantes et cognoissantes, et des statues eternelles et perdurables.

Car autant qu'il y a d'ames en ceste illustre assemblée qui assistent à tes obseques et à tes funerailles, et autant qu'il y en a par toutes les provinces et par toutes les regions de la terre, et autant qu'il y en aura à l'advenir par tous les aages et par tous les siecles de la posterité, autant tu auras de statues vivantes et d'effigies parlantes, qui publieront eternellement ta gloire et ta renommée, jusques à ce qu'un jour nous n'aurons plus besoin d'objets externes pour renouveller les impressions que nous conservons de toy en nostre memoire, estans si heureux que de te voir en presence et converser avec toy face à face.

Helas ! nous le desirons assez, ô belle lumiere de la France, et ne trouvons rien tant à dire en nos miseres que d'estre privez de la consolation de jouir de ta veue et de ton entretien, comme nous faisions auparavant ! Mais ce bon-heur n'est plus en nostre puissance pendant que nous sommes encore en ce monde, et n'est plus en la puissance de nos yeux, qui sont mortels et corruptibles, de supporter la splendeur de ta face qui est claire et resplendissante comme le soleil. Il ne nous est pas possible de regarder ceste source de rayons de laquelle tu es enceint et environné, et dont nous ne recevons icy bas qu'un bien petit esclair, encore à travers une infinité d'ombres et de nuages, jusques à ce que nous ayons dépouillé ce voile materiel qui nous tient enveloppez, pour pouvoir entrer dignement dedans le sanctuaire et voir les merveilles qui sont reservées aux yeux des bien-heureux ; jusques à ce que nous ayons deschaussé (si j'ose dire ainsi) les souliers de nostre ame, c'est à dire, que nous ayons deslié ce qui la tient attachée avec les choses inférieures et corporelles, à fin qu'elle puisse marcher à pied nud sur la terre saincte, et qu'elle puisse deviser de prés avec Dieu en la montaigne.

Il faut donc que nous attendions la voix de l'archange, le son de la trompette, la transformation du ciel, le changement de la terre, la dissolution et liberté des elemens, le renouvellement et la reformation du monde. Et ce sera alors que nous verrons ce grand et illustre Ronsard ; et nous ne le verrons plus errant et vagabond sur la terre; nous ne le verrons plus porté et accompagné au sepulchre avec une longue suitte de torches et une grande quantité de dueil ; nous ne le verrons plus esmouvant le monde aux regrets et aux lamentations, comme il fait maintenant ; mais nous le verrons luisant et resplendissant, tout couronné de gloire et de lumiere, et tout environné des rayons de la divinité, de la mesme façon, ô belle et glorieuse face! que tu m'apparois en songe toutes les nuits, ou soit que l'estre de la chose, ou soit que la force de ma passion te represente ainsi à mon esprit.

Cependant nous te saluerons pour donner congé à tes os et à tes cendres, et avec ceste salutation te dirons Adieu! requerans que la terre soit molle et legere à ton corps, que les fleurs naissent en tout temps sur ta tombe et sur ta sepulture, et que ton âme, si quelque chose la retarde encore, vole promptement là haut au sejour des bien-heureux, pour nous attendre en repos, et rendre cest office mutuel et reciproque de prieres, à ceux qui s'en acquittent dignement en ton endroit.

Repose donc maintenant en paix, ô grand ornement des Muses et de la France! Et vous qui estes icy presens, qui avez eu ceste bonne rencontre d'assister aux obseques du grand Ronsard, et qui avez eu la patience d'ouir ceste plaintive et funebre oraison, pour l'honneur que vous portez à sa memoire, retournez-vous-en de ce dernier acte bien contens et satisfaits en vous mesmes du temps que vous avez employé à une œuvre si pleine de pieté et de devotion ; vous promettans que le bonheur que vous avez eu de vous trouver à ces funerailles, destournera toute l'infortune et toute la malencontre qui pourra jamais tomber sur vous et sur les vostres. Et quand vous serez arrivez en vos maisons, annoncez à vos enfans, et que vos enfans racontent à leurs enfans, que vous estiez naiz sous si bons et si heureux auspices, que d'avoir aujourd'huy aidé à inhumer et ensepulturer le plus grand poëte qui ait jamais esté entre les François ; à fin que cela vous soit comme une benediction hereditaire et perpetuelle, qui passe de generation en generation jusques à vos nepveux, et aux nepveux de vos nepveux, et à toute vostre posterité.

PERROT,

ECLOGUE MESLÉE DE CLAUDE BINET

SUR LE TRESPAS DE

PIERRE DE RONSARD,
Gentilhomme Vendomois.

A MONSEIGNEUR
LE DUC DE JOYEUSE,
Admiral de France.

ENTRE-PARLEURS :

THOINET *Berger*, PHILIN *Chasseur*, CLAUDIN *Pescheur*.

De fortune un matin, le long du bord où Seine
Son canal my-party en un seul cours rameine,
Un Berger, un Chasseur, et un Pescheur amis,
Pour se garrer d'orage à l'abri s'estoient mis
Dans l'antre somptueux que la mere Cybele
Pour festoyer les Dieux, sa semence immortelle,
Orna de ses presens. Là j'entendis leur vois
Et le nom de Perrot, l'Apollon des François,
Que j'engravay deslors sur l'escorce d'un arbre
Pour durer à jamais plus dur que sur le marbre,

Eclogue

Anne, avec ton beau nom, nom de Diane appris,
Pour l'apprendre à son frere, à fin qu'au grand pourpris
Qu'il dore de ses rais, sur la terre il l'espande,
Qui aux questes d'honneur pour toy n'est assez grande,
Mesme en l'air jusqu'au ciel où volent tes oyseaux,
Et où tu es tant craint sur les marines eaux.

  Donne, grand Admiral, congé à mon navire
De demarer du port, et au lieu d'un Zephyre,
Enfle de ta faveur ma voile et mon desir ;
Car je veux dessus toy nouveaux cieux découvrir,
Marquer nouvelles mers, et que par toy l'on sçache
Ce que l'art et le sort et nature nous cache,
Si que tant de vertus qui te font renommer,
N'aient borne seulement de la prochaine mer.

  Cependant échangeant ton beau nom en tristesse,
En cyprés les lauriers qui couronnent ta tresse,
Entens pour ton Perrot ces regrets et sanglots
Qui sont mesme entendus des poissons et des flots
Que ton seul nom accoise, et qui à ta venue
Applanissent le dos de la tourmente émeue,
Comme on void au printemps les vagues s'appaiser
Quand Nerée adoucit sa Doris d'un baiser.

CLAUDIN.

  Non, ce n'est point en vain qu'un si cruel orage
Menace à despourveu ma vie du naufrage,
Qui brisant mon esquif flots sur flots assemblant,
L'aise de mon repos si soudain va troublant ;
Ou soit que Jupiter plus benin admoneste
Que tousjours il nous faut redouter la tempeste
Qu'il pend dessus nos chefs, ou qu'il vueille annoncer
Quelque mal-heur plus grand qu'il va sur nous lancer ;
Nostre offense tousjours sa colere devance,
Mais la punition suit de bien prés l'offense.

  A peine estoit-il jour, et la lune qui luit
Encor pouvoit marquer les ombres de la nuit,
Quand voyant le serein de l'aube safranée,

Se mirant peu à peu dans la rive eslongnée
De Seine, au calme lit, promesse d'un beau jour,
J'entre dans ma nacelle et mets tout à l'entour
Mes avirons, ma truble, et la gaule crochue
Pour attirer du fond mainte nasse tendue
Au detroit des javeaux. Je me desfais du bord,
Je commence à gascher, quand (ô mal-heureux sort)
Je voy dessus mon chef la douteuse mouëtte,
D'un orage avenir la sinistre profette,
De hauts cris agaçant les funestes corbeaux,
Qui s'assemblent au bruit pour ravir sur les eaux
Des carnages flotans; d'autre costé j'avise
Un long rang de canards, qui sur leur plume grise,
Ayant fait parler l'eau de leurs cous allongez,
Parmy les foulques noirs au fond se sont plongez.
   Lors tout à coup sur moy la fureur survenue
D'un tourbillon venteux, fend l'espais d'une nue
Qui s'endurcit en gresle, et fait en mille bonds
Jaillir les flots émeus et le fond des sablons.
   Las, c'estoit fait de moy, ma mort estoit prochaine,
Je voyois mon tombeau dans le creux de la Seine,
Quand de cœur et de bras je commence à nager,
Prenant tant plus d'espoir que grand est le danger.
J'ay regagné le bord, j'ay fermé ma nacelle,
Et les Dieux qui sauveurs m'ont mis en leur tutelle,
Avec toy, mon Thoinet et toy Philin aussi,
Dans cet antre à l'abry me font trouver icy,
Pour passer sans danger la tempeste orageuse.
Souvent vient d'un mal-heur une rencontre heureuse.

THOINET.

   Ha, tu n'es point tout seul, qui as senti les coups
Du mal-heur, mon Claudin! Plus heureux serions-nous
Si la peste d'autonne, ou l'hyvernal orage,
Si le ciel qui tousjours pleure nostre dommage,
Comme on a veu fanir l'herbe espoir du printemps,
Eussent aussi fani le reste de nos ans;

Las! nous ne verrions plus aux herbes innocentes
L'amas entortillé des couleuvres sifflantes;
Nous n'oirions plus parler de sorts ny de guenauds,
Ny de nourrir chez soy les venimeux crapauds,
De planter l'aconit, ny de l'experience
De rauder par les bois pour cueillir la semence
De la crespe fougere, et le soldat sans foy,
Plus cruel que n'est pas l'orage que je voy,
Plus hideux, plus mortel qu'une pesteuse rage,
De mes troupeaux emblez n'enfleroit son bagage.

Mais pourquoy cerchons-nous la cause dans les cieux,
Des mal-heurs survenus, qui est devant nos yeux?
Puis que Perrot n'est plus, qui de ceste tourmente
Mourant est le subjet, ou la cause apparente;
Perrot ce grand Berger qui aux champs Vendomois
Premier joignit la fleute avecques le haut-bois?
Qui sceut nos maux predire, et pour s'en voir delivre,
A ceux qu'il prevoyoit n'a point voulu survivre?
Tu le sçais, mon Claudin, tu le sçais bien aussi,
Philin amy des bois, des Muses le soucy.

PHILIN.

Je le sçay; les taillis, les forests écartées,
Et Dictynne et ses Sœurs ores déconfortées
Le sçavent bien aussi, et depuis qu'il laissa
Nos bois, aucun chasseur de bon temps ne chassa.
Les chesnes herissez, au lieu d'un doux Zephyre,
Aux bourrasses du nord n'ont point cessé de bruire.

CLAUDIN.

Qui ne le pleureroit? qui pourroit s'empescher
De regretter Perrot, s'il n'estoit un rocher?
Veu que ce rocher mesme où la vague bruyante
Revomit son courroux, escumeux en lamante?

Or pendant que le ciel s'accorde à nostre dueil,
Compagnons, imitons l'honneur de son cercueil

Sur ces gazons herbus. Or sus, Thoinet, commence :
Les regrets d'un amy portent leur recompense.

THOINET.

Mais qui soudainement t'a ravy de nos yeux,
Seul honneur des Bergers! est-ce quelqu'un des Dieux
Qui tout seul veut jouir de la douce harmonie
Qu'animoit en nos champs l'air de ta chalemie,
Par toy seul embouchée aux rives de ton Loir!
Lors que sur tous Bergers tu te faisois valoir,
Ore emportant du jeu et l'honneur et le gage,
Ore charmant l'ardeur de l'amoureuse rage,
Epris d'un feu divin d'une rare beauté
Qui le beau nom d'aimer armoit de cruauté?
Quoy, ne verray-je plus sous la courtine espesse
Des hauts pins de Bourgueil, aux jours chommez, la presse
Des Bergers trepigner, au son obeissans,
Et mesurans leurs pas aux nombres de tes chants?
N'irons-nous plus nous deux, és saisons plus halées,
Compagnons de fortune, aux profondes vallées
Chercher le frais repos à l'ombre des ormeaux,
Tandis que ferions paistre à couvert nos troupeaux?
Ou voir dans le secret d'un bois plus solitaire
Au chant de tes pipeaux les Rossignols se taire,
Apprendre tes chansons, appellans avecq' eux
Les Nymphes pour tesmoins, hostesses de ces lieux ;
Faisant honte à Tityre, et à sa cornemuse
Qui sonne encor aux bords des champs de Syracuse?
Verrons-nous avec toy tous ces plaisirs finir?
O que de dueil apporte un plaisant souvenir!
Que feray-je chetif? par ton absence dure
Je devien languissant et de morne nature ;
Ainsi qu'on void languir ce mouton descharné,
Depuis que son pareil fut par force emmené
Du soldat impiteux, tousjours, tousjours dés l'heure
La maigreur, la langueur, en luy fit sa demeure.
Il n'a peu profiter ; aussi tousjours depuis

J'ay creu qu'il presageoit ta mort et mes ennuis,
Et ores qu'en ta mort la bergerie est morte,
Apollon et ses Sœurs te regrettent, de sorte
Que les ayant toy seul en nos monts fait venir,
Maintenant par ta mort tu les en fais bannir,
Emportant avec toy l'honneur de nostre France,
Et du germe d'honneur la future esperance.
  Encor ay-je grand' peur, Perrot, par ton trespas
Que la terre noyée en pleurs ne vueille pas
Ouvrir son sein fecond, refusant pour ta perte
A l'herbe de ces prez la rejetture verte,
La séve aux arbrisseaux, si ce n'est pour nourrir
Ce qui fait en broutant tous nos troupeaux mourir,
Le tu'-chien, l'aconit escume de Cerbere,
L'espongeux champignon, ou la ciguë amere.

CLAUDIN.

  Si tost que sur ce bord arriva Gallantin,
La moitié de Perrot, nous contant quel destin
Avoit tranché ses jours, vous eussiez veu sur l'onde
Mainte vague rouler tristement vagabonde ;
Les rochers animez du regret de Perrot
Refuser en muglant le lavage du flot,
Flot qui refuse aussi, et de roide secousse
Les flettes des pescheurs à la rive repousse.
  Le Loir (nous contoit-il) oyant un tel malheur,
De clair louche devint, et se fondit en pleur,
Et son eau cy-devant, pour l'oüir, coustumiere
De refraindre son flot, voulant se rendre amere
Pour plus amerement son nourriçon pleurer,
S'enfuit d'un roide cours aux bouches de la mer.
La mer mesme en gemit, et pour Perrot s'est veue
Effroyable à nos yeux, blanchir sa robe bleue
De flots entrechoquez, qui vont mourir au bort,
Meslez d'escume espaisse, et de maint poisson mort,
Ruant au ciel ses flots, montaignes de Neptune,
Et ses propres enfans menaçant de fortune.

Le dauphin amoureux de la lyre au doux son,
Qui tant de fois ouït la divine chanson
De Perrot le pescheur, lors que la mer tranquille
Pouvoit porter Cypris dans sa creuse coquille
Aux rives d'Amathonte, ou quand les alcyons
Pendoient aux flots leur nid tissu de petits jons ;
Las, ce pauvre dauphin n'agueres roy de l'onde,
Qui recourbé sautoit, rouoit, faisoit la ronde
Dans le paisible gué du rivage Ollonois,
Ores mort de regret au bord sur le gravois,
Glaireux, tout eslancé, va renversant l'eschine,
Et se meut seulement au heurt de la marine.
 Et si verriez encor sur le prochain escueil
Les martinez d'azur, accompagnans le dueil
Des Neréides sœurs, qui toutes face blesme
Perrot et le dauphin pleurent d'une voix mesme.
Mais quoy ? que puis-je faire autre chose sinon
Que d'apprendre à toute heure à ces rives son nom,
Qui le diront aux eaux, et les eaux qui vont rendre
Leur tribut à la mer, qui luy sçauront apprendre,
Et la mer à la terre, où ses flancs escartez
Des pilotes François ne sont encor hantez ?
Mais luy-mesme suffit ; assez, assez sa gloire
Est engravée au front des levées de Loire ;
Assez, Perrot, assez tu t'es fait renommer
Aux abors plus lointains des dunes de la mer.
 Neptune en sa memoire a dedié un antre
Au milieu de ses flots à l'honneur de son chantre ;
L'antre tout à l'entour de mousse est tapissé,
Où le limas pourpré maintefois a passé,
Y laissant par dessus une trace vermeille,
Au corail qui se branche en ce rocher pareille ;
Mainte conque d'argent engagée aux sablons
Decele s'entr'ouvrant des perles les fruicts blonds.
 Là Neptune et Nerée, et la troupe marine
Des Tritons tous les ans de leur creuse buccine
Font honneur à Perrot ; les Nymphes d'alentour,
Les filles d'Achelois y viennent à leur tour

Au seul nom de Perrot, et à leur voix diserte
Attirent Proté mesme, et Glauque, et Melicerte;
Perrot, rien que Perrot ne respondent les flots,
Et de ce nom les vents vont emplumant leur dos.
 Mais or' que le Destin, plus sourd à ma priere
Que les rocs Capharez, plonge dans la riviere
Des oublis eternels, Perrot mon cher soucy,
Que deviendray-je, ô Dieux! Las que feray-je icy
Seulet sur ceste rive? Ah! il faut que je laisse
Les mestiers qu'il m'apprit, deduit de ma jeunesse,
La pesche industrieuse; il faut qu'avecque luy
Je me laisse moy-mesme angoisseux plein d'ennuy.
 Desormais sans Perrot je fuiray la riviere,
Mes perchots pourriront dedans l'isle Louviere,
Mes nasses d'osier franc, ma saene et mes vervains,
Qui sans luy ne seroient qu'un faix entre mes mains.
Sans luy ne me plaist plus de pescher à la ligne,
Ny le liege guetter qui d'enlever fait signe,
Ny avec l'aligeoir, ou la ligne de fonds,
Accrocher les petits ou les plus grands poissons;
Perrot a quant et soy tiré toute ma joye,
Il est mon hameçon, et moy je suis sa proye;
Car c'est luy qui premier m'apprit à fredonner
De la conque aux replis, fascheux à entonner,
Qu'un jour il me donna, me disant : « Je te donne
Ce present, mon Claudin; jamais autre personne
Ne l'emboucha que moy. Les peuples escaillez
Quelque jour à ton chant se rendront oreillez. »
 Ainsi disoit Perrot, mais je laisse pendue
A un croc araigneux ceste trompe tortue,
Et mes lignes depuis; aussi depuis sa mort
Je n'eusse rien pesché ny au fil ny au bort.
Car la carpe au plus creux des molanges serrée,
Quittant le cours de l'eau vive s'est enterrée,
Et le barbeau nourry dans le courant pierreux
Se laisse avec les eaux emporter langoureux.
De tristesse je meurs! Mais, Philin, je te prie,
Pendant que le loisir, et le temps nous convie

D'adoucir la rigueur de nos maux par ta voix,
Tire-nous hors de l'eau, et nous meine en tes bois.

PHILIN.

Tous nos bois sont remplis de dueil et de tristesse,
Il ne faut point chercher dessous leur cime espesse
Couverture à nos maux, Perrot en est sorty ;
Le beau chef des forests depuis s'est amorty.
Il ne faut plus chercher sur la source d'Heleine
Le divin rossignol, boccagere Sereine ;
Car ayant entendu le destin de Perrot,
Bien loin il s'est caché pour ne plus dire mot ;
Trop bien le chahuant, et la mortelle orfraye,
Qui des vieillards craintifs les longues nuits effraye ;
Bien les chauve-souris au voler tremblottant,
Seuls, les autres oyseaux iront espouvantant.
Et n'estoit pour avoir de Perrot souvenance,
Moy-mesme loing des bois ferois ma demeurance ;
Car ayant ce matin prins mon limier Travail,
Au lieu de rencontrer sur le frais de l'égail
Du cerf ou du chevreuil, il n'assent que les fientes
De loups ou de renards, ou de bestes puantes.
Mais Perrot qui aymoit le desert des forests,
Y ayant consacré pour despouille ses rets,
Et au front de maint arbre au destour de Gastine
Ayant gravé les tons de sa Muse divine,
Lors que las de chasser, de Phœbus compagnon,
Il rend en nos forests immortel son beau nom ;
Il veut, et je le veux, qu'aux forests je demeure,
A fin qu'à chaque object sa memoire je pleure,
Et qu'au dos des rochers, des saulx, des chesnes vers,
Vos vers, Claudin, Thoinet, je grave avec mes vers.

THOINET.

Tous les ans les Bergers feront des sacrifices
A Pan et à Palés pour Perrot honorer ;

Que sçait-on si Palés pour jouïr des delices
De Perrot, en son parc l'a voulu retirer?

PHILIN.

Dictynne, fay-moy don de ta trompe divine
Pour sonner de Perrot le tout-divin honneur;
S'il jouit des baisers de ta face argentine,
Fay que ton frere en soit luy-mesme le sonneur.

CLAUDIN.

Je chomeray tousjours de Perrot la naissance :
L'honneur François nasquit, et meurt en mesme jour;
Possible que Cypris, jalouse de la France,
L'a ravi dans sa conque éprise de s'amour.

THOINET.

Le thym n'est point plus doux aux mouches de Sicile,
Plus doux n'est point au bruit des ruches s'endormir,
Que doux estoit ton chant, qui encore distile
Dans mes sens estonnez un mielleux souvenir.

PHILIN.

Plustost seront les dains sans crainte en un gagnage,
Les chesnes sans racine, et les lyons sans cœur,
Que ton nom sans honneur, honneur qui d'âge en âge
Te rend et sur l'envie et sur le temps vainqueur.

CLAUDIN.

Autant qu'on void de flots quand Neptune s'irrite,
Autant que de poissons montent en la saison,
Autant que d'alge ceint les costez d'Amphitrite,
Autant de myrtes verts ceignent son chef grison.

THOINET.

Nymphes qui habitez le long de ces prairies,
Chantez vostre Perrot qui tant vous a chanté;
Sans luy vous n'auriez point les robbes si fleuries :
Immortel est celuy que Perrot a vanté.

PHILIN.

Tous vos lauriers sont morts, ô Nymphes bocageres,
Avec vostre Perrot; mais si, du clair ruisseau
De vos yeux, arrousez ses os et cendres cheres,
Les lauriers renaistront du creux de son tombeau.

CLAUDIN.

Donnez ores, donnez, ô Naïades gentilles,
Esprit à ces roseaux plantez en vostre sein;
Perrot soit leur subject; ainsi coulant subtiles
Puissiez-vous des Tritons tousjours frauder la main.

CHŒUR DES NYMPHES.

Ces champs, ces rivieres, ces bois,
Ont oüy l'air de vostre voix,
Voix aussi du ciel escoutée;
Qui ressuyant son moite front,
Destourne les nues qui vont
Se fondre en la mer escartée.
 L'herbette croist parmy ces champs,
Les arbres sentent un printemps,
Rassises luisent les arenes;
A vos chants les Dieux sont venus,
Phœbus et les Satyres nus,
Et les trois Charites Sirenes.

234 Eclogue de Cl. Binet.

Perrot nous chanterons tousjour',
Avec nous il fait son sejour;
Enfans suivez vostre fortune,
Les Dieux oyront tousjours vos vœux,
Es prez, és buissons ombrageux,
Et sur les sillons de Neptune.

LE TOMBEAU

DE

P. DE RONSARD,

Gentilhomme Vendomois.

D.   M.

Asta viator, ni piget, et hæc pellege :
Dum pauca legis heic multum odorum colliges,
Ronsardus etenim flos Poëtarum heic situ'st.
Quis ille fuerit, litteratus dat silex,
Suopte sculpsit ipse quem cælo indicans
Sua Camœnas morte dare mortalium
Nisi nominis perennitatem nemini.
Ast illæ amœno matris in sinu hospitæ
Nati ossa propria conlocaverunt manu,
Laurusque vati vix suo superstites
Panxere simul, has ut tepens foveat cinis.

Quid si se humari et jusserint grati ut siet
Spes nulla reditus sæculo ingratissimo?

CL. BINETUS P. RONSARDO
POETÆ INCOMPARABILI
EFFUSIS TOTIUS GALLIÆ LACRYMIS
MŒRENS BENEMERENTI,
P.

ΕΙΣ ΠΕΤΡΟΝ ΡΩΝΣΑΡΔΟΝ ΕΠΙΚΗΔΙΟΝ.

Ὄφρα μὲν ἐν ζωοῖσιν ἔην Πέτρος ὁ Ῥώνσαρδος,
 Τόφρα δ' Ὁ ΤΕΡΠΑΝΔΡΟΣ ΣΩΣ ἔτι καὐτὸς ἔην.
Νῦν δ' ἐπεὶ ὁ Ῥώνσαρδος, ὃς ἄνδρας ἔτερπεν ἀοιδαῖς,
 Κάτθανε, Τέρπανδρος καὐτὸς ὁ σῶς ἔθανε.
Καὶ μόνος οὐ Τέρπανδρος, ὁ Πίνδαρος ἔκθανεν αὐτὸς,
 Τῆς γὰρ Πινδαρικῆς ὄρχαμος ἠὲ λύρης.
Ἔκθανεν Αἰσχυλος, Σοφοκλῆς τε, καὶ αὐτὸς Ὅμηρος
 Κεῖνος ἀειδόντων μοῦνος ἀοιδότατος.
Τοῖδε μὲν Ἕλλήνεσσι, καὶ ἄλλοι πολλοὶ ὄλοντο,
 Καὐτὸς ἐρωτογράφων ἄλλος ὁ Καλλίμαχος.
Ῥωμαίων δ' ὁ Μάρων ἡρώων ἔργα γεραίρων
 Ὤλετο, καὶ Λατίης Φλάκκος ἄναξ χέλυος.
Ἀλλὰ τί μακρὰ λέγων πολὺ πλείονας ἐξαριθμήσω,
 Οἳ σὺν Ῥωνσάρδῳ θνησκομένῳ ἔθανον;
Σύνθανε Ῥωνσάρδῳ πρόπαν Ἰταλικῆς μέλι μούσης,
 Καὶ τὸ μέλι γλώσσης Κελτίδος ὅσσον ἔην.
Ψεύδομαι, οὐκ ἔθανεν τῆς ἀρχαϊκῆς τε νέης τε
 Πᾶν τὸ μέλι γλώσσης, ἀλλὰ καὶ ἐστὶν ἔτι.
Τῶν γὰρ Ῥωνσάρδου πρὶν ὅσοι γεύσαντο μελισσῶν,
 Ὧν ἀπὸ τῶν σίμβλων ἔρρεεν ἡδὺ μέλι,
Πολλοὶ πολλὰ μέλη μέλιτος γλυκερώτερα καὐτοὶ
 Ἡδὸν Ῥωνσάρδῳ ταυτ' ἐπιτυμβίδια.
Οὐ μόνον ὡς θανεόντι τὸ μνημόσυνον πολύτιμον,

Ἀλλ' ὅτι Ῥώνσαρδοι πλείονες εἰσιν ἔτι.
Νῦν δὲ θανὼν σὺ μάκαρ, μους' ὃν θανεόντα μακαίρει
Τόσσων, εἰσὶν ὅσοι Κελτίδι μουσοπόλοι.

Ἰωάννης Αὐρᾶτος Ποιητὴς Βασιλικός.

IN TUMULUM P. RONSARDI

Poetarum Gallicorum Principis.

Ronsardi jacet hic corpus, sed fama per auras
    Pervolat à nullo deperitura situ.
Annis qui à teneris Francisci Regis in aula
    Primi nutritus, dum puer esset adhuc :
Germanos, Scotos adiit ducente Baïfi
    Lazare te juvenis, surdus et inde redit.
Sed Deus, ut surdis daret in bona carmina promptos
    Auditus surdo plectra canora dedit,
Græcis et Latiis patrio sermone Poëtis,
    Dum certat, palmam reddidit ambiguam.
Hispanis, Italisque suæ abstulit artis honorem,
    Ad Francos modulans cantica docta modos.
Franciadem si non perfecit, tam bene cœpit,
    Æneidi ut certet, certet et Iliadi.
Plura sed his quid opus tumuli super aggere poni?
    Sat sui in auctorem sunt monumenta libri :
Vos, quibus ad tumulum mora non est parva molesta,
    Dicite: Ronsardo sit sine fine quies.

JOHANNES AURATUS
Poeta et Interpres Regius.

ΕΠΙΤΑΦΙΟΝ ΕΙΣ Π. ΡΩΝΣΑΡΔΟΝ.

Δαίμονες ἠέριοί τε καὶ αἰθέριοί ποτε κλαῖον,
 Σμερδαλέον τε βράχον, Πὰν Θεὸς ὡς ἔθανεν.
Νῦν δὲ σοφοὶ λόγιοί τ' ἄνδρες θρηνοῦσιν ἀοιδῶν
 Ἡγεμόνα, στυγερῇ κηρὶ καταφθίμενον.
Κελτίδες αἱ Νύμφαι Χάριτές τε καὶ ἐννέα Μοῦσαι
 Τοῦτον ὀδύρονται τῶν μητὰ μουσοπόλων,
Ἄλκιμον, ἡρώεσσι τετιμένον, ἀγλαόφημον,
 Πέτρον Ῥώνσαρδον, θαῦμα καλὸν φύσεως,
Ἀετὸν ἡλιοδερκέα, καὶ πολυηχέα κύκνον,
 Φοίβου καὶ Μουσῶν ἄξια μελψάμενον.
Τῷ μάλα δῶκε Θεὸς σεμνὸν καὶ ποικίλον αὐδᾶν,
 Δῶκεν ἀριστεύειν, καὶ γέρας ἐσθλὸν ἑλεῖν.
Κελτίδα γὰρ μοῦσαν καὶ ἀπὸ πρώτοιο θεμέθλου
 Πλιθάτοις ὁ λαβὼν ἤγαγεν εἰς ὀρόφους.
Οὐκ ἶσος γέγονεν, προφερέστερος οὐδέποτ' ἔσται,
 Μόρσιμον ἐλλείπεν, μηκέτι δ' ἐκπεράειν.
Οὐδὲ γὰρ εὐεργὴς Φαιήκων νηῦς μητὰ δῖον
 Τὸν Λαερτιάδην τλῆ ξένον ἐκφορέειν.
Πότνια μήτε φύσις τοῖόν ποτε τέξεται ἄνδρα·
 Δεῖ γὰρ ἐπ' ἀκροτάτοις ἡσυχίην ἀγέμεν.
        Ν. Γυλώνιος.

EPITAPHIUM PETRI RONSARDI,

EJUS CŒNOTAPHIO APPOSITUM,

QUO DIE IN BŒCODIANO EIDEM EST PARENTATUM.

Urna brevis, vates heu quot, divinaque claudis
 Nomina, pyramidum marmore digna tegi?
In te Mæonidæ requiescunt busta, Maronis
 Mæonidæ bustis addita busta jacent.

Tu capis ingentem quo non ingentior alter
  Pindaron, Ascræi relliquiasque senis.
Ossa Venusini vatis, vatisque Peligni
  Credita sunt fidei, nobilis urna, tuæ.
Quale ô depositum! quali servanda metallo
  Ossa Poetarum tu brevis urna capis!
Ista in Ronsardo quia turba revixerat omnis,
  Omnis in hoc uno contumulata jacet.

                    GEORGIUS CRITTONIUS.

EPITAPHIUM RONSARDI.

Quisquis ades Divique subis sacraria Cosmi,
  Fer myrtum et lauros et quoque sparge rosas.
Musarum et Phœbi, Charitum Paphiæque sacerdos
  Hac tegitur parva contumulatus humo.
Urna tegit Latiæ doctum Graiæque Camœnæ,
  Qui nostra Aonias duxit in arva Deas,
Edocuitque modos numerosa in verba cadentes,
  Pindaricumque dedit voce proferre melos.
Prælia qui cecinit Martis, qui lusit amores,
  Magnanimumque tulit fortia facta ducum.
Quænam hæc urna rogas? Ronsardi est urna Poetæ.
  Audisti nomen, num satis? hospes abi.

                    PETRUS LUERIUS C. A.

EPITAPHIUM.

Petrus Ronsardus jacet hic : si cætera nescis,
  Nescis quid Phœbus, Musa, Minerva, Charis.

                    PONTUS TYARDEUS
                      Bissianus E. C.

TRADUCTION.

Ronsard gist en ce lieu ; tout le reste je passe.
Car si tu ne le sçais, Passant, tu ne sçais pas
Que c'est que de Phœbus, de Pallas, de la Grace,
Ny des Muses, mourans en un mesme trespas.

P. BINET.

CLAUDIO BINETO,

JANUS ANTONIUS BAIFIUS.

Ronsardi interitus tot densat corde dolores,
Tot grave nunc desiderium, damnique recentis
Vulnus acerba movet, tot curas pectore volvit,
Ut tacitum mœror me sollicitumque molestus
Præpediat tam crebra animi depromere sensa.
  O toto, Binete, ciens Helicone poetas,
Officio qui lecta pio nova carmina quæris
Undique, quæ tumulo Ronsardi inscribere tentas,
Nil tale à nobis exposcito, quos dolor urget
Justior et gravior, qui seriùs emicet olim.
  Lac nutricis idem Musæ nos hausimus unà,
Tempore quam facilemque æquamque vocamus eodem,
Idque pari voto : variis sed moribus ambo,
Diversisque acti fatis. Nam vivere vitam
Nos fortuna jubet dubiam, quos livor iniquus
Exagitat modò depressos, modò sorte tumentes :
Dum ratio lenis rapido cessura furori est.

A CLAUDE BINET.

J'ay tant à me douloir du départ de Ronsard,
Le regret m'outre tant de perte si recente,
Que de m'en dégorger le trop de dueil m'exente,
Par trop de pensemens et muet et songeard.
  Binet, qui pieteux serres de toute part
Des amis d'Apollon toute grace excellente,
N'atten rien tel de moy; car ma douleur pressante,
Et plus juste que d'autre, éclatera plus tard.
  Nous sucçasmes un laict de la Muse nourrice,
Que nous eusmes tous deux en mesme temps propice,
Sous bien divers destins et differentes mœurs.
  Subjets à la Fortune, exposez à l'Envie,
Ores bien, ores mal, nous menons ceste vie,
Où la douce raison cede aux aigres humeurs.

                J. Antoine de Baïf.

SUR LE TOMBEAU
DE PIERRE DE RONSARD.

Nous te plaignons, Ronsard, et pleurons ton trespas;
Mais le mort plaint ainsi celuy qui ne l'est pas.
Qui escrit aprés toy pensant te faire vivre,
Meurt luy-mesme avant toy, et s'enterre en son livre.

                Jean Passerat.

Tu vacuum quisquis spectacula tristia bustum
    Aspicis, ó properans advena siste pedem.
Ronsardo mihi nomen erat : quis cætera nescit,
    Et genus, et priscæ nobilitatis avos ?
Sed potior gradibus multis et sanguine longè
    Ingenii cultus nobilitasque fuit.
Primus ego Graiis Musas deducere adortus
    Montibus et Latiis in mea regna jugis,
Æmula Dircæis, Lesboïs æmula panxi,
    Atque Venusina carmina digna lyra.
Mox veterum exemplo, blandos modulatus amores,
    Sive Catulle tuo, sive Tibulle tuo.
Me quoque juvit iter tritum calcare Philetæ,
    Inque Umbri spatiis currere Callimachi.
Et pastorales interdum inflare cicutas,
    Et Siculis numeris ludere cura fuit.
Inde per heroum titulos laudesque deorum
    Insolita rapuit me tuba rauca via.
Omnia quæ veterum puris è fontibus hausta
    Aut graphicè expressi, vel meliora dedi.
Denique Sigæo tandem de littore solvit
    Francias, auspiciis Carole magne tuis,
Francias haud ulli temere tentanda nepotum,
    Atque adeò Coæ Cypridos instar opus.
Mæonidæ sat erat, magno sat et ire secundum
    Virgilio, meritis cessit uterque minor.
Omnia cesserunt, cessit me sospite livor,
    Et potui vivus posteritate frui.
Mors superanda fuit, ne quid non cederet : ecce
    Cessit et exequiis mors superata meis.

                    J. Aug. Thuanus Æmerius.

EJUSDEM
AD JO. GALLANDIUM
NOVISSIMA P. RONSARDO FACIENTEM.

Dum gratus functo pia funera ducis amico,
    Oblivioso funere ipse te asseris.
Ronsardi nomen dum laude sub æthera tollis,
    Tuis choro vatum astrepente lacrymis,
In laudes mœsta ora tuas solvuntur olorum,
    Nomenque surgit nomine alieno tuum :
Denique dum lauros vatis statuasque jacentes
    Erigis, et ipse imagines statuis tibi.
Fœlix ergo fide, fœlix et amore Galandi,
    Laudisque tanto debitæ præconio,
Nequicquam tecum fido contendat amore
    Fratrem redimet morte qui alterna suum :
Non vitam alterius meruisti morte perennem,
    Vitam perennem dando vicissim et accipis.

ELEGIE
SUR LE TRESPAS DE PIERRE DE RONSARD,
A MONSIEUR DES PORTES,
Abbé de Thiron.

PAR R. GARNIER.

Nature est aux humains sur tous autres cruelle;
    On ne voit animaux
En la terre et au ciel, ny en l'onde infidelle,
    Qui souffrent tant de maux.
Le rayon eternel de l'essence divine,
    Qu'en naissant nous avons,

De mille passions nos tristes jours espine
    Tandis que nous vivons.
Et non pas seulement vivans il nous torture,
    Mais nous blesse au trespas;
Car pour prevoir la mort, elle nous est plus dure
    Qu'elle ne seroit pas.
Si tost que nostre esprit dans le cerveau raisonne,
    Nous l'allons redoutant,
Et sans ceste frayeur que la raison nous donne,
    On ne la craindroit tant.
Nous craignons de mourir, de perdre la lumiere
    Du soleil radieux,
Nous craignons de passer sur les ais d'une biere
    Le fleuve Stygieux.
Nous craignons de laisser nos maisons delectables,
    Nos biens et nos honneurs,
Ces belles dignitez qui nous font venerables,
    Remarquer des Seigneurs.
Le peuple des forests, de l'air et des rivieres,
    Qui ne voyent si loing,
Tombent journellement aux mortelles pantieres
    Sans se gesner de soing.
Leur vie est plus heureuse, et moins sujette aux peines
    Et encombres divers,
Que nous souffrons chetifs en nos ames humaines
    De desastres couverts.
Ores nous poind l'Amour, tyran de la jeunesse,
    Ores l'avare faim
De l'or injurieux, qui fait que chacun laisse
    La vertu pour le gain.
Cestuy-cy se tourmente aprés les grandeurs vaines,
    Enflé d'ambition;
De cestuy-là l'envie empoisonne les veines,
    Cruelle passion.
La haine, le courroux, le despit, la tristesse,
    L'outrageuse rancœur,
Et la tendre pitié du foible qu'on oppresse,
    Nous bourrellent le cœur.

Et voila nostre vie, ô miserables hommes!
    Nous semblons estre nez
Pour estre, ce pendant qu'en ce monde nous sommes,
    Tousjours infortunez.
Et encore, où le ciel en une belle vie
    Quelques vertus enclost,
La chagrineuse mort, qui les hommes envie,
    Nous la pille aussi tost.
Ainsi le verd esmail d'une riante prée
    Est soudain effacé;
Ainsi l'aimable teint d'une rose pourprée
    Est aussi tost passé.
Mais las! ô doux printemps, vostre verdeur fanie
    Retourne en mesme poinct,
Mais quand nostre jeunesse une fois est finie
    Elle ne revient point.
La vieillesse nous prend maladive et fascheuse,
    Hostesse de la mort,
Qui pleins de mal nous pousse en une tombe creuse
    D'où jamais on ne sort.
Des-Portes, que la Muse honore et favorise
    Entre tous ceux qui ont
Suivi le sainct Phœbus, et sa science apprise
    Dessur le double mont;
Vous voyez ce Ronsard merveille de nostre âge,
    L'honneur de l'univers,
Paistre de sa chair morte, inevitable outrage,
    Une source de vers.
De rien nostre Apollon, ny les Muses pucelles
    Ne luy ont profité;
Bien qu'ils eussent pour luy les deux croppes jumelles
    De Parnasse quitté,
Et qu'il les eust conduits aux accords de sa lyre
    Dans ce François sejour,
Pour chanter de nos Roys, et leurs victoires dire,
    Ou sonner de l'Amour.
C'est grand cas, que ce Dieu, qui dés enfance l'aime,
    Affranchit du trespas

Ses divines chansons, et que le chantre mesme
    N'en affranchisse pas.
Vous en serez ainsi; car bien que vostre gloire,
    Espandue en tous lieux,
Ne descende estoufée en une tombe noire
    Comme un peuple ocieux,
Si verrez-vous le fleuve où tout le monde arrive,
    Et pay'rez le denier
Que prend pour nous passer jusques à l'autre rive
    L'avare nautonnier.
Que ne ressemblons-nous aux vagueuses rivieres
    Qui ne changent de cours?
Ou au branle eternel des ondes marinieres
    Qui reflottent tousjours?
Hé! n'est-ce pas pitié, que ces roches pointues,
    Qui semblent despiter,
De vents, de flots, d'orage, et de foudres battues,
    L'ire de Jupiter,
Vivent incessamment, incessamment demeurent
    Dans leurs membres pierreux,
Et que des hommes tels que ce grand Ronsard meurent
    Par un sort rigoureux?
Qui pourra desormais d'une haleine assez forte
    Entonner comme il faut
La gloire de mon Roy, puis que la Muse est morte
    Qui le chantoit si haut?
Qui dira ses combats? ses batailles sanglantes?
    Quand jeune, Duc d'Anjou,
De sa main foudroya les troupes protestantes
    Aux plaines de Poictou?
Des-Portes, qui sera-ce une fois? Vostre Muse,
    Digne d'estre en son lieu,
Fuyant l'honneur prophane aujourd'huy ne s'amuse
    Qu'aux louanges de Dieu!
Ne permette Clion, et Phœbus ne permette
    Que Ronsard abatu
Par l'ennuyeuse mort, ne se treuve poëte
    Qui chante sa vertu!

Adieu, mon cher Ronsard, l'abeille en vostre tombe
    Face tousjours son miel ;
Que le baume Arabic à tout jamais y tombe,
    Et la manne du ciel !
Le laurier y verdisse avecques le lierre,
    Et le myrte amoureux ;
Riche en mille boutons, de toutes parts l'enserre
    Le rosier odoreux ;
Le thym, le basilic, la franche marguerite,
    Et nostre lys François,
Et ceste rouge fleur, où la plainte est escrite
    Du mal-content Gregeois.
Les Nymphes de Gâtine, et les Naïades sainctes,
    Qui habitent le Loir,
Le venant arroser de larmettes épreintes,
    Ne cessent de douloir.
Las ! Clothon a trenché le fil de vostre vie
    D'une piteuse main,
La voyant de vieillesse et de gouttes suivie,
    Torturage inhumain ;
Voyant la pauvre France en son corps outragée,
    Par le sanglant effort
De ses enfans, qui l'ont tant de fois ravagée,
    Souspirer à la mort !
Les meurtres inhumains se font entre les freres,
    Spectacle plein d'horreur,
Et déja les enfans courent contre leurs peres
    D'une aveugle fureur ;
Le cœur des citoyens se remplit de furies ;
    Les paisans escartez
Meurent contre une haye ; on ne voit que tûries
    Par les champs desertez !
Et puis allez chanter l'honneur de nostre France
    En siecles si maudits,
Attendez-vous qu'aucun vos labeurs recompense
    Comme on faisoit jadis !
La triste pauvreté nos chansons accompaigne ;
    La Muse, les yeux bas,

Se retire de nous, voyant que l'on desdaigne
    Ses antiques esbas.
Vous estes donc heureux, et vostre mort heureuse,
    O Cygne des François !
Ne lamentez que nous, dont la vie ennuyeuse
    Meurt le jour mille fois.
Vous errez maintenant aux campagnes d'Elyse,
    A l'ombre des vergers,
Où chargent en tout temps, asseurez de la bise,
    Les jaunes orengers ;
Où les prez sont tousjours tapissez de verdure,
    Les vignes de raisins,
Et les petits oiseaux, gazouillans au murmure
    Des ruisseaux crystalins.
En grand' foule accourus autour de vous se pressent
    Les Heros anciens
Qui boivent le nectar, d'ambrosie se paissent,
    Aux bords Elysiens ;
Sur tous le grand Eumolpe, et le divin Orphée,
    Et Line, et Amphion,
Et Musée, et celuy dont la plume eschaufée
    Mit en cendre Ilion.
Le louangeur Thebain, le chantre de Mantoue,
    Le lyrique Latin,
Et avecques Seneque, honneur grand de Cordoue,
    L'amoureux Florentin !
Tous vont battant des mains, sautelant de liesse,
    S'entre-disans entre-eux :
« Voylà celuy qui domte et l'Itale et la Grece,
    En Poëmes nombreux ! »
L'un vous donne sa lyre, et l'autre sa trompette ;
    L'autre vous veut donner
Son myrte, son lierre, ou son laurier prophete,
    Pour vous en couronner.
Ainsi vivez heureuse, ame toute divine,
    Tandis que le Destin
Nous reserve aux malheurs de la France, voisine
    De sa derniere fin !

STANCES.

Amadis ressentit au fond de son courage
Un tel coup de douleur du trespas de Ronsard,
Que l'ennuy luy navrant l'ame de part en part,
Luy desroba l'esprit de plaindre un tel dommage.
  Donc, brave poësie, en dueil couppe la nue;
Vole par l'univers, et d'un son esclattant,
Pour luy avec tes vers sans fin te lamentant,
Raconte ceste perte aux François avenue!
  Soudain Princes et Rois, amoureux et gensdarmes,
Toutes sortes d'estats le pleureront si fort,
Qu'Atropos, bien que sourde, entendra qu'elle a tort,
Et de l'avoir tué se fondra toute en larmes.
  O combien les filets de la Parque inhumaine
Ont d'extreme puissance en leur fatalité,
Puis qu'ils ont sceu fermer d'un silence indonté
La bouche des neuf Sœurs de la saincte Neuvaine!
  Mais je pense qu'au lieu d'Helicon et Parnasse,
Les Muses pour logis tres-excellent et beau
Ont choisi maintenant de Ronsard le tombeau,
Honteuses qu'on les voye ailleurs qu'en ceste place.

AMADIS JAMIN,
Secretaire de la Chambre du Roy.

Unde orta est aut unde ruit tam dira repentè
Tempestas? medium video discindere cœlum
Palantesque polo stellas, desertaque summi
Ardua Parnassi, totùmque Helicona madere
Effusum in lachrymas, pullata veste Sorores

Atra queri, et longas in fletum ducere noctes,
Ronsardo linquente orbem, superisque locato.
Quàm benè consultum est Gallo quòd carmine versus
Scripserit! is Latio usus si sermone fuisset,
Occiderent unà Musæ Latiæ atque Camœnæ :
Sed vivunt, retinentque decus primumque nitorem,
Æternùm ut laudent vectum super astra Poetam.

JO. CLERICUS
libell. supplicum in Senatu Paris. Præses.

Has *tibi Parisiis sacras in collibus aras,*
   Magne parens, grata ponimus ecce manu.
Tu patrii Deus eloquii, quo numine quondam
   Pierias Francum protulit uber opes.
Ergo velut Cereri et Baccho sua sacra quotannis
   Voverat, et festos gens operata dies;
Sic tibi quotquot erunt Galli, tua turba, Poetæ
   Annua solenni carmine vota canent.
Jamque tibi primos ecce instauramus honores,
   Et ferimur vitæ pulchra per acta tuæ.
Ut claræ antiqua deductus origine gentis,
   Threicio dederis tempora prima Deo.
Ut mox et laudis meliore incensus amore
   Malueris Musas Graia per antra sequi.
Nullus erat tua qui regeret vestigia callis,
   Saxa per et nullo culmina trista pede :
Tu tamen et salebras et sentibus aspera vincis
   Omnia, nec durum te remoratur iter,
Donec Hyantæo teneras è fonte Sorores
   Deducas patrios victor ad usque lacus.
Inde ubi per medias Nymphis comitantibus urbes
   Conspicuum insigni tollis honore caput,
Protinus ut roseo surgit cùm Lucifer ortu,
   Cum tenebris fugiunt astra minora suis :

Sic rudis incultos aluit quos Gallia vates
  Fugere ad vultus lumina prima tui.
Nunc igitur laudesque hominum laudesque Deorum
  Concinis, aut mollis quæ tibi dictat Amor;
Nunc ortus rerum varios, verique latebras
  Quæris, et audaci tendis in astra via :
Martia nunc resonas heroo prælia versu,
  Francosque à Phrygio principe ducis avos.
Neve tibi veteres contendant laude Poetæ,
  Quotquot habet Latium, Græcia quotquot habet,
Nil intentatum mens indefessa reliquit,
  Sive placent citharæ munera, sive tubæ.
Felices Ligeris ripæ, felicia Cosmi
  Fana tui, uberibus Turoque dives agris;
Et quæcunque tuo demulsæ carmine gentes,
  Hausere ætherios vatis ab ore favos!
Te nemorum coluere Deæ, te sæpe canentem
  Mænaliis Faunus visit ab usque jugis.
Te stupuit Natura parens, nec te tua cepit
  Gallia, quæ tanti civis honore tumet;
Sed norunt latè populi, quosque ultima Thule,
  Quosque alit Hesperio terra propinqua freto;
Quique bibunt Istri gelidum septemplicis amnem,
  Quique Euphrate habitant et loca cincta Tigri.
Salve cura Deum, salve ipsis addite Divis,
  Vindocini æternum sidus, honosque soli.
Non tibi quærenda est alieno fama labore,
  Digna nec ingenio laus satis ulla tuo est.
Tu tamen hæc cape vota lubens, seu lactea mundi
  Te plaga, seu magni te tenet aula Jovis :
Et si quis tibi restat amor, si cura tuorum,
  Nec te operis memorem jam piget esse tui,
Respice nos, animisque interdum illabere nostris,
  Tractamus patriæ dum nova plectra Lyræ.

SCÆVOLA SAMMARTHANUS
Quæstor Franciæ

VIVENTI LUSIT SIC STEPHANUS PASCHASIUS.

Has tibi viventi, magne o Ronsarde, sacramus,
   Quas nos defunctis solvimus exequias.
Haud aliter poteras donari hoc munere ut in quem
   Invidia mors nullum vendicet imperium.

EPITAPHIUM PETRI RONSARDI.

Hic Ronsarde jaces, et tecum Phœbus eodem,
   Et Musæ, et Charites contumulantur humo.

STEPH. PASCHASIUS
Reg. Rationum Patronus.

TRADUCTION.

Cy gist le grand Ronsard, et avec luy aussi
Les Graces, les neuf Sœurs, Phebus gisent icy.

ESTIENNE PASQUIER,
Advocat du Roy en sa Chambre des Comptes.

Summe Poetarum quos prisca et nostra tulerunt,
   Quosque ferent Gallis postuma sæcla tuis,
Parce, nec ista tibi veluti data justa putato,
   Sed tanquam summis manibus inferias.

P. PITHOEUS, I. C.

Ronsardo struitis, Vates, quid cespite frustrà
  Mortali tumulum, penna qui cœlite vivus
Tot sibi, tot patriæ monimenta æterna sacravit?
An vos ut cœlo secum, Jovis armiger addat?

                              ANT. OIS.

PIIS AMICI RONSARDI MANIBUS.

Ronsarde Aoniæ decus immortale cohortis,
  Pars animæ quondam dimidiata meæ :
Si quis, ut est, sensus defunctis, sit tibi gratum
  Postremum hoc mœsti funeris officium :
Accipito has lacrymas veras ac intus obortas,
  Quas meus ex imo pectore fundit amor.
Sed lugere vetas : quoniam tua fama superstes
  Orbi te illustrem conspicuumque refert :
Et quoniam, ut spero, felix conviva Deorum
  Pro nobis miseris vota precesque facis.

                              JO. GALANDIUS.

SONNET.

Tout ainsi qu'au debat du prix de la beauté,
  Et Pallas et Junon, rallumant leur querelle,
Au choix que fit Pâris, qui nomma la plus belle,
Quitterent à Cypris le loyer merité ;
  Homere aussi, combien qu'il eust Pallas chanté,

Virgile que Junon vit animé contre elle,
A Ronsard ton poëte, ô Venus immortelle,
Au nom de ton Pâris leurs lauriers ont quitté.
 Le sort egal pourtant ces trois tant favorise
Que leur tombeau fait honte au dessein d'Artemise.
Homere gist d'Ios sur les celestes fleurs,
 Virgile dans ton sein, Parthenope Sereine,
Et Ronsard sur la soye aux jardins de Touraine,
Que Cypris et la Loire arrousent de leurs pleurs.

CLAUDE BINET.

DISCOURS

SUR LE TRESPAS DE MONSIEUR DE RONSARD.

Quand l'ame de Ronsard la demeure eust quittée
 Où le Destin l'avoit soixante ans arrestée,
Et que son bel esprit de son corps dévoilé,
Comme venu du ciel au ciel fut revolé ;
La France qui pensoit que jamais ses années
Ne verroient par la mort leurs courses terminées,
Disant qu'à sa naissance ainsi l'avoient promis
Et Jupiter luy-mesme et les Destins amis ;
Voyant son esperance en vent s'en estre allée,
Et la publique foy des Destins violée,
Elle ne peust muette endurer ce malheur ;
Ains laissant librement murmurer sa douleur,
Et dire en souspirant d'une voix angoissée
Ce que sa passion dictoit à sa pensée.
En fin, croyant son dueil, toute en pleurs elle alla
S'en plaindre à Jupiter, qui durant ce temps-là,
Desarmé de sa foudre et nud de son Ægide,
Banquetoit chez Thetis la belle Neréide,
Dans le sein des grands flots, qui d'un pas ondoyant

Vont auprés de Thollon les Gaules costoyant,
Sejour où de long-temps le vieil pere Nerée
S'aime plus qu'en nul lieu de la plaine azurée.
  Là sous les flots marins un roc est eslevé,
Où comme une grand' salle un bel antre est cavé,
Qu'il semble que Nature ait fait par artifice,
Tant elle a sçavamment en ce rare edifice
Imité le sçavoir de son imitateur,
Et rendu le dessein digne de son autheur.
  Nymphes qui sous les eaux demenez vos carolles,
Prestez, je vous supply, faveur à mes parolles,
Ne vous offensant point si je vais en parlant,
De vos palais marins les tresors decelant;
Et si j'expose au jour ce que la mer profonde
Cache dans son abysme aux yeux de tout le monde :
Le discours n'est pas long, et ne merite point
Que les flots de l'oubly l'abysment de tout point.
  Quand Neptune espousa la Déesse Amphitrite
Qu'Amour dedans son cœur avoit si bien escrite,
La Terre desirant l'espousée honorer
D'un present qui se peust à bon droit admirer,
Tira hors de son sein ceste belle fabrique,
Pour servir au festin de salle magnifique;
Et depuis Amphitrite à Tethys la donna,
Lors qu'au rivage Indois Neptune l'amena.
  Protée à qui je doy le discours de l'histoire
Que je vais par ces vers sacrant à la Memoire,
Me descrivant un jour cet antre merveilleux,
Et les riches beautez dont il est orgueilleux,
Me dit que le rocher dont il creuse la masse,
Est tout d'un marbre verd qui l'emeraude efface,
Que mille grands coraux de la roche naissans,
Et de leurs rouges bras l'un l'autre s'enlassans,
Cheminent par la voûte, et lambrissans la salle
D'un superbe plancher que nul autre n'egalle,
Imitent en jouant les treilles des jardins,
Et leur pendent des bras des perles pour raisins;
Que pour riche pavé dessous les pieds blondoye

Le luisant sable d'or qui dans Pactole ondoye;
Et brief qu'il paroist bien qu'un si beau bastiment
Fut fait par les Dieux seuls pour les Dieux seulement.

   Aussi les flots sallez dont ceste roche est ceinte,
Comme arrestez d'un frein de respect et de crainte,
N'osent entrer dedans, ny le lieu visiter,
Quoy que le sueil ouvert les y semble inviter;
Ains recognoissans bien qu'indignes de l'entrée
Leur humeur est prophane, et la grotte est sacrée,
Ils s'en retirent loing, l'enfermant tout autour
De grands murs crystalins qui transmettent le jour.

   Là du plus precieux des royaumes humides,
Par les sçavantes mains des belles Neréides,
En superbe appareil et convenable aux Dieux,
Le festin est dressé, quand le grand Roy des cieux
Vient és mers de deçà visiter chez Nerée,
Thetis dont il a l'ame encore enamourée.

   Finy donc le souper dont il avoit esté
Ce soir-là de Thetis pompeusement traité,
Comme les demy-Dieux alloient lever la table,
France portant en l'ame un dueil insupportable
Entre dans ceste grotte, et triste se jettant
Aux pieds de Jupiter luy dit en sanglottant :
« Pere, Ronsard est mort ! où sont tant de promesses,
Qu'appellant à tesmoins les Dieux et les Déesses,
Tu me jurois un jour par les eaux de là-bas,
Qu'il vivroit une vie exempte du trespas?

» Certes quand le malheur qui me portoit envie,
Eut tant fait que mon Roy fut prins devant Pavie,
Et que les Espagnols de mon mal triomphans,
Tremperent l'Insubrie au sang de mes enfans;
Alors que de douleur profondément attainte
Prosternée à tes pieds je te faisois ma plainte :
« Nymphe, ce me dis-tu, console ta douleur,
» Ton repos et ta paix naistront de ce malheur.
» Il falloit que le cours des fieres Destinées
» Allast par ceste voye à ses fins ordonnées.
» Ainsi l'avoit le ciel de long-temps arresté;

» Mais non plus que le cours des torrens de l'esté,
» Qu'un orage conçoit, n'est jamais de durée,
» Non sera le malheur qui te rend esplorée.
» Car quant à la prison qui te fait souspirer,
» Tu verras dans un an ton Roy s'en retirer,
» Plus grand, plus redouté que si nulle tempeste
» D'envie et de malheurs n'avoit frappé sa teste ;
» Car le mal-heur rend sage, et son coup outrageux,
» Qui destruit les couards, instruit les courageux.
» Cependant pour monstrer que jamais je n'envoye
» Une pure douleur ny une pure joye,
» Sçache que ce mesme an qui maintenant escrit
» D'un encre si sanglant son nom en ton esprit,
» Ce mesme an qui te semble estre si deplorable,
» Te sera quelque jour doucement memorable;
» D'autant que dans le sein du terroir Vendomois,
» Avant que par le ciel se soient tournez sept mois,
» Un enfant te naistra dont la plume divine
» Egallera ta gloire à la gloire Latine,
» Et par qui les lauriers croissans au double mont
» Non moins que ceux de Mars t'ombrageront le front.
» Je ne soufflay jamais du vent de mon haleine
» Tant de divinité dedans une ame humaine,
» Comme j'en souffleray dedans la sienne, à fin
» Que ce qu'il chantera puisse vivre sans fin ;
» Et que non seulement il acquiere à sa vie
» Une immortalité maistresse de l'envie,
» Mais que mesme il l'acquiere à ceux de qui ses vers
» Voudront rendre le nom fameux par l'univers.
» Pource appaise tes pleurs, consolant par l'attente
» De ce bon-heur futur l'infortune presente. »
  » Ainsi flattant mon dueil, et m'essuyant les yeux,
Tu me disois alors, ô grand Prince des Dieux,
Remarquant de Ronsard la future naissance ;
Et moy qui me laissay piper à l'esperance,
Je finy mes souspirs en pensant qu'un tel heur
Me devoit bien couster une égalle douleur ;
Et qu'encor ma fortune estoit-elle enviable,

Si pour tant de mes fils couchez morts sur le sable,
Un au moins me naissoit de qui l'estre divin
N'arriveroit jamais à la derniere fin.
　» Mais à ce que je voy, ceste belle promesse
Qui ne tendoit alors qu'à tromper ma tristesse,
A trompé mon espoir et mon attente aussi.
Car ce divin ouvrier, ma gloire et mon souci,
Qui devoit imiter du cedre la nature,
Qu'on voit non seulement exempt de pourriture,
Ains mesme en exempter ce qu'il tient enfermé,
Si bien que par ses vers estant comme embaumé,
Un nom ne devoit plus perir dedans la tombe,
Luy-mesmey est tombé comme un autre homme y tombe,
Et n'a pas moins payé pour passer Acheron,
Que feroit estant mort un simple buscheron.
　» Si m'estoy-je promis (et sans la mort cruelle
Je croy que cet espoir m'auroit esté fidelle)
De luy voir couronner d'une si belle fin
L'œuvre qui conduisoit Francus au bord du Rhin,
Que ny celuy qui fit souspirer Alexandre
Sur le fameux tombeau de la Gregeoise cendre,
Ny celuy dont Enée a fourny l'argument,
Ne le precederoient que du temps seulement.
Là j'esperois revoir ma couronne ducale
Croistre sous Pharamond en couronne royale ;
Là Clotaire vengeant l'injure de son fils ;
Mesurer derechef les Saxons déconfis
A la courte longueur de sa trenchante espée,
Et de tous les plus grands la vie estre coupée.
Puis je me promettois que le fil de ses chants,
Courant legerement par la trace des ans,
Parviendroit à ce siecle, et par toute la terre
Publi'roit les beaux faits, soit de paix, soit de guerre,
De mes Princes derniers, et sur tous de celuy
Qui dans sa forte main tient mon sceptre aujourd'huy,
Le dernier des derniers en la suitte de l'âge,
Le premier des premiers en prudence et courage.
　» Mais à ce que je voy, j'ay vainement nourry

Ceste attente en mon ame en faveur de Henry ; (¹)
La mort m'a pour jamais ceste gloire ravie.
Ronsard n'est plus vivant ! mon espoir et sa vie
Ont fait tous deux naufrage encontre un mesme écueil,
Et tous deux sont allez sous un mesme cercueil.
  » O pere, je sçay bien que nostre obeissance
Ne doit point murmurer contre ton ordonnance,
Et qu'en ce qui nous fait esjouir ou douloir
C'est assez de raison qu'alleguer ton vouloir.
Aussi si retractant l'effect de ta promesse,
Ton vouloir est luy-mesme autheur de ma tristesse,
Et s'il n'accorde plus, de repentance espoint,
Que ce bon-heur là soit ; et bien, qu'il ne soit point !
Qu'il soit permis au Dieu de qui subjets nous sommes,
D'avoir le cœur muable aussi bien que les hommes !
Mais si l'intention de ton premier dessein
Reste encore immuable au profond de ton sein,
Qui donne ceste audace au pouvoir de la Parque
De rompre les arrests du celeste Monarque?
Qu'elle perde donc tout, s'il luy est tant permis
Que les Demy-Dieux mesme à sa loy soient soumis ;
Et que si sa fureur son courage y convie,
Elle me vienne aussi despouiller de la vie,
Encor que ta faveur m'accordant des autels,
M'a daigné faire asseoir au rang des immortels ;
Faveur qui maintenant m'est en peine tournée,
Puis que de tant d'ennuis à toute heure gesnée,
Mon immortalité ne me sert seulement
Que d'immortaliser ma peine et mon tourment. »
  Ainsi se complaignoit ceste Reine dolente
Aux pieds de Jupiter en larmes distilante,
Quand luy, qui patient sa complainte entendit,
Reprenant la parole ainsi luy respondit :
« Princesse, l'esperance en ton ame conceue
Du vivre de Ronsard à la fin t'a deceue,
Non pour ce qu'és propos que de luy je te tins,

1. Henry III.

Manqua la verité ny la foy des Destins,
Mais pour ce qu'en ton ame escoutant ma sentence,
Manqua de mes propos la saine intelligence.
   » Je juray voirement par les eaux de là bas,
Qu'il vivroit une vie exempte du trespas;
Mais ceste vie, ô Nymphe, il la falloit entendre
De celle-là qui fait qu'on survive à sa cendre,
De celle-là qui rend un renom ennobly,
Et dont il n'y a point d'autre mort que l'oubly.
   » Car quant à l'autre vie à la Parque subjette,
Le soleil voit-il bien quelqu'un qui se promette
De ne la point finir, puis que c'est seulement
Pour prendre quelque fin qu'on prend commencement?
O Nymphe, l'estre humain ce n'est rien qu'un non-estre;
On commence à mourir dés qu'on commence à naistre;
Et comme naviguer ce n'est que tendre au port,
Ainsi vivre ce n'est qu'aller devers la mort.
   » Jette l'œil du penser dessus tout ce qu'enserre
Dedans son large sein la rondeur de la terre,
Tu verras que la faux de la Parque et du Temps
Y va tout moissonnant comme herbe du printemps;
Tu y verras perir les temples magnifiques,
Les grands palais des Rois, les grandes Republiques,
Et souvent ne rester d'une grande cité,
Sinon un petit bruit qu'elle a jadis esté.
Et si non seulement le temps fera resoudre
Les temples, les chasteaux et les hommes en poudre;
Mais aussi ce grand tout, ce grand tout que tu vois
Qui ne sçait où tomber, tombera quelquefois.
Va, plains-toy maintenant qu'une maison privée
Du sac universel ne se soit point sauvée,
Et te desplais de voir arriver à quelqu'un
L'accident que tu vois arriver à chacun.
   » Je sçay bien que ta perte estant démesurée,
Elle ne se peut voir suffisamment plorée,
Et qu'il est difficile en un si grand mal-heur
D'imposer promptement silence à sa douleur;
Mais encor devrois-tu ton angoisse refraindre,

Quand tu viens à penser qu'en ce qui te fait plaindre
Tu te vois mesme avoir les Dieux pour compagnons,
Et qu'aussi bien que toy du Sort nous nous plaignons.
 » Ainsi ce que le Sort a de plus lamentable,
En le rendant commun il le rend supportable,
Et la Parque adoucit l'aspre severité
De ses funestes loix par leur egalité.
Et pource, ô belle Roine, appaise ta tristesse,
Permets que la raison ton courage redresse;
Souffre un mal necessaire, et pense qu'on ne peut
Braver mieux le Destin qu'en voulant ce qu'il veut.
Tu fais tort à Ronsard et à toy-mesme encore,
Si tu le vas plorant comme il faut que l'on plore
Ceux qui vont tous entiers dedans le monument,
Et ne laissent rien d'eux que des os seulement.
Il n'est pas mort ainsi, sa vive renommée
Survivant à sa mort tient sa gloire animée;
Et s'il ne vit du corps, il vit de ceste part
Qui le faisoit estre homme et mesme estre Ronsard.
Joint que si les honneurs payez à ceux qui meurent
Adoucissent l'ennuy des amis qui demeurent,
Ton cœur a bien dequoy consoler ses douleurs;
Car si jamais trespas fut honoré de pleurs,
Non de vulgaires pleurs, mais de pleurs vrayment dignes,
Et des cygnes François, et du pere des cygnes,
Son tombeau s'en verra tellement honoré,
Qu'un Dieu mort ne sçauroit estre autrement ploré.
Un temple est à Paris, dans l'enclos où commande
La moitié de son cœur, son cher amy Galande;
Là se doivent trouver en vestement de dueil,
Pour aller d'eau sacrée arrousant son cercueil,
Et payer ce qu'on doit pour le dernier office,
Les plus rares esprits dont cest âge florisse,
Alentour du tombeau couronnez de cyprés,
Jettant au lieu de fleurs des pleurs et des regrets.
Sur le poinct que la troupe humectant ses paupieres,
Dira sur le cercueil les paroles dernieres,
Je veux que mon Mercure, à l'heure vray larron

Des cœurs et des esprits, se change en du Perron,
En ton grand du Perron la gloire de son aage.
Je veux qu'il porte ainsi la taille et le visage,
Et qu'empruntant sa forme, et ne se monstrant Dieu
Sinon en son parler, il s'assée au milieu
De ceste docte bande attachée à sa langue,
Et face de Ronsard la funebre harangue,
Consacrant sa memoire, et comme aux immortels
Luy donnant ce qui donne un temple et des autels.
   » L'assistance ravie et pleine de merveille,
Ressentant bien qu'un Dieu charmera son oreille,
Plus que jamais, Ronsard, admirera ton heur,
D'avoir peu rencontrer un si digne loueur,
Et confessera lors comme esprise d'envie
Que son trespas t'honore autant comme ta vie.
   » Au reste, ô belle Reine, asseure ton penser,
Que si jamais beau nom s'est veu Styx repasser,
Ou sorti du tombeau d'avec la froide cendre,
Sur tout le large front de la terre s'estendre,
Et trouver le ciel mesme estroit pour son renom,
Ce sera de Ronsard le glorieux surnom;
Et n'en sera jamais sur la terre habitable,
Ny de moins envié, ny de plus enviable.
   » Un jour doit arriver promis par les Destins
(Et ce jour n'est pas loing) que des peuples Latins,
Que des champs Espagnols, que de ceux d'Allemaigne,
Et mesme de ceux-là que la Tamise baigne,
Bref de toute l'Europe et des lieux incognus
Où ses escrits seront en volant parvenus,
On viendra saluer le sepulchre où repose
Son ombre venerable et sa despouille enclose,
Seulement pour se voir de ceste aise pourveu,
De s'en pouvoir vanter et dire : Je l'ay veu!
   » Là se celebreront d'une feste ordinaire
Tous les ans au retour de son anniversaire,
Des jeux et des combats entre les beaux esprits,
Où les mieux escrivans emporteront le pris;
Et je veux que celuy qui par trois nuits entieres

Veillant sur son tombeau n'aura clos les paupieres,
S'en retourne poëte, et que dans son païs
Ravissant de ses vers les peuples esbahis,
Il monstre que Ronsard, l'heur de l'humaine race,
Vivant fut un Phebus, et mort est un Parnasse. »
  Ainsi dit Jupiter, chatouillant de ces mots
L'esprit de la Princesse; elle, appaisant les flots
Dont son cœur ondoyoit, ceste response oüye,
Se leva de ses pieds à demy resjouye,
R'entra dedans soy-mesme, et remit sur son chef
Les fleurs qu'elle en osta deplorant son meschef.
  O l'eternel honneur de la France et des Muses,
Qui premier débrouillant les semences confuses
De nostre poësie en ordre les rangeas,
Et leur chaos antique en ornement changeas;
Qui luy donnas des fleurs, donnas de la lumiere,
Reformas la laideur de sa forme premiere,
De ses diversitez tiras de doux accords,
Et d'une ame divine avivas tout son corps;
Bel esprit qui n'eus onc ny n'auras en ce monde
Au mestier d'Apollon d'esprit qui te seconde,
Et de qui justement nous pouvons prononcer,
Sans que les plus sçavants s'en puissent offencer,
Qu'au jour où ton trespas frauda nostre esperance,
A ce jour-là mourut la mort de l'ignorance.
Pure et saincte clarté des esprits les plus purs,
Espoir des temps passez, desespoir des futurs!
Si quelque sentiment reste encore à ta cendre,
Tant qu'à travers le marbre elle nous puisse entendre,
Entens, grand Apollon du Parnasse François,
Ces vers qu'en ton honneur je chante à haute voix,
Et ne t'offense point, si je romps d'avanture
Le repos que tu prens dessous la sepulture,
Maintenant que je viens pour te dire en ce lieu
Et le dernier bon-jour et le dernier adieu;
Ains prens en gré mon zele, et reçoy favorable,
De ces tristes presents l'offerte pitoyable,
De ces tristes presents, qui sont comme les fruits

Que ta vive semence en mon ame a produits;
Car jour et nuict te lire enchanté de ta grace,
Non comme l'Ascrean dormir dessus Parnasse,
M'a fait estre poëte; au moins si m'imposer
Un nom si glorieux, ce n'est point trop oser!
    Je n'avoy pas seize ans quand la premiere flame
Dont ta Muse m'éprit s'alluma dans mon ame,
Et fit que ma jeunesse entrant en son printemps
Tint desja de l'hyver, ne prenant passe-temps
Qu'à lire tes escrits, et jugeant prophanée
L'heure qu'à ce plaisir je n'avois point donnée;
Car tu fus lors un feu de ma crainte vainqueur,
Qui m'esclaira l'esprit et m'eschaufa le cœur;
Quand d'un conseil amy m'enseignant quelle voye
Va droit sur Helicon, et quelle s'en dévoye,
Tu me dis que Clion m'apperceut d'un bon œil
Lors que mon premier jour salua le soleil;
Qu'il me falloit oser; que pour longuement vivre,
Il falloit longuement mourir dessus le livre,
Et que j'aurois du nom si, sans estre estonné,
Je l'allois poursuivant d'un labeur obstiné.
    Vueillent les cieux amis, ô l'honneur de cet âge,
Rendre l'evenement conforme à ton presage,
Et ne permettent point que j'aye obtins en vain
L'heur d'avoir veu ta face, et touché dans ta main.
    Cependant prens en gré, si rien de nous t'agrée,
Ces pleurs qu'au lieu de fleurs, et qu'au lieu d'eau sacrée,
Avec toute la France, atteints d'un juste dueil,
Nous versons sur ta tombe et de l'ame et de l'œil;
Pleurs que ton cher Binet en souspirant amasse,
Puis les meslant aux siens, en de l'or les enchasse,
Et dolent les consacre à l'immortalité
Pour servir de tesmoins de notre pieté,
Et pour faire paroistre à ceux du dernier âge
Que nous avons au-moins cogneu nostre dommage,
Et que nous l'avons plaint autant que nous pouvions,
Ne pouvans pas le plaindre autant que nous devions.
                                      BERTAUD.

NÆNIA PENTASYLLABICA.

Spargite ad hunc lapidem flores, et serta, Poetæ,
  Et tumulum violis sternite odoriferis;
Spargantur crocus, atque rosæ, vernique hyacinthi,
  Liliaque immixtis alba papaveribus.
Nec desint hederæ, myrtique et pampinus, et qua
  Vos caput ornatis Laurus Apollinea.
Fundite lac, unguenta, oleum, far, mella, merumque,
  Quodque fluit liquidis Nectar arundinibus.
Mollis et ad sacram fundatur amaracus urnam,
  Et thus, et nardi copia Achæmeniæ :
Atque sepulchralis quæcunque in munere pompæ
  Solvere consuevit prisca superstitio.
Ronsardi hoc bustam est, cujus jam nomen ab Afro
  Ad Gangem, et montes fertur Hyperboreos :
Qui primus Grajas ad Gallica plectra Camœnas
  Non vi sed numeris traxit amabilibus.
Qualiter ingenuas Sparta abduxisse puellas
  Messenem cautus fertur Aristomenes.
Hic postquàm patriis junxit nova pondera rhythmis,
  Sermonemque novis auxit acuminibus :
Phœbadis Iliacæ sacros celebravit amores,
  Et Veneris risus lusit Acidaliæ.
Forsitan et veros concepit grandior ignes,
  Immitemque Deæ sensit aculeolum;
Atque ita carminibus sua vulnera flevit, ut ipsis
  Nulla magis fuerint nota Cupidinibus.
Majus opus demum aggreditur, Regesque Deosque
  Dum canit, et titulis ornat honorificis.
Trojanaque suos deduxit origine Gallos,
  Et clarum multis Carolum imaginibus.

Sic puer Hectorides Xantho et Simoente relictis
 Divino ad Rhenum venit haruspicio.
Græcia delatos Gallis jam cedat honores,
 Submittatque vetus Roma supercilium.
Vicimus, et spoliis Latii gaudemus opimis;
 Gallus ovat ludis victor Olympiacis.
Frustra Virgilius, frustra jactetur Homerus,
 Utrumque exuperat Gallus Atlantiades :
Dignus qui duplici princeps Helicone sederet,
 Pimplæisque daret jura cacuminibus.
Ille ubi civili patriam jam Marte cadentem
 Vidit, et impleri cuncta latrociniis,
Incendique urbes, et regia nomina tendi,
 Prostratisque solum pingue cadaveribus,
Nunc moriamur, ait; patriæ superesse puderet,
 Atque moras annis nectere inutilibus.
Dixit, et incumbens focalibus, ultima luxit,
 Qualis olor ripas propter arundineas.
Non illum ambitio, vel amor vesanus honorum,
 Vel fœdæ stimulus punxit avaritiæ :
Gustavit parta post bis sex lustra quiete
 Dulcibus immixtam rebus amaritiem.
Vos, quibus est cordi sua laus, qui præmia dudum
 Concipitis tanto digna magisterio;
In planctum atque preces numeris concordibus ite,
 Defunctoque pium ferte ministerium.
Non juvat obscuram gestare in funere pallam,
 Et caput impexo triste capillitio.
Hæc sunt quæ canimus veri monumenta doloris;
 Hæc sunt Castalii justa sodalitii.
Manibus hæc Ronsarde tuis cano, dedico, pono,
 Supremum nostræ pignus amicitiæ.

N. RAPINUS,
Succinctus in urbe Quæsitor.

Has tibi do violas, violis mihi dulcior ipsis,
  Ronsarde, et tribulos inter quodcunque forenses
Iste meus pauper florum produxit agellus,
Hoc tumulo, velut irriguus tibi depluit imber.
  Dum vixit, laudata tibi, tibi culta Camœna
Nostra fuit, licèt illa malis malè nata diebus,
Et paulo asperior constantis nuncia veri
Non Reges, verùm Regum contemneret aulas.
  Nunc quoniam secuere tuam fata aspera vitam,
Tuque manes, ego dum misera tellure moratus
Conqueror adversos properanti in funere casus :
Accipe quas justo solvit tibi Musa dolore
Inferias : nostrisque manent si pondera verbis,
Hoc de te, Ronsarde, putes, nil grandius unquam
Ronsardo vixisse suis per sæcula lapsa,
Venturumque nihil per postera tempora Gallis.

LUD. AURELIUS.

ΕΙΣ ΠΕΤΡΟΝ ΡΩΝΣΑΡΔΟΝ.

Κωφὸς ἔην λαμπρῶν Ῥώνσαρδος ἄριστος ἀοιδῶν,
  Πλήσατο δ' ὦτα βροτῶν εὐεπίης χάρισιν·
Θηηξάμενος τ' ἀκοὰς ζώντων καὶ στήθεα τέρπει,
  Ὥστε καλῶς ἀΐειν κωφὸν ἐόντα τὸ πρίν.

IDEM LATINÊ.

Surdus erat vatum Princeps Ronsardus; at aures
  Gallorum implebat carmine mellifluo.
Fato etiam functus mentes oblectat et aures :
  Hinc audit surdus nunc bene post obitum.

FED. MOREL P.

PAULI MELISSI FRANCI

Comitis Palatini et Equitis civis Romani

ODE

AD Q. SEPT. FLORENTEM CHRISTIANUM.

DE OBITU PETRI RONSARDI.

Quem Fama mendax ante biennium,
O Quinte, vani prodiga gutturis
   Vixisse vatem nunciarat;
   Isne manus violentiores
Parcæ subivit, jus adamantinæ
Strictè tenentes forficis, et glomum
   Vertentis ævi convolutum
   Dissicere heu nihil abstinentes?
Jam vetat error pristinus. En mare
Trajecit ingens Oceani patris,
   Et insulares Albionis
   Non itidem, velut antè, Celtas
Rumore falso corripuit volans
Hinc inde pennâ Fama volubili,
   Tristesque Ledæas amœnum
   Reddidit ad Thamesim volucres;
Quas visitatâ voce Rogersii,
Dous æque cantu glauca Venilia,
   Itemque nostro provocatas,
   Lætitiâ erigere insolenti
Spectarat altè colla sonantia
Clangore, crebroque agmine litora
   Vicina complere, et Britannam
   Ad modulos numerosiores

Ciere Nymphen, ætherium genus,
Vatumque numen. Siccine fluminum
 Ocelle Liri belle, ripæ
 Vindocinæ vetus irrigator,
Ronsardum in extremo articulo nigræ
Mortis trementem reddere anhelitum
 Flesti repercussas in auras?
 Siccine, flave Liger, rigenti
Corpus sepulchro, pinguia quâ colunt
Turonis arvi jugera, condier?
 Frustramur, an fractum Poetæ
 Emorientis utrumque ocellum
Ultro vocati dextra Galandii
Propinqua clausit? Tu quoque forsitan
 Auri insusurrasti supinæ
 Verba bona et pia, Christiane,
Agona leto luctificabilem
Luctante, præstô visus adesse. Quæ*
Quos mœste flores Manibus injicis?
Quæ vota fundis, queis sibi gaudeat
 Terpandrus alter? sume quæso,
 Sume lyram mihi cunque tritam,
Ac luctuosas hisce age nænias,
Graio et Latino pectine. Dic tuo
 Exinde Morello, et Bineto,
 Et Stephano, Bonefonioque,
Musarum alumnis, ut fide Lesbiâ,
Seu queis placebit cumque modis seni
 Dignè parentent, publicisque
 Templa, theatra, Academiasque
Sonis fatigent. Fas etenim est uti
Qui natus artes dotibus inclytis
 Augere, donatus sacrarum
 Munere non careat sororum.

Hac tegitur Ronsardus humo tot notus in oris,
Quot patrius flavas Lædus percurrit arenas.

      P. MASSONUS.

Musarum vates Ronsardus, cui dare primas
Invideat nemo inter tot tantosque Poetas
Quos tulit hæc ætas, repetit cælestia regna.
Nam revocant Divi quibus hæc sunt præmia curæ.
Ast vos queis superest in terris vita, favete.

      ANT. HOTOM. I. C.

STANCES

SUR LE TRESPAS DE P. DE RONSARD.

Ce Phebus des François, ce Prince des poëtes,
Ce Ronsard, dont les vers sont autant de trompettes
Qui font bruire en tous lieux son immortel renom,
Il est mort aujourd'huy ; mais sa Muse sçavante
En despit de la mort reste encore vivante,
Déterrant du tombeau des grands hommes le nom.
 Comme la poësie avec luy prit naissance,
Elle est morte avec luy ; Phebus qui sort de France
Fait en leur mont natal les Muses retourner ;
Calliope sans plus en France est demeurée,
Et delaissant ses Sœurs, de dueil toute espleurée,
Ne veut de son Ronsard la tombe abandonner.
 « Tu es donc mort, Ronsard, disoit ceste Déesse,
Et ta cruelle mort m'engendre une tristesse
Qui sera tousjours fraische au plus vif de mon cœur ;
Ma douleur et mon estre auront mesme puissance,

Mon essence immortelle au temps fait resistance,
Et mon durable ennuy des ans sera vainqueur.
 « Ta mort en moy, Ronsard, fait mourir toute joye!
Si quelque bien m'arrive, il s'écoule et se noye
Dans le torrent de pleurs qui roulent de mes yeux.
Pour descouvrir le dueil qu'en l'esprit je recelle,
Je veux qu'à l'advenir Alginope on m'appelle;
Ce nom est convenable à mes maux ennuyeux.
 » Que mes Sœurs à leur gré, sans moy leur bal de-
Et que sur Helicon seules elles se tiennent; [menent,
Ce lieu m'est, sans Ronsard, un desert tenebreux;
Sans Ronsard ses lauriers sont cyprés mortuaires,
Sans luy mesme Hippocrene a changé ses eaux claires
Aux marests de Cocyte obscurement bourbeux.
 » Que j'avoy de plaisir lors qu'en son âge tendre
Ronsard venoit soigneux l'air de nos chants entendre,
Et remarquer les saults de nos branles divers!
Que j'aimois à le voir d'une teste panchée
Au rivage Ascrean sa soif rendre estanchée,
Remplissant d'eau sa gorge et son esprit de vers!
 » O mort! tu te devois monstrer plus favorable
Au chantre dont les vers te rendent memorable,
En l'hymne qu'autresfois il fit en ton honneur;
Las! je croy que ces vers t'ont donné plus d'envie
De nous ravir Ronsard et le priver de vie,
A fin d'avoir là bas un si grave sonneur.
 » Quand Homere mourut, j'avoy tant d'esperance
De le voir par Ronsard un jour renaistre en France,
Que ceste seule attente appaisa mes regrets;
Maintenant de moitié ma tristesse s'augmente,
Car l'Homere François, dont la mort je lamente,
Fait encore une fois mourir celuy des Grecs.
 » J'ay perdu tout espoir de plus voir des poëtes:
Tousjours mes Sœurs et moy nous languirons muettes
Par la mort de Ronsard qui nous donnoit la vois;
Nous avons autresfois quitté nostre Phocide
A fin de suivre en France un seul Ronsard pour guide;
Ores puis qu'il est mort, nous laissons les François. »

Ainsi loin de ses Sœurs, dont elle fuit la trope,
Du trespas de Ronsard se plaignoit Calliope,
Lors qu'elle vit prés d'elle Apollon arriver :
« Cessez (luy dit ce Dieu) d'épancher tant de larmes,
Celuy que vous pleurez remporte par ses carmes
Un honneur dont la mort ne le pourra priver.

« C'est de moy que jadis les poëtes nasquirent,
C'est par moy qu'en leurs vers tant de gloire ils acquirent;
Par moy Ronsard depuis a tant faict qu'ils n'ont plus
L'heur d'avoir mieux escrit que ceux de sa contrée,
Et ma docte fureur dans sa poitrine entrée,
Fait que tous ses escrits comme oracle sont leus.

» Si Libitine avoit sur Ronsard quelque force,
Mon sçavoir medecin reverdiroit l'escorce
De son tronc qui pourrit au sepulchre estendu.
Mais ce n'est point Ronsard ce corps mort que la terre
En son giron avare estroittement enserre,
Ronsard c'est ce grand nom par le monde espandu !

» Il est vray que le corps gisant sous ceste lame,
Pour avoir autresfois logé ceste belle ame
Semble encore aujourd'huy quelque honneur recevoir ;
Et la posterité lisant sa poësie,
Viendra, d'estonnement et de regret saisie,
Ce tombeau de Ronsard par grand miracle voir.

» Alors je permettray que ma saincte presence
Fera divinement par secrette influence
Mon brusque enthousiasme en ce marbre venir ;
Et ceux qui de Ronsard auront la tombe veue,
D'une Delphique ardeur sentans leur ame esmeue,
Se verront sur le champ poëtes devenir.

» Les pleurs nouvellement versez sur ceste biere
Serviront de rosée et d'humeur nourriciere
Pour y faire en tout temps ma plante regermer;
La palme y doit lever sa cyme glorieuse,
Monstrant que la vertu des ans victorieuse
Sous le creux monument ne se laisse enfermer.

» Dans les cieux esclairez des rais de mon visage,
Je voulus triste et blesme arrester mon voyage

Aussi tost que Ronsard eut accomply ses jours ;
Et rendant de sa mort la memoire eternelle,
Tous les ans desormais, pour marque solemnelle,
Au temps de son trespas je finiray mon cours. »
  De ces mots Apollon Calliope console,
Et son dueil comme une ombre évanouy s'envole ;
Alors ces Dieux en Cyrrhe à l'instant sont portez ;
Phebus prenant sa lyre au haut du mont se place,
La Muse entre ses Sœurs retournée en sa place
Diligente reprend ses ouvrages quittez.
R. ESTIENNE.

SUR L'EPITAPHE DE RONSARD

FAIT PAR LUY-MESME.

Le Cygne Vendomois dressant au ciel son aile
  Voulut en six beaux vers son obseque chanter,
Afin qu'autre que luy ne se puisse vanter
D'avoir part au renom de sa Muse immortelle.
Ainsi voulut Ajax de sa main se ferir,
Estant digne tout seul de si haute entreprise ;
Mais par sa main Ajax vivant s'est fait mourir,
Et par ses vers Ronsard mourant s'immortalise.
R. ESTIENNE.

ELEGIE.

Pleurons, pleurons Ronsard, tous les poëtes pleurent,
  Mais plustost par sa mort tous les poëtes meurent !
Les Muses et l'Amour languissent par sa mort,

Et Parnasse sent bien que son Ronsard est mort.
Ronsard, ce grand Ronsard, qui grimpant sur le feste
De Pinde et d'Helicon, avoit orné sa teste
Des lauriers que Phebus pour son chef reservoit,
Menaçant de bien loing quiconque le suivoit ;
Ronsard qui ramena les Muses en la France,
Faisant taire la voix du Cygne de Florence ;
Ronsard qui arracha la victoire des mains
Et des chantres Gregeois et des chantres Romains ;
Ronsard tout l'ornement de tout ce qui peut naistre,
Le père des chansons, et des Amours le maistre ;
Ronsard qui fut icy le miracle des cieux,
Et qui sera là-bas le soleil des bas lieux !
Pleurons, pleurons Ronsard, tous les poëtes pleurent,
Mais plustost par sa mort tous les poëtes meurent ! (¹)
  Les Muses et l'Amour le pleurent avec nous,
Les Muses et l'Amour n'avoient rien de plus doux
Que le doux miel coulant de sa bouche divine,
Quand tout plein de Phebus et du fils de Cyprine
Il chantoit en ses vers les traits et le brandon,
Les esbats, les devis, les jeux de Cupidon ;
Ou quand plus hautement et d'haleine plus forte,
Et montant de son luth les nerfs en autre sorte,
Il chantoit les combats, les armets, les escus,
La gloire des vainqueurs, la honte des vaincus.
O Muses, vous estiez son soing et son estude,
Et parmy vos deserts cherchant la solitude,
Il aimoit de se perdre à travers vos lauriers,
Par des lieux incogneus à tous ses devanciers !
Et les flots gazouillants d'une argenteuse source
A l'envy de son chant faisoient bruire leur course ;

---

1. Ce refrain est imité de celui que Ronsard met dans la bouche de Vénus pleurant Adonis :

    Helas ! pauvre Adonis ! tous les Amours te pleurent ;
    Car avecques ta mort toutes delices meurent !
               T. IV, Elegie V, page 245.

Maintenant il est mort, et les Dieux de là-bas
Se sont monstrez jaloux de tant de doux esbats.
Pleurons, pleurons Ronsard, tous les poëtes pleurent,
Mais plustost par sa mort tous les poëtes meurent!
    Ronsard ayant le cœur divinement espris
Et du feu de Phebus et du feu de Cypris,
Qu'allumoient les beaux yeux d'une jeune Cassandre,
Apprenoit aux amans comment il faut espandre
Mille pleurs, doux tesmoins des blessures du cœur,
Et comment le vaincu se peut rendre vainqueur;
Il donnoit à l'Amour les flesches et les flâmes
Dont il nâvre les cœurs et reschauffe les ames;
Et comme il luy donnoit des flâmes pour brusler
Il luy donnoit aussi des ailes pour voler,
Et fuïr la rigueur des beautez trop cruelles.
Amour, tu luy dois tout, et les Nymphes plus belles
Luy doivent leur empire, et le nom qu'elles ont,
Et la gloire du bien, et du mal qu'elles font.
    O vous doncques Cassandre, ô vous doncques Marie,
Et vous Genevre aussi, vous qu'il a tant cherie,
Qui avez eu l'honneur d'enchanter ses esprits,
Et d'estre le subject de ses doctes escrits,
Pleurez Ronsard, pleurez, tous poëtes le pleurent,
Mais plustost par sa mort tous les poëtes meurent!
    Pleurez donc avec eux, ou si desja sans corps
Vos ames ont passé dans la barque des morts,
Venez, Nymphes, venez, ou des Nymphes les ombres,
Accourez au devant parmy ces forests sombres,
Et recueillez celuy dont les vers amoureux
Ont retiré vos noms des monuments pouldreux,
Les portant avec eux par tous les lieux du monde
Où s'espand le doux miel de leur douce faconde!
Vous, poëtes aussi, que les champs fortunez
Retiennent maintenant de myrtes couronnez,
De laurier, de lierre et d'une blanche olive,
Venez le recevoir au sortir de la rive,
Bellay, Belleau, Jodelle, et vous qui n'avez eu,
Vieux poëtes François, l'honneur de l'avoir veu,

Le guidant en ces champs, où la voûte etherée
Espand plus largement sa lumiere dorée
Sus l'herbe et sus les fleurs d'un eternel printemps,
Où les poëtes saincts à Phebus vont chantans
Et carollants en rond par les larges prairies
Entre les beaux œillets et les roses fleuries.
Vous le presenterez à Charles, son grand Roy,
Charles à qui vouant et sa lyre et sa foy,
Ronsard, dedans ses vers d'eternelle memoire,
A basty de ses mains un sepulchre de gloire.
Que vous serez content, ô grand Charles, de voir
Eslevé dessus tous celuy dont le sçavoir
Fait que vostre vertu qui n'a point de seconde,
Se borne seulement des limites du monde!
Il vous ira contant des nouvelles d'icy,
De Henry nostre Roy, vostre plus doux soucy,
Henry, qui revenant de la froide Scythie,
Trouva par vostre mort la France mipartie,
Et les feux de discorde en mille lieux semez,
Qui furent aussi tost esteints et consumez;
Comment il a depuis, sous une paix heureuse,
Porté dessus son chef la couronne gemmeuse,
Tenu le sceptre en main, et fait regner encor
La justice et la foy du premier siecle d'or;
Il vous ira contant les beaux temples qu'il dresse,
Où de jour et de nuict, tout remply d'alegresse,
Il se bat l'estomach, et s'humecte les yeux,
Les genoux contre terre, et le cœur vers les cieux;
Comme sa pieté de jour en jour s'augmente,
Comme mille moyens tous les jours il invente
De rendre Dieu propice, et n'est jamais content
Par jeusnes et par vœux, bien-heureux penitent,
Et tousjours protecteur de la foy catholique,
Ennemy comme vous du mutin heretique.
Lors vous vous sentirez tout le cœur resjouir,
Et voudrez, ô grand Roy, toute l'histoire ouir.
Ronsard vous la dira, vous laissant une envie
De sçavoir, mais bien tard, le reste de sa vie;

Et ce que les neveux de nos neveux verront,
Luy vivant immortel, eux ils vous l'apprendront.
O Dieux! que j'ay desir que bien tost, nouvelle ombre,
J'aille en ces champs fleuris en augmenter le nombre;
Mais le Destin m'arreste, et me sera bien tard
Quand je pourray mourir pour te suivre, Ronsard.
Ce pendant de mes pleurs et d'un piteux office
Je feray sur ta tombe annuel sacrifice;
Et quand l'an revolu ce jour nous reviendra,
Jour triste de ta mort, une voix s'entendra :
Pleurons, pleurons Ronsard, tous les poëtes pleurent,
Mais plustost par sa mort tous les poëtes meurent!
 Mais bons Dieux qu'est-ce cy? je sens faillir ma voix,
J'ay le cœur estouffé, j'ay l'estomach pantois;
Sous une obscure nuict toute chose est cachée,
Et toute la nature à ce coup desbauchée!...
Derechef je voy tout, l'air est large et ouvert,
La nuict fait place au jour, le ciel est descouvert,
Un soleil tout nouveau comme devant rayonne.
Je voy ce grand Perron, qu'une troupe environne
De poëtes vestus d'une robe de dueil;
Je les voy tous ensemble autour de ton cercueil,
Cercueil que t'a dressé ton fidele Galande,
L'enrichissant encor de mainte belle offrande.
Mais la plus belle offrande, et la plus riche encor,
Ce grand Perron te l'offre en une coupe d'or,
Toute pleine de miel, de nectar, d'ambrosie,
Sur ta tombe espandant une douceur choisie,
Œillets, roses et lys, pour y faire en tout temps
Voir les riches thresors d'un odoreux printemps.
Je voy le cruel fils de la douce Erycine
S'arracher les cheveux, se battre la poitrine,
Rompre son arc en deux, esteindre son brandon,
Et sa trousse et ses traits jetter à l'abandon.
A pas mornes et lents, trainant à bas ses ailes,
Il vient à tous monstrer les blessures cruelles
Qu'il a receu, Ronsard, le jour que tu es mort,
Et se plaindre des Dieux, de Nature et du Sort.

Mais les pleurs et les cris, Ronsard, ne te réveillent,
Tes yeux sous une nuict en silence sommeillent ;
Ils sommeillent, helas! en un cruel sommeil,
Jusques à tant qu'un ange ait sonné le réveil.
Pleurons, pleurons Ronsard, tous les poëtes pleurent,
Ou plustost avec luy tous les poëtes meurent !
 Helas! dequoy nous sert qu'on nous appelle saints,
Si la mort dessus nous peut estendre ses mains?
Dequoy nous sert, helas! que les Dieux se soucient
De nous et de nos vers? que les hommes nous dient
Recevoir en l'esprit les doux presents des cieux,
Si malgré le vouloir et le pouvoir des Dieux
Nous descendons là-bas en la commune barque,
Subjects comme le peuple au ciseau de la Parque?
Parque qui ravissant les jeunes au trespas,
Les plus vieux toutefois en oubly ne met pas,
Mais va tout devorant, comme louve enragée :
La barque de Charon n'est jamais trop chargée !
Tost ou tard il nous faut aborder à ce port,
Et presser de nos pieds le chemin de la mort.
Nous vivons en esprit, mais tout le reste tombe
Sous l'obscure froideur d'une mortelle tombe.
Le poëte est mortel, son œuvre seulement
Dans l'esprit des vivans vit eternellement.
Ainsi vit maintenant la longue renommée
Des gensdarmes Troyens, Troye estant en fumée,
Et la toile refaite et défaite sans fin,
Dont la Grecque trompoit le courtisan peu fin.
Ainsi vivra Marie, ainsi vivra Cassandre,
Deux Nymphes qui t'ont peu l'une aprés l'autre prendre !
Mais tu meurs, ô Ronsard, ne pouvant rien sinon,
Mortel, leur départir un immortel renom.
Pleurons, pleurons Ronsard, tous les poëtes pleurent,
Mais plustost par sa mort tous les poëtes meurent !
 On conte que jadis quand la nef de Jason
Des rivages Colchois apporta la Toison,
Medée avec le just de ses secrettes plantes
Renouvella d'Eson les arteres tremblantes.

Las! c'est toy qu'il falloit, et non pas luy, Ronsard,
Renouvellant ton corps, rendre jeune et gaillard!
Que ne sçay-je pour toy cognoistre la racine
Qui produit ceste plante et ceste medecine?
Quand l'hyver de tes ans le sang t'eust refroidy,
Tout soudain d'un printemps ton chef fust reverdy!
Mais les Dieux trop cruels, qui nous portent envie,
Sous de severes loix ont rangé nostre vie.
Aprés un long hyver le serpent tout nouveau
Laisse dessous la terre et ses ans et sa peau;
Les arbres despouillez tous les ans refleurissent,
Et les champs dessechez tous les ans reverdissent;
Mais quand l'homme une fois de vieillesse est atteint,
Elle ne luy rend plus ny ses ans ny son teint.
Tithon, le vieil mary de l'Aurore empourprée,
Se paissant de nectar, sa vieillesse recrée;
Et couché sur les fleurs de son lict embasmé,
Luy va baisant le front dont il est enflamé.
Si l'Aurore eust voulu nos prieres entendre,
Ronsard, elle eust laissé son Tithon pour te prendre!
Quand elle partiroit pour apporter le jour,
Tu irois espandant des roses tout autour
De son coche attellé, chassant la nuict humide;
Tu mettrois en ses mains de ses chevaux la bride,
Et puis en les flatant de l'une et l'autre main,
Çà et là sur leur col tu coucherois leur crin.
Mais las! tu meurs Ronsard, et nos vœux n'ont puissance
De soustraire à la mort une mortelle essence!
Il faut que ton corps soit en un tombeau reclus,
Et que pensant te voir nous ne te voyons plus.
  Las! que pouvons-nous donc? Terre, ne sois pesante
A ses os que tu tiens; imite, en l'air pendante,
La masse de ton tout, qui ne se laisse aller,
Mais de son propre poids se soustient dedans l'air!
Terre, si tu le fais, tu sois tousjours couverte,
Ainsi que d'un tapis, d'une herbe molle et verte,
Et nos yeux t'arrosants d'une source de pleurs,
Facent naistre de toy toutes sortes de fleurs.

Pleurons, pleurons Ronsard, tous les poëtes pleurent,
Ou plustost par sa mort tous les poëtes meurent!

R. CAILLER,
Poictevin.

SONNET.

Comme le long du Pau, autour de Phaëthon,
Ses cheres Sœurs pleuroient sa cruelle adventure,
En se voyant couvrir le corps d'escorce dure,
Et leurs pieds endurcir d'une estrange façon;
  Ainsi prés ce tombeau la troupe d'Helicon,
Sanglottant, souspirant sa chere nourriture,
Regrette son Ronsard, et blasme la nature
De n'avoir respecté le laurier d'Apollon.
  Las! les cris et les pleurs semblables on voit faire,
Mais la cause du mal en cés deux est contraire,
Et divers accidens causent un mesme effect;
  Car Ronsard est pleuré quittant la terre basse
Pour monter dans le ciel où sa vertu prend place,
Phaëthon pour le sault que du ciel il a faict.

CH. DE LA GUESLE.

Hic sibi Castaliam omnem umbram Aoniosque recessus
Vindicat, exæquans Ilium Olympiaque.

C. MÆNARDUS
Senator Parisiensis.

SUR LE TRESPAS DE RONSARD,

QUI FUT VERS LE SOLSTICE HYVERNAL.

La mort vouloit Ronsard pour monstrer sa puissance,
Apollon reservoit son poete du trespas;
Elle qui finement espioit son absence,
Ces longues nuits d'hyver l'a fait passer le pas.

AUTRE.

Esprit qui d'Apollon allez suivant la trace,
Sainctement travaillez d'un vertueux soucy,
Oubliez desormais le chemin de Parnasse,
Les Muses n'y sont plus, elles dorment icy.

AUTRE.

Que sert, troupe saincte, d'espandre
Ces cris en vain sur son trespas?
Ronsard ne nous sçauroit entendre;
Car, pour luy, nous parlons trop bas.

AUTRE.

Quand Phœbus vers le soir nous cache son flambeau,
Soudain mille beaux feux sortent en apparence;
Ainsi, mourant Ronsard, le soleil de la France,
Mille braves esprits naissent de son tombeau.

GILLES DURANT,
Sr de la Bergerie.

Quoy donc? Ronsard en son art le premier,
Ronsard est mort, et son travail honneste,
Et d'un renom l'immortelle conqueste
N'ont sceu ployer du Sort l'arrest meurtrier?
   Qui eust pensé que ce brave laurier
Qui justement environnoit sa teste,
N'eust peu domter l'orageuse tempeste
Et les efforts du Destin coustumier?
   Pour néant donc la personne s'employe
A se guinder, par une longue voye,
Sur l'Helicon pour se voir couronner;
   Si le Destin plus cruel que le foudre,
Qui ne sçait pas aux mortels pardonner,
Met les lauriers et poëtes en poudre.

A. DE TOURNEBU.

Giunta del gran Ronsardo all' altra riva
L'ombra felice, il sacro Elisio Choro
Lieto l'accolse, il crin cinto d'alloro,
Di verde myrto, e di tranquilla oliva.
   E voce udissi : O gloriosa e diva
Alma, che di saper sì gran tesoro
Spargesti nel mirabil tuo lavoro;
Quale altra fia, che mai tant' alto scriva?
   Tu de la Francia il sol, tu sempiterno
Stupor del mondo sei rivata al segno
Cui trascender non lice ad huom' mortale.
   Dunque fra i duo piu chiari Toschi eterno
Loco ricevi, altero spirto e degno,
Recand' honore à tant' honore eguale.

FERRANTE GRIGIONI,
Fiorentino.

SONETO.

Spegner volse rea morte à i gigli d'oro,
Lo splendor, che in Ronsardo splende, assai
Sovr' altro, che illustrati gl' habbia mai,
Per dar poi in preda al tempo il nome loro :
   All' hor, che cinto Apollo, al sacro choro
Dalle Muse, le disse : Empia, non sai,
Che i gran merti han Ronsardo, e gli suoi rai,
Fatti immortal' ch' io l'avrei gigli adoro?
   Indi orno di Ronsardo il crin d'allori,
E Sacerdote il giunse à i sacri altari,
Con Homer, con Virgilio, e col Petrarca.
   Spirto si ben gradito, e in tanti honori,
Assalite hor, co i desir vostri avari,
Duro tempo, aspra morte, invida Parca?

MATT. ZAMPINI.

Non sei nato fra Galli? e fra gli odori
De gigli sei nutrito? e nel Tureno
Paradiso (natio tuo dolce seno)
Non la madre commune abbracci, e muori?
   Nascer' convien' fra Galli à quei ch' han' cuori
Arditi e vigilanti, e che non meno
Grati ad Amor, che à Febo, il lor terreno
Sueglian' con matutin' canti sonori.
   Da più preggiati fiori ei (piu preggiato)
Riceve odor di pianta à Dio diletta
Non si grande ò simil vista giamai.

Nell' occhio della Francia, e nell' amato
Più puro ciel sua men' pura e scietta
Parte si posa, e noi posiamo i lai.

P. Giacomini Teb. Malespina.

Com' è ch' il tuo bel lume tu nasconda,
O nostro Apollo? e la suave lira
(Cui l'Orsa, e l'Austro, il Battro e l'Tyl' amira)
Finisca'l suon', che' quel del ciel seconda?
 Dunque è conversa in trist' e torbid' onda
Mia breve gioja? Ahi com' in van' s'aspira
Al sar' nulla durar qui, mentre gira
Il sol, che questa selva infiora e sfronda.
 Cosi piangea la Francia, e'n mezzo al grido,
Che disperato insin al ciel rimbomba,
L'alma gentil dicea d'all' alta corte :
 Vivrà Ronsard : che chiude hor sol la tomba
Sua grave salma, io torno al patrio nido,
Poich' à lui vita diei : Te tolsi à morte.

Cos. Ruggieri.

DISTICHON NUMERALE
IN OBITUM P. RONSARDI.

EXpLestI IanI SeXto RonsarDe CaLenDas
 Fata, VoLat pVLCro gLorIa Lata LIbro.

Lud. Martelli R.

AUX MANES
DE FEU MONSIEUR DE RONSARD.
SONNET.

A fin de tesmoigner à la posterité
Que je fus en mon temps partisan de ta gloire,
Malgré ces ignorans de qui la bouche noire
Blaspheme impudemment contre ta Deïté;

Je vien rendre à ton nom ce qu'il a merité,
Belle ame de Ronsard, dont la saincte memoire
Obtenant sur le temps une heureuse victoire
Ne bornera son cours que de l'eternité;

Attendant que le ciel mes desseins favorise,
Que je te puisse voir dans les plaines d'Elyse,
Ne t'ayant jamais veu qu'en tes doctes escrits.

Belle ame, qu'Apollon ses faveurs me refuse,
Si, marchant sur les pas des plus rares esprits,
Je n'adore tousjours les fureurs de ta Muse.

GUILLAUME COLLETET,
Parisien.

ODE PINDARIQUE
CONTRE LES MESDISANS
DES ŒUVRES DE RONSARD.

STROPHE I.

A genoux, avortons de France,
Adorez l'immortelle voix,
L'immortelle voix d'excellence
De la trompette des Valois!

A genoux, et que sans redite
On rende hommage à son merite,
Advouant par ces vrays honneurs,
Et le triomphe et la victoire
Qui s'éternisent dans la gloire
D'un parfait mignon des neuf Sœurs!

ANTISTROPHE.

Ronsard, qui venant de Permesse,
Esmeu d'une saincte fureur,
Et d'une premiere jeunesse,
Vainquit l'ignorance et l'erreur,
Bronchant sous un mesme advantage,
Allumé d'un brave courage,
Leurs escadrons espouvantez,
Dont l'affluence intolerable,
Au gré d'un sort inequitable,
Gagnoit la palme en nos citez.

EPODE.

Par tout flamboient leurs trophées,
Par tout leur nom s'eslevoit,
Et leur demerite avoit
La gloire de nos Orphées;
Mais ce palladin guerrier,
Empennaché du laurier
Qui ceint les testes plus rares,
Sur leur empire estably,
Noya les troupes barbares
Sous les vagues de l'oubly.

STROPHE II.

Son prix esclatta dans leurs armes,
Qui vouloient nuire à ses efforts,
Esleus pour enfanter des charmes
Capables d'attraire les morts.

Comme un vent, comme une fumée
Leur vanité fut consommée;
Leur nom comme un rien se perdit.
Les estoilles chassent les ombres,
Phœbus escarte les nuicts sombres
Quand vers les monts il resplendit.

ANTISTROPHE.

L'Hippocrene adonc tremoussante
Au bruit d'un tel évenement,
Réveilla son eau croupissante,
Qui dormoit paresseusement;
La fontaine de Castalie
Fit mouvoir son onde jaillie;
Pinde esmeut ses bocages verds;
Et sous la Vendomoise lyre,
Parnasse et les antres de Cyrrhe
A l'égal furent descouverts.

EPODE.

Les Roys jugez au silence,
Ouvrants leur cœur et les yeux,
Furent couronnez aux cieux,
Affranchis de l'oubliance.
Apollon surgit en cour;
Et desirant tel sejour,
Les neuf sçavantes Pucelles,
Riches d'honneur et d'appas,
Au vent donnerent leurs aisles
Pour y conduire leurs pas.

STROPHE III.

Mais où ma pouppe vagabonde
Prend-elle sa carriere ainsi?
Quel Zephyr m'abandonne à l'onde,
A fin de tesmoigner cecy?

Qui n'est imbu de ces merveilles,
De ces merveilles nompareilles?
Hé! qui de l'une à l'autre part
Et du Gange et de l'Hesperide,
Ignore le prix qui reside
En la memoire de Ronsard?

Antistrophe.

Que l'on adore ses merites,
Que l'on revere les honneurs
De ce mignon des trois Carites,
Et de cet amant des neuf Sœurs.
Que l'on immole à son genie;
Que toute divine harmonie
S'entende au front de ses autels;
Que tous bois sacrez les allument;
Que l'encens, que le basme y fument,
Comme pour les Dieux immortels!

Epode.

C'est pourquoy tout en colere
Je repren ces effrontez,
Qui chercheurs de nouveautez,
Blasment ta louange claire,
Ta louange, ô grand Ronsard!
A fin que leur voix sans art
Injustement s'authorise,
Et que par leurs vains discours,
Un rude siecle introduise
Leurs vers qui mourront sans cours.

Strophe IV.

Maniere de vers sans exemple,
Que Romains, Toscans ny Gregeois
N'appendirent jamais au temple
De Phœbus à la douce voix;

Qui jamais du ciel n'arriverent,
Que jamais les Dieux n'approuverent,
Et que jamais homme sçavant
Ny bien-disant ne mit en conte,
Pour ne rechercher de la honte
En n'idolatrant que du vent.

ANTISTROPHE.

Au lieu de fleurs ils ne presentent
Que des chardons; rien que fourmis
Pour des montagnes ils n'enfantent,
D'honneur et de gloire ennemis.
Et toutesfois ils osent dire
Que ceux dont l'esprit on admire,
Sont jugez le rebut de tous;
Mais que leurs stances et leurs veilles
Sont les delices des oreilles,
Et leur contentement plus doux.

EPODE.

Belle ame où l'honneur abonde,
Si les bien-heureux là-haut,
Prés du bien qui ne defaut,
Peuvent quelque chose au monde;
Foudroye ces avortons,
Brise leurs vers et leurs noms,
Et ceux qui les font parestre
En des livres ignorans,
Mis sur le contoir, pour estre
L'abus mesme des plus grans!

STROPHE V.

Mais telle race abominable,
Dont les esprits sont des chaos,
Telle vermine est incapable
De cheminer avec ton los,

Et d'oser regarder en face
Les imitateurs de la grace
Qui donne lumiere à tes vers,
Hors desquels et de leur cadance
Il n'est rien qui vaille en la France,
Ny mesme au rond de l'univers.

Antistrophe.

Neantmoins ces corneilles vaines
(Dont la gloire a peu de saisons)
Au gré des ignorans Mecenes
Font un Perou de leurs maisons;
Tout à leur desir se vient rendre,
Tandis qu'és rives de Meandre
Les cygnes meurent de langueur;
Et que leurs chansons mesprisées
Servent de blasme et de risées
Par une fatale rigueur.

Epode.

Advienne que sous l'empire
De Louys, en qui les cieux
Ont respandu tout leur mieux,
Je puisse un jour m'en desdire;
Et que le prix et le nom
De la race de Bourbon,
N'ay'nt pas un moindre advantage
Que l'heureux nom de Valois,
En faisant voir que nostre âge
Est plein d'aussi bonnes voix.

Σμικρὸς ἐν σμικροῖς, μέγας ἐν μεγάλοις.

CL. GARNIER.

QUATRAIN

POUR LE PORTRAIT DE CASSANDRE,
Maistresse de Ronsard.

L'art la nature exprimant,
En ce portrait me fit belle;
Mais si ne suis-je point telle
Qu'aux escrits de mon amant.

FRANÇOIS DE MALHERBE. (1)

FRAGMENT DE LA SATYRE IX.

.........Ces resveurs dont la muse insolente,
Censurant les plus vieux, arrogamment se vante
De reformer les vers, non les tiens seulement,
Mais veulent deterrer les Grecs du monument,
Les Latins, les Hébreux et toute l'antiquaille,
Et leur dire à leur nez qu'ils n'ont fait rien qui vaille.
Ronsard en son mestier n'estoit qu'un apprentif,
Il avoit le cerveau fantastique et restif;
Desportes n'est pas net, du Bellay trop facile;
Belleau ne parle pas comme on parle à la ville;
Ils ont des mots hargneux, bouffis et relevés,
Qui du peuple aujourd'hui ne sont pas approuvés.....

---

1. Guillaume Colletet, dans sa vie de Ronsard, affirme que ces vers sont de Malherbe. Il était à même de le savoir. On les lit sous le portrait de Cassandre, dans l'édition de Ronsard, 1623, in-folio, T. Ier.

Mais, Rapin, à leur goust si les vieux sont profanes,
Si Virgile, le Tasse et *Ronsard* sont des ânes;
Sans perdre en ces discours le temps que nous perdons,
Allons comme eux aux champs, et mangeons des char-
[dons.

    MATHURIN RÉGNIER.

FRAGMENT.

Ronsard........ par une autre méthode
Régla tout, brouilla tout, fit un art à sa mode,
Et toutefois longtemps eut un heureux destin;
Mais sa Muse en françois parlant grec et latin,
Vit dans l'âge suivant, par un retour grotesque,
Tomber de ses grands mots le faste pedantesque.
Ce poëte orgueilleux, trebuché de si haut,
Rendit plus retenus Desportes et Bertaut....

    DESPRÉAUX, *Art poétique,* chant Ier.

FIN DU TOMBEAU DE RONSARD.

TABLE ALPHABÉTIQUE

DES AMOURS

DE PIERRE DE RONSARD. (¹)

SONNETS.

	Pages
Adieu belle Cassandre.	323
Adieu Cheveux	271
Adieu, cruelle, adieu	361
Afin qu'à tout jamais	318
Afin que ton honneur	357
Agathe où du soleil	302
Ah! belle liberté	354
Ah! petit chien	45
Ah! que malheureux	162
Ah! seigneur Dieu	24
Ailez démons	19
A l'aller, au parler	325
Aller en marchandise	329
Alors que plus Amour	238
A mon retour	273
Amour abandonnant	286

1. Nous avons dû placer ici les tables des Amours et des Odes, qui auraient enflé outre mesure les tomes I et II.

Table

Amour, amour, donne-moy	7
Amour Archer	63
Amour a tellement	309
Amour comme l'on dit	171
Amour estant marry	158
Amour est sans milieu	312
Amour et Mars	100
Amour, je ne me plains	422
Amour, je pren congé	330
Amour me tue	27
Amour qui as ton regne	319
Amour quiconque a dit	160
Amour qui si longtemps	161
Amour qui tiens tout seul	328
Amour seul artisan	335
Amour si plus	62
Amour tu es trop fort	328
Amour tu me feis voir	381
Amour tu semble	395
Amour voyant du ciel	213
Ange divin	18
Anne m'a faict	428
A pas mornes et lents	414
A Phœbus, mon Grevin	208
Aprés son cours	59
Astres qui dans le ciel	197
A ton frere Paris	390
A toy chaque an	72
Avant le temps	12
Avant qu'Amour	31
Avant vostre partir	403
Avec les fleurs	116
Avec les lis	25
Au cœur d'un val	101
Au mesme lict	394
Au milieu de la guerre	331
Au mois d'avril	269
Au plus profond	108
Aurat aprés ta mort	156
Aussi tost que Marie	248
Autre j'en jure Amour	402
Avecque moy pleurer	55
Ayant la mort	393

Baïf, il semble	400
Beauté dont la douceur	160
Belle Déesse.	385
Belle Erigone.	266
Belle, gentille, honneste.	176
Belle gorge d'albastre	345
Bien heureux fut le jour.	310
Bien mille fois.	17
Bien que les champs.	105
Bien que l'esprit humain	308
Bien que six ans	68
Bien que ton œil me face	212
Bien que ton trait.	122
Bien que vous surpassiez	399
Bien qu'à grand tort	5
Bonjour ma douce vie.	327
Brave Aquilon.	114
Cache pour ceste nuict.	168
Caliste pour aimer.	211
Ce beau coral.	14
Ce Chasteau-neuf.	374
Ce fol penser	97
Ce jour de may.	375
Celle de qui l'amour	341
Celle qui est	63
Celuy fut ennemy.	264
Celuy qui boit.	396
Celuy qui fit	113
Celuy qui le premier	379
Ce ne sont qu'haims	76
Cent et cent fois le jour l'orange.	300
Cent et cent fois penser	14
Cent fois le jour à part moy.	29
Cependant que tu vois	151
Ce petit chien.	69
Ce premier jour de may.	281
Ce ris plus doux.	79
Certes mon œil	92
Ces cheveux, ces liens.	344
Ces deux yeux bruns	15
Ces flots jumeaux	106
Ces liens d'or	5

Ces longues nuicts d'hiver	339
Cesse tes pleurs mon livre	231
Ceste Françoise grecque	443
C'est grand cas que d'aimer	165
Ceste fleur de vertu	355
Cest honneur, ceste loy	384
C'est trop aimé	405
Cet amoureux desdain	304
Cet œil besson	119
Chacun me dit Ronsard	381
Chacun qui voit	199
Chef escole des arts	297
Ciel, air et vents	39
Coche cent fois heureux	307
Comme d'un ennemy	196
Comme je regardois	304
Comme le chaud	87
Comme on souloit	114
Comme on voit sur la branche	239
Comme un chevreuil	35
Comme une belle fleur assise	305
Comme un vieil combattant	338
Contre le ciel	91
Contre mon gré	24
Cruelle il suffisoit	292
Cusin, monstre a double aile	329
Cy reposent les os	249
Cythere entroit au bain	336
Dame depuis que la premiere	28
Dame je meurs pour vous	412
Dame je ne vous puis	409
D'amour ministre	66
D'autant que l'arrogance	380
D'autre torche mon cœur	302
De ceste belle, douce	247
Dedans un pré	36
De la mielleuse	88
De myrte et de laurier	348
Depuis le jour que captif	120
Depuis le jour que le trait	61
De quelle plante	41
De ses cheveux	54

Des maris grecs. 118
De soins mordans. 87
Dessus l'autel d'amour. 309
De tes erreurs. 424
De ton poil d'or. 79
De toy ma belle grecque 291
De toy Paschal 395
Deux puissants ennemis. 241
Deux Venus en avril 289
Devant les yeux 58
De veine en veine. 120
De vostre belle vive. 299
De vos yeux le mirouer 298
De vos yeux tout divins. 290
Dieux si au ciel. 374
Dictes maistresse 406
Di l'un des deux. 71
Divin Bellay 34
Doi-je voler. 265
Doncques pour trop aimer. 411
Douce beauté à qui je dois 48
Douce beauté meurdrière 74
Douce beauté qui me tenez 49
Douce, belle, gentille 152
Douce Françoise. 267
Doux cheveux, doux present. 379
Doux desdains, douce amour 306
Doux fut le traict 23
Du bord d'Espagne 107
D'un abusé je ne serois. 20
D'une belle Marie 408
D'une vapeur. 117
D'un profond pensement 296
D'un sang, froid, noir et lent. 404
D'un solitaire pas. 308
Du tout changé. 43

En autre part. 84
Encor que vous soyez. 373
En cependant que tu frappes 93
En escrimant 375
En ma douleur 89
En nul endroit 104

Entre tes bras combats 390
Entre mes bras 85
Entre les rais. 3
En vain pour vous 227
Escumiere Venus 168
Espouvanté je cherche. 81
Est-ce le bien. 273
Est-ce tant que la mort. 365
Estre indigent. 51

Fauche, garçon 109
Foudroye moy le corps 396
Franc de travail 66
Franc de raison. 67
Fuyons, mon cœur, fuyons 162

Genevres herissez 340
Gentil barbier. 407

Ha bel accueil. 95
Ha mort, en quel estat 240
Ha! petit chien. 45
Ha qu'à bon droit. 10
Ha que je porte. 198
Ha que je suis marry 342
Ha que ta loy fut bonne. 321
Hausse ton vol 77
Hé Dieu du ciel. 408
Helas voicy le jour 365
Helene fut. 421
Helene sceut charmer. 284
Hé que me sert 401
Hé que voulez-vous. 171
Heureuse fut 78
Heureux le jour 63
Homme ne peut mourir 241
Honneur de may 72

Il faisoit chaud 106
Il ne falloit 269
Il ne faut s'esbahir 353
Il ne sera jamais 413
Il ne suffit de boire. 361
Injuste amour. 17

DES AMOURS. 299

Ja desja mars	42
J'aime la fleur de mars	173
J'alloy roulant	137
Jaloux soleil	56
Jamais au cœur	100
Jamais Hector	268
J'attachay ces bouquets	314
J'avois cent fois juré	203
J'avois en regardant	305
J'avois esté saigné	334
J'avois l'esprit	80
J'auray tousjours au cœur	206
J'ay cent fois esprouvé	389
J'ay cent mille tourments	179
J'ay desiré cent fois	201
J'ay honte de ma honte	336
J'ay l'ame pour un lict	210
J'ay pour maistresse	175
J'ay receu vos cyprès	417
Je chantois ces sonnets	366
Je croy que je mourrois	400
Je faisois ces sonnets	386
Je fuy les pas frayés	296
Je hayssois	272
Je liay d'un filet	295
Je m'asseuroy	103
Je m'enfuy du combat	364
Je meurs Paschal	48
Je mourrois de plaisir	216
Je n'ayme point les Juifs	418
Je ne sçaurois aimer	405
Je ne serois marry	352
Je ne suis point, ma guerriere	3
Je ne suis point, Muses	98
Je ne suis seulement	398
Je ne suis variable	165
Je ne veux comparer	325
Je ne veux point la mort	315
Je pais mon cœur	7
Je parangonne à ta jeune	73
Je parangonne à vos	44
Je plante en ta faveur	321
Je reçoy plus de bien	194

J'errois à la volée. 310
J'errois en mon jardin. 347
Je sçaurois bien. 428
Je sens de veine en veine. 310
Je sens portraits 102
Je sens une douceur. 313
Je songeois sous l'obscur 232
J'espere et crain. 8
Je suis esmerveillé. 345
Je suis la nef. 423
Je suis larron 60
Je suis plus aise. 118
Je suis pour vostre amour. 350
Je t'avois despitée. 293
Je te hay peuple. 69
Je te voulois nommer. 347
Je trespassois d'amour. 419
Je veux brusler. 96
Je veux lire en trois jours 413
Je veux me souvenant. 159
Je veux mourir. 27
Je veux pousser. 11
Je vey tes yeux. 9
Je vey ma Nymphe 64
Je voudrois bien 13
Je voudrois estre 26
Je vous envoye 397
Je voy mille beautez 344
Je voyois me couchant 327
Je voy tousjours le trait. 247
J'iray tousjours 393
Jodelle l'autre jour 150

Laisse de Pharaon. 339
La mere des amours. 416
L'an mil cinq cens 71
L'an se rajeunissoit 403
L'arbre qui met à croistre 298
L'arc contre qui. 119
Las! je me plains. 21
Las! je ne veux. 414
Las! force m'est. 99
Las! pleut à Dieu. 389

Las! pour vous trop aymer	402
Las! sans espoir	415
Las! sans la voir	57
L'astre ascendant	78
L'astre divin	270
L'autre jour que j'estois	288
Le ciel ne veut	67
Le doux sommeil	113
Le feu jumeau	112
Le jeu, la grâce	124
Le jour me semble	439
Le juge m'a trompé	332
Le mal est grand	61
Le mois d'aoust bouillonnoit	330
L'enfant contre lequel	418
Le plus touffu	6
Le premier jour du mois	53
Le premier jour que l'heureuse	271
Le premier jour que j'advisay	266
Les anciens	373
Le sang fut bien maudit	45
Les elements	43
Le seul penser	392
Le siecle où tu naquis	288
Le soir qu'Amour vous fit	343
Le soleil l'autre jour	289
Les petits corps	22
Les villes et les bourgs	170
Les vers d'Homere	110
Lettre de mon ardeur	343
Lettre, je te reçoy	342
Le vingtiesme d'avril	151
L'homme est vraiment	116
L'Huillier à qui	182
L'œil qui rendroit	40
L'onde et le feu	49
L'or crespelu	115
Lorsque mon œil	6
Lorsque le ciel te fit	346
Lune à l'œil brun	85
Ma Dame beut à moy	334
Ma Dame, je me meurs	350

Madame se levoit	315
Ma dòuce Helene non	282
Ma fievre croist toujours	312
Maintenant que l'hyver	337
Maistresse embrasse-moy	416
Maistresse quand je pense	356
Ma peine me contente	332
Ma plume sinon vous	159
Marie, à tous les coups	158
Marie, qui voudroit	157
Marie, tout ainsy	208
Marie, vous avez	148
Marie, vous passez	398
Mars fut vostre parrain	174
Ma Sinope, mon cœur	404
Mes souspirs, mes amis	178
Mets en oubli	122
Mignonne, levez-vous	164
Mille vraiment	30
Mon ame mille fois	353
Mon ame vit	420
Mon des Autels	377
Mon amy puisse aimer	399
Mon Dieu, mon Dieu que ma maistresse	29
Mon Dieu que j'aime à baiser	110
Mon Dieu quel deuil!	112
Mon page, Dieu te gard	417
Monseigneur, je n'ay plus	426
Mon Tyard, on disoit	147
Morne de corps	57
Morphée s'il te plait	167
Nature ornant	2
Ne me dy plus, Imbert	412
Ne me suy point, Belleau	203
Ne romps point au mestier	314
Non ce n'est pas	442
Non la chaleur	73
N'oubliez mon Helene	320
Nous promenant tout seuls	299
Ny ce coral	391
Ny de son chef	28
Ny la douce pitié	322

Ny les combats. 44
Ny les desdains. 98
Ny ta simplicité. 355
Ny voir flamber 35

O de nepenthe 376
O doux parler 32
Œil qui mes pleurs 76
Œil qui portrait dedans 51
O ma belle maistresse. 402
On dit qu'Amour. 421
Ores la crainte 26
Or' que Jupin. 90
Or' que le ciel. 97
Ostez vostre beauté 299
O toy qui n'es de rien 401
O traits fichez 99

Pardonne-moy 47
Pareil j'égale. 4
Par ne sçay quelle estrange 31
Par un destin. 11
Passant dessus la tombe. 349
Petit nombril. 391
Piqué du nom. 60
Plus que jamais 407
Plus mille fois 64
Plus que mes yeux 420
Plus tost le bal. 16
Pour estre en vain. 9
Pour aymer trop 406
Pour celebrer des astres 50
Pour ce que tu sais bien 410
Pour la douleur. 22
Pour retenir. 274
Pour voir d'autres beautez. 306
Pour voir ensemble. 47
Poussé des flots d'amour 284
Prenant congé de vous 324
Pren ceste rose 54
Prince du sang royal 426
Prince du sang troyen 422
Puis qu'aujourd'huy. 102

Puis qu'autrement. 439
Puisque cet œil 86
Puisqu'elle est toute hyver. 294
Puisque je n'ay. 94
Puisque tu sçays helas 303
Puisse advenir 21
Puissé-je avoir 91

Qu'amour mon cœur 13
Quand à longs traits. 282
Quand Apollon 427
Quand au commencement 418
Quand au matin 25
Quand ces beaux yeux. 37
Quand au premier. 20
Quand en songeant 392
Quand j'aperçoy. 38
Quand je pense à ce jour où je la. 240
Quand je pense à ce jour où près. 324
Quand je serois un turc 409
Quand je te voy. 120
Quand je vous dis adieu. 410
Quand je vous voy ou quand je pense 56
Quand je suis tout baissé. 194
Quand je vous voy, ma gentille. 178
Quand le grand œil 109
Quand le soleil 34
Quand l'esté dans ton lict. 382
Quand ma maistresse 41
Quand tu portois 272
Quand Villeroy naquit. 372
Quand vous serez bien vieille. 340
Que dictes-vous. 121
Que dis-tu, que fais-tu 211
Que laschement. 88
Quel bien aurai-je. 94
Quelle langueur. 106
Quel Dieu malin 33
Que me servent mes vers. 385
Que n'ai-je dame 42
Que ne suis-je insensible. 166
Que toute chose. 85
Que tu es Ciceron. 438

Quiconque voudra suivre	202
Qu'il me soit arraché	349
Qui voudra voir comme	1
Qui voudra voir dedans	37
Qu'on ne me vante plus	423
Quoy me donner congé	293
Ren moy mon cœur	108
Rossignol, mon mignon	410
Saincte Gastine	93
Seconde Aglaure	103
Seule sans compagnie	348
Seul et pensif	440
Seul je m'advise	101
Si blond si beau	117
Si ce grand Dieu	68
Si de vos doux regards	326
Si doucement le souvenir	62
Si hors du cep	122
Si jamais homme	419
Si j'avois un haineux	205
Si j'ay bien ou mal dit	316
Si je pouvois, Maigny	425
Si j'estois Jupiter	194
Si j'estois seulement	297
Si je trespasse	46
Si la beauté se perd	335
Si l'escrivain	50
Si l'on vous dit	73
S'il y a quelque fille	174
Si mille œillets	18
Si mon grand Roy	274
Sinope, baisez-moy	195
Sinope de mon cœur	193
Sinope que je sers	195
Si quelque amoureux passe	179
Si seulement	52
Si tost que tu as beu	176
Si trop souvent	440
Si tu ne veux	84
Si vos yeux cognoissoient	326
Si vous pensez que may	200

Sœur de Pâris	115
Sois medecin	376
Soit que je sois hay	290
Soit que son or	52
Soit qu'un sage amoureux	317
Son chef est d'or	104
Sourcillant sur ta face	295
Sous le crystal	53
Sous du sablon	58
Sur mes vingt ans	65
Tandis que vous dansez	319
Tant de couleurs	38
Tant de fois s'appointer	293
Te regardant assise	291
Terre ouvre-moi ton sein	238
Tes frères, les jumeaux	354
Tes yeux divins	15
Ton extresme beauté	307
Tousjours des-bois	96
Tousjours l'erreur	104
Tousjours pour mon subject	300
Tout ce qui est de sainct	283
Tout me desplait	55
Trois ans sont jà passez	290
Trois jours sont jà passez	323
Tu as beau, Jupiter	201
Tu es seule mon cœur	320
Tu gravois dans le ciel	140
Tu me dois en ton cœur	287
Un chaste feu	12
Une diverse	86
Une seule vertu	337
Un voile obscur	83
Un sot Vulcan	111
Verray-je point	33
Veufve maison des beaux	394
Veu la douleur	123
Veu que ce marbre enserre	239
Veux-tu savoir, Brués	202
Ville de Blois	77

DES AMOURS. 307

Villeroy dont le nom 427
Voicy le bois 92
Voicy le mois d'Avril 301
Vos yeux estoient blessez 197
Voulant tuer le feu 382
Vous avez Ergasto. 425
Vous estes grand 372
Vous estes le bouquet. 352
Vous me distes, maistresse 301
Vous ne le voulez pas. 397
Vous, ruisseaux, vous, rochers 364
Vous triomphez de moy 332
Voyant les yeux. 40
Voyant par les soudars 351
Voyez comme tout change. 333

Yeux qui versez en l'âme 338

MADRIGALS.

Amour voulut le corps 206
Comment au departir 177
Depuis le jour. 270
De quoy te sert. 268
Docte Buttet 147
Hé n'est-ce, mon Pasquier 157
L'homme est bien sot 267
Mon docte Peletier 153
Prenez mon cœur. 152
Que maudit soit le mirouer 90
Si c'est aimer, Madame 311

CHANSONS.

A ce malheur 436
Ah! belle eau vive 263
Amour, dy moi de grâce 175
Belle et jeune fleur 169
Bonjour, mon cœur 169
Comme la cire peu à peu. 204
Demandes-tu, chere Marie. 172
Douce maistresse touche. 225
D'un gosier masche-laurier 130

Depuis que je suis amoureux 131
Hier au soir que je pris. 212
Hélas! je n'ay pour mon object. 430
Je te hay bien. 441
Je suis amoureux 441
Je suis tellement amoureux 200
Je suis un demy-Dieu. 210
Je veux chanter. 153
Il me semble que la journée. 433
Las! je n'eusse jamais pensé. 81
Le printemps n'a point 172
Ma maistresse est toute angelette. 163
Mais voyez mon cher esmoy. 180
Petite Nymphe folastre 377
Petite Pucelle angevine 148
Plus estroit que la vigne 383
Plus tu cognois. 411
Pourquoi tournez-vous 429
Quand ce beau printemps je voy. 220
Quand je devise. 285
Quand j'estois libre 214
Quand je veux raconter 199
Quiconque soit le peintre 380
Qui veut savoir 216
Si je t'assaus, Amour 209
Si le ciel est ton pays et ton pere. 164
Un enfant dedans (*Amour oyseau*). 434
Veu que tu es plus blanche 198
Voulant ô ma douce moitié 207

STANCES.

Ainsy que cette eau coule 357
De fortune Diane 253
J'ay quitté le rempart. 250
Je lamente sans reconfort 233
Quand au temple nous serons. 74

ELEGIES.

C'estoit en la saison (*Le Voyage de Tours*). 182
Fameux Ulysse (*Le Chant des Serenes*) 224
Jà du prochain hiver 367

DES AMOURS. 309

Je voudrois ce jourd'huy (*Le Baing de Callirée*) . . . 257
Le jour que la beauté. 242
Marie, à celle fin 228
Mon fils si tu sçavois (*A son Livre*) 141
Mon œil, mon cœur. 124
Non, Muret, non 127
Pein moy, Janet 132
Prince de qui le nom 259
Printemps fils du soleil (*A la Sœur d'Astrée*). 275
Quenouille de Pallas 219
Six ans estoient coulez. 362

AMOURETTE.

Or que l'hyver 218

BAISER.

Quand de ta levre à demy close. 124

Vers a Marie de Marquets.

Maugré l'envy je suis du tout 442

TABLE ALPHABÉTIQUE

DES ODES

DE PIERRE DE RONSARD.

	Pages
Ah fievreuse maladie	442
Ainsi que le ravy prophete. *Traduction*	312
Antres et vous fontaines. *Election de son sepulchre*	249
A pié d'un verde alloro. *Ode del S. Del Bene*	380
Aprés avoir suè. *Au Roy Henry II*	19
Argentine fontaine vive. *A la font. Bellerie*	461
Aujourd'huy je me vanteray. *A J. du Bellay*	98
Baiser fils de deux levres	486
Bel Aubespin	275
Belleau, s'il est loisible. *A R. Belleau*	293
Belle, dont les yeux. *Ode sapphique*	376
Bien que le repli. *A N. Denisot*	338
Bien qu'en toy, mon livre. *A son livre*	443
Boy, Janet, à moy. *A Janet, peintre*	351
Boyvon, le jour n'est si long	444
Cassandre ne donne pas. *A sa maistresse*	145
Celuy qui est mort aujourd'huy	236

Table des Odes.

Celuy qui n'ayme est malheureux	290
Celuy qui ne nous honore. *A J. Du Bellay*.	117
Cependant que ce beau mois.	365
Cependant que tu nous depeins. *A R. Macé*	408
Certes par effet je sçay	440
Cestuy-ci en vers les gloires. *A Bouju*	457
Ceux qui semoient. *A R. de La Haye*	332
Chanson, voicy le jour. *Du jour natal de Cassandre* .	427
Chaste troupe Pierienne..	272
Chere Vesper, lumiere dorée	274
Comme on void la navire. *Au Roy Henry II*.	172
Comme un qui prend. *Au Roy Henry II*	41
Corydon, verse sans fin.	391
Couché sous tes ombrages vers. *A la forest de Gastine*.	159
Dedans ce grand monde. *Au card. Du Bellay*.	428
Des Autels, qui redore. *A Guillaume Des Autels* . . .	154
Descen du ciel, Calliope. *A Calliope*.	134
Desja les grand's chaleurs. *Venue de l'Esté*.	415
Delaisse les peuples vaincus: *Chant de folie à Bacchus*.	470
Deux et trois fois heureux. *Retour de Gascogne* . . .	456
Dieu crespelu. *A Phœbus*	413
Dieu vous gard, messagers.	274
Dieu te gard, l'honneur. *Roses plantées près d'un blé*.	430
Donc, Belleau, tu portes. *A R. Belleau*.	425
Doncques forest. *A la forest de Gastine*	462
D'où viens-tu, douce Colombelle.	365
D'où vient cela. *A Charles Pisseleu*	223
Du grand Turc. *A R. Belleau*	276
Du malheur de recevoir. *L'Amour mouillé*	164
En May lors que les rivieres. *D'un rossignol abusé*. .	466
En mon cœur n'est	386
En quel bois. *Sur la naissance de François II*. . . .	212
En vous donnant ce portrait mien	867
Errant par les champs. *A Michel de l'Hospital*	68
Escoute, Du Bellay. *A J. Du Bellay*	170
Escoute un peu, fontaine. *A la font. Bellerie*	208
Escoute, grand Roy des François. *A Henry II*	240
Esperons-nous l'Italie. *Contre la jeunesse françoise*. .	454
Facond neveu d'Atlas. *A Mercure*.	421
Fay refraischir. *Du retour de M. de La Haye*.	149

Gaspar, qui du mont Pegase. *A Gasp. d'Auvergne.* . . 233
Gentil Rossignol passager. *Au Rossignol.* 420
Grossy-toy, ma Muse. *A sa Muse* 461
Guy, nos meilleurs ans coulent. *A Guy Pacate.* . . . 253

Hardy qui premier. *A André Thevet* 361
Ha! si l'or pouvoit 288
Hé mon Dieu, que je te hay, somme 392
Hé! quelles louanges. *Au Roy Henry II* 295
Homere, il suffisoit assez. *Pour A. Jamyn* 478

Il est maintenant temps. *A M. de La Haye* 459
Il faut aller contenter. *A Marguerite de Savoye* . . . 47

J'avois les yeux et le cœur 283
J'ay l'esprit tout ennuyé. *A son Laquais.* 162
J'ay tousjours celé. *A J.-A. de Baïf.* 109
Jeanne en te baisant 291
Je n'ay pas la main apprise. *A R. d'Urvoy.* 433
Je ne suis jamais paresseux. *A M. P. de Mauleon.* . . 423
Je suis homme 385
Je suis troublé de fureur. *A la Royne C. de Medicis.* . 43
Je te veux bastir une Ode. *Au Roy Henry II* 130
Je veux, Muses aux beaux yeux 343
Je vous donne pour vos estrenes. *A Charles IX* . . 331
J'oste Grevin de mes escrits 436

La belle Venus 360
La fable elaborée. *A J. Martin* 111
Laisse-moy sommeiller, Amour 393
La Lune est coustumiere. *A Cassandre.* 141
La mercerie que je porte. *A Bertrand Bergier* 114
L'ardeur qui Pythagore. *Au pays de Vendomois* . . . 246
La terre les eaux va boivant 286
Le boiteux mary de Venus 368
Le cruel amour. *La defloration de Lede* 226
Le jour pousse la nuit. *A Cupidon* 219
Le medecin de la peine. *A J. d'Aurat.* 108
Le petit enfant Amour 270
Le potier hait le potier. *Au president Bouju.* 105
Le Printemps vient. *A Cassandre* 453
Les douces fleurs. *Complainte de Glauque à Scylle* . . 221
Les espics sont à Cerés 270

Les fictions dont tu decores. *A Magdelaine.*	414
Les Muses lierent un jour	285
Les trois Parques. *Sur la mort d'une haquenée.*	437
Le temps de toutes choses. *A R. d'Oradour*	446
L'hymne qu'aprés tes combats. *Victoire du comte d'Anguien à Cerizoles*	53
L'hyver lors que la nuit. *Ravissement de Cephale.*	260
Lict que le fer industrieux. *A son lict.*	409
L'inimitié que je te porte. *Contre Denise.*	157
Loir dont le cours. *Au fleuve du Loir.*	425
Lors que Bacchus entre.	435
L'un dit la prise des murailles.	487
Lyre dorée où Phœbus. *A sa lyre*	127
Maclou amy des Muses. *A M. de La Haye*	404
Ma douce jouvence	268
Ma Guiterre, je te chante. *A sa Guiterre.*	387
Mais d'où vient cela. *A Odet de Colligny.*	238
Mais que me vaut	258
Ma Maistresse, que j'aime.	441
Ma nourrice Calliope. *A Mesd. filles de Henry II.*	203
Ma petite colombelle. *A Cassandre*	160
Ma petite Nymphe Macée. *A une Fille.*	147
Ma promesse ne veut pas. *Au Seign. de Carnavalet.*	57
Mere des Dieux. *A la Royne Catherine de Medicis*	177
Mignonne, allons voir. *A Cassandre*	117
Mon âge et mon sang. *Ode sapphique*	377
Mon âme, il est temps. *Convalescence de J. Du Bellay.*	216
Mon Choiseul, leve tes yeux.	353
Mon Dieu que malheureux. *Sur les Miseres des hommes.*	152
Mon Neveu, suy la vertu	355
Mon petit bouquet.	475
Muses aux yeux noirs. *A la Muse Cleion*	449
N'agueres chanter je voulois.	273
Ne pilier, ne terme. *Usure au S. de Carnavalet*	63
Ne serois-je pas encore. *A P. Paschal*	125
Ne s'effroyer. *A Ant. Chasteigner*	225
Nicolas, faison bonne chere. *A Simon Nicolas*	349
Nous avons, Du Bellay. *A J. Du Bellay.*	214
Nous ne tenons.	352
Ny la fleur qui porte le nom	167
Nymphe aux beaux yeux. *A Cassandre.*	431

O belle plus que belle. *A la Royne d'Escosse* 481
O Deesse puissante. *Vœu à Lucine.* 256
O Dieu des exercites. *Pour la famine.* 451
O fontaine Bellerie. *A la Fontaine Bellerie* 148
O France mere fertile. *Victoire de Guy de Chabot sieur de Jarnac.* 63
O grand' beauté. *A Jeanne impitoyable.* 213
O pere, ô Phebus. *Pour la santé de sa Maistresse.* .. 122
O pucelle plus tendre. *A Cassandre* 389
O Terre, ô Mer. *Epipalinodie.* 209
Où allez-vous. *Aux mouches à miel.* 419

Pallas est souvent d'Homere. *A la Royne de Navarre.* 206
Phœbus qui que tu sois. *Pour guarir le R. Charles IX.* 327
Pipé des ruses d'Amour. 475
Plus dur que fer. *A sa Muse.* 378
Plusieurs de leurs corps desnuez. 287
Pour avoir trop aimé. *Dialogue des Muses* 483
Pour boire dessus l'herbe 161
Pourquoy, chetif laboureur 269
Pourquoy comme une. 288
Pour tant si j'ay le chef plus blanc 286
Prince tu portes le nom. *A Charles duc d'Orleans (Charles IX)* 190
Puisque d'ordre à son rang. *A Fr. de Labrosse.* ... 218
Puis que tost je doy reposer. 356
Puisque la mort. *A Gaspard d'Auvergne* 400
Puissé-je entonner un vers. *A J. D'Aurat* 445

Quand mon prince espousa. *Epithal. d'A. de Bourbon.* 241
Quand je dors. 237
Quand je serois. *A J. Pelletier du Mans* 402
Quand je suis vingt. *A Cassandre.* 259
Quand je voudrois celebrer. *A Diane de Poitiers.* .. 481
Quand je veux en amour 357
Quand la Guyenne errante. *Prophetie du dieu de la Charante.* 143
Quand les filles d'Achelois. 308
Quand tu n'aurois. *Au Cardinal de Lorraine.* 51
Quand tu tiendrois. *Contre les avaricieux.* 139
Que les formes de toutes choses. *A D. Lambin.* ... 208
Que nul papier. *A Ch. de Pisseleu* 450
Que pourrois-je, moy. *Au Dauphin François II.* ... 181

Que tardes-tu. *A Gaspard d'Auvergne*	469
Quiconque ait mon livre pris. *Contre un qui lui deroba son Horace*	459
Qui par gloire.	335
Qui renforcera ma voix. *Hymne triomphal*	313
Quis te Deorum cæcus agit. *J. Aurati Ode*	379
Sans avoir lien. *Magie ou delivrance d'amour*	372
Si autresfois. *A son luth*	394
Si c'est enfant qui erre. *A Cassandre*	463
Si j'avois un riche tresor. *A M. de Verdun*	369
Si j'ayme depuis naguiere	166
Si les ames vagabondes. *A J. Du Bellay*	465
Si les Dieux. *De feu L. de Baïf*	464
Si l'oiseau qu'on voit. *A J. D'Aurat*	150
Si tost ma doucette Isabeau	485
Si tost que tu sens.	358
Si tu me peux conter	439
Somme, le repos. *Vœu au Somme*	257
Source d'argent. *A la source du Loir*	432
Soyons constans. *A Gaspard d'Auvergne*	398
Sur toute fleurette	342
Tableau que l'eternelle gloire. *Peinture d'un paysage*	410
Ta genisse n'est. *De la jeune amie d'un sien ami*	448
Ta seule vertu	359
T'ay-toy, babillarde arondelle	486
Taureau qui dessus ta crope. *Avant-venue du Printemps*	119
Telle fin que tu voudras. *Palinodie à Denise*	472
T'oseroit bien quelque poëte.	438
Tousjours ne tempeste. *A M. de S. Gelais*	278
Toute royauté. *A Henry II sur la paix de 1550*	23
Toy qui chantes l'honneur. *A monseig. d'Angoulesme*	197
Tu es un trop sec biberon. *A Remy Belleau*	169
Tu me fais mourir.	289
Tu me fuis d'une course viste. *A Cassandre*	427
Venus est par cent mille noms.	437
Versons ces roses.	291
Vien à moy, mon Luth. *Consolation à la R. de Navarre*	137
Vierge, dont la vertu. *A Madame Marguerite*	299
Vous faisant de mon escriture. *A Ch. de Pisseleu*	418

TABLE HISTORIQUE

CONTENANT

LES NOMS DE TOUS LES PERSONNAGES DU XVIᵉ SIÈCLE
MENTIONNÉS DANS LES ŒUVRES DE RONSARD.

Les lettres T. P. signifient Tome Préliminaire; les chiffres romains indiquent les volumes; les chiffres arabes désignent les pages.

Académie du Palais. T. P., 39, 153.
Acigné (d'). T. P., 8.
Ajacetto (Ludovico d'). I, 428.
Albert (Joueur de luth), il se nommait Alberto Ripano. VII, 248.
Albigeois. VII, 19.
Albon (d'), maréchal de France. V, 73.
Albret (Jeanne d'). II, 241.
Alcinois (le comte d'). Voy. N. Denisot.
Alphonse d'Este, duc de Ferrare. IV, 37.
Aluye (Fl. Robertet, baron d'). IV, 45; V, 177. Voy. Robertet. — D'Aluye et de Fresne étaient cousins.
Amboise (Tumulte d'). VII, 39.
Amérique. IV, 32; V, 162; VI, 167.
Amyot (Jacques). III, 322; IV, 92; VII, 61.
Andelot (d'). V, 296; VI, 306. Voy. Coligny.
Anet (Château d'). V, 330; VI, 284.
Angenes (Charles d'), card.

de Rambouillet. En latin *Agenoreus*. VII, 6, 115.
Anne de France. II, 56.
Anne. *Voy.* De Marquetz. I, 398, 428.
Annebault (d'), fils de l'amiral. 194.
Arcueil. T. P., 32; VI, 358.
Astrée. *Voy.* d'Estrées.
Atrie (Mlle d'), comtesse de Châteauvillain. I, 250; IV, 100.
Aubert (G.). T. P., 139.
Aubespine (de l'), Claude. I, 370, 423; V, 188; VII, 227, 233, 276.
Auchy (d'). VII, 171.
Aumale (le duc d'). VII, 33.
Autels (Guillaume des). I, 51, 377; II, 154; III, 353; VI, 45, 173; VII, 39, 145.
Auvergne (Gaspard d'). II, 233, 398, 469.
Avanson (A.-J. d'). I, 423, 425; IV, 87; V, 335; VI, 245, 271.

Bacqueville (Mlle Lucrèce de). I, 349.
Baïf (Lazare de). T. P., 9; II, 464.
Baïf (J.-Antoine de). T. P., 9, 13, 39, 174, 240; I, 51, 93, 182, 400; II, 109; III, 353; IV, 22, 300, 372; V, 368; VI, 44, 72, 173, 341, 360, 381.
Baillon. IV, 260.
Balsac (Charles de), évêque et comte de Noyon. V, 168.
Barbiche (la), de Mme de Villeroy. VII, 257.

Bartas (du). T. P., 130. V, 349.
Beaumont, lévrier de Charles IX. VII, 253.
Bellay (Guillaume du), sieur de Langey. T. P., 9. II, 101.
Bellay (Jean du), seignor de la Flotte. T. P., 33. II, 101, 428.
Bellay (Joachim du). T. P., 19, 37, 192. I, xviij, xxvj, 34, 42, 50, 151; II, 11, 98, 117, 170, 214, 216, 465; III, 355, 371; IV, 54, 80, 82; VI, 44, 173, 360; VII, 51, 89.
Belleau (Remy). Commente le 2e livre des Amours. T. P., 37; I, 15, 51, 139, 187, 203, 408; II, 169, 276, 293, 425; III, 322, 353; IV, 54, 82, 226, 296; V, 352; VI, 67, 173, 201, 315, 322, 351, 381; VII, 247.
Bellot (Jean), agenois, maître des requestes de l'hostel du Roy. IV, 400; VI, 53, 121.
Belon (Pierre), II, 362.
Berger. VI, 369. Peut-être le même que Bergier.
Bergerie (Durant de la). T. P., 281. I, 232.
Bergier (Bertrand), de Montembeuf, né à Poitiers. II, 114, 456; VI, 377.
Bertaud (Jean). T. P., 254, 264.
Bertrand (Ant. de), musicien. T. P., 96.
Besly (J.). Commentateur de Ronsard. V, 5.

Beze (Th. de). T. P., 33; VII, 21, 57, 118.
Binet (Claude). T. P., 89, 223, 235, 254; I, 202; III, 15; V, 249; VI, 118; VII, 281, 309.
Birague (Flaminio de). V, 357.
Blois (où est née Cassandre). I, 77.
Blondet (André). VII, 222, 270.
Boessière (de). T. P., 148.
Boileau-Despréaux. T. P., 292.
Boncourt (collége de). T. P., 46, 179.
Boni, musicien. T. P. 97.
Bonnivet. II, 144, 415.
Bouchage (du). IV, 298.
Bouchet (Jean). T. P., 6.
Bouillon (Godefroy de). II, 51; III, 349; VI, 30.
Bouju (le president), angevin. II, 105, 457.
Bouquet (Simon). Echevin de Paris. IV, 200.
Bouquier. V, 368.
Bourbon (Antoine de). Roi de Navarre. II, 241; VII, 131.
Bourbon (Charles, Connestable de). II, 56.
Bourbon (François de), comte d'Enghien. II, 53; VII, 76, 191.
Bourbon (Jean de), duc d'Enghien. VII, 76.
Bourbon (Louis de), prince de Condé. I, 426; IV, 18; V, 324; VII, 23, 28, 73, 131.
Bourbon (Pierre de). II, 56.
Bourdeille (Ch.). VII, 277.

Bourdin (Gilles). II, 364; V, 201, 343.
Brachet (Marie). VII, 242.
Branthôme. T. P., 38.
Bray (de). III, 425.
Brigade (la), qui devint plus tard la Pléiade. T. P., 17. VI, 359, 383.
Brigitte (Sainte). VI, 261.
Brinon (Jean), conseiller en parlement, poète. T. P., 145; III, 402; IV, 373; V, 230; VI, 39, 46, 181, 272.
Brissac (Mlle de). I, 291.
Brissac (Mme de). T. P., 132; VI, 340.
Brou (Jacques de). V, 340.
Brués. I, 202.
Brûlard. V, 344.
Budé. II, 465; III, 31
Bueil. Voy. Sancerre.
Butet (Marc-Claude de). I, 147; VI, 173.

Caillette. VII, 131.
Cailler. T. P., 273.
Cajetan, musicien. T. P., 97.
Caliste (medecin?). I, 221.
Calvin. VII, 25, 57, 73, 86, 119.
Camus (Nicolas Le), notaire à Paris. VI, 419.
Capel (Ange Capel, sieur du Luat?). VI, 362.
Carles (Lancelot), évêque de Riez. T. P., 133; IV, 60; V, 74, 122; VII, 40.
Carnavalet (de). II, 57; V, 345.
Cassandre, maîtresse de Ronsard. T. P., 11; I, 1 à 138, 145, 147, 323, 438; II, 117, 122, 141, 145, 160,

226, 236, 259, 273, 341, 349, 365, 389, 394, 419, 427, 431, 453, 463, 477, 486; IV, 62, 86, 226, 228, 261, 300, 372, 395; V, 312, 349; VI, 44, 175, 327.
Cassandrette, fleur de Cassandre (digitale pourprée). I, 65, 187.
Castro (J. de), musicien. T. P., 97.
Cateau-Cambresis (paix de). III, 352.
Catherine de Médicis, femme de Henry II, reine de France. T. P., 31; I, 281; II, 43, 177; III, 369, 379, 380; IV, 7, 99, 137, 196, 204; V, 313 à 316; VI, 253; VII, 9, 32.
Caurres (des) de Morœul. V, 357.
Cecile (sicilien?) ou Wiliam Cecil, baron de Burleigh. III, 391.
Cerizoles (bataille de). II, 53.
Chastillon. *Voy.* Coligny.
Charbonnier (François). II, 359; VI, 239.
Charles IX. T. P., 29, 37, 105, 129, 177; I, 250, 365, 366; II, 190, 327, 331; III, 5, 43, 51, 253 (Vers de Charles IX, 255, 257, 261), 274, 279, 311, 318; IV, 8, 92, 134, 137, 157, 200; V, 304 à 309; VI, 254; VII, 7, 10, 33, 170, 175, 185, 250, 253, 377.
Charles de Valois, duc d'Orléans, troisième fils de François Ier. T. P., 7; II, 137, 190; III, 373; VI, 21; VII, 181.
Charles-Quint. T. P., 7; II, 19, 296; III, 340; IV, 299; VI, 28.
Chasteauneuf (Mme de). I, 374; VI, 5.
Chasteauvillain (Mme de). *Voy.* Mlle d'Atrie.
Chasteigner (Antoine), de la Roche-Posé, VII, 202.
Chasteigner (Charles), abbé de Nanteuil. II, 225.
Chasteigner (Roch), de la Roche-Posé. VII, 198.
Chasteigneraye (de la). II, 64.
Chastelard. T. P., 38.
Chastre (Mme de la). V, 332.
Chastre (Jacques de la). VII, 216.
Chaudrier (de). IV, 298.
Chaudrier (Jeanne de), mère de Ronsard. T. P., 3, 13.
Chauveau (Julian). VI, 125.
Chenonceau (château de). III, 382.
Cherouvrier, excellent chanteur. I, 398; VI, 110.
Chetardie (J. de la). T. P., 53.
Choiseul (Christophle de). I, 398; II, 353; VI, 201.
Chomedey (N.). V, 356.
Chrestien (Florent), sieur de la Baronnie. T. P. 32, 62, 92; II, 436; V, 177; VII, 95, 141.
Chrichton (ou Crittonius). T. P., 238; VII, 94, 311.
Claude de France, fille de Henry II, femme de Charles

II, duc de Lorraine. II, 203; III, 351; IV, 54, 63, 139.
Clement VII (pape). II, 45.
Clereau, musicien. T. P., 97.
Clermont (Mme de). Duchesse d'Uzez. V, 331.
Colet. VI, 173, 381.
Coligny (Odet de), card. de Chastillon. II, 238, 240; V, 73, 157, 168, 289, 328; VI, 156, 193, 224, 232, 275, 301; VII, 29, 74.
Coligny (Gaspard de), amiral de France. V, 42, 73, 151, 294; VI, 304; VII, 80, 153.
Colletet (Guillaume). T. P., 53, 285.
Commines (Philippe de). VII, 218.
Conty-Ferry (le baron de). VII, 266.
Coqueret (collége de). T. P., 17.
Courte. Chienne de Charles IX. VII, 250.
Cousture (le village de). T. P., 2. 13, 50.
Cravan (de) ou Crevant. VI, 113.
Croix-Val (abbaye de). T. P., 43.
Crussol (Mme de). V, 331.

Daurat ou d'Aurat (Jean), ou Dorat. T. P., 13, 188, 236; I, xviij, 51, 156, 280; II, 108, 150, 253, 353, 445, 456; III, 6, 322, 375, 402; IV, 32, 57, 300; V, 190, 213, 348; VI, 79, 164, 173, 239, 342, 360, 375; VII, 106, 281.

Delbene (Alphonse), abbé de Hautecombe en Savoye. VII, 317.
Delbene (Bartholomeo), poète florentin. II, 380; IV, 356.
Denise (sorcière). II, 157, 209, 472.
Denisot (Nicolas), comte d'Alcinois, peintre et poète. I, 77; II, 308, 338; IV, 261; V, 167; VI, 173, 361, 381.
Desportes (Philippe). T. P., 39, 130, 180; IV, 217.
Devises des Rois de France. II, 133; VI, 298.
Diane de Poitiers, duchesse de Valentinois. I, 425; II, 481; IV, 82; V, 330.
Doron, maître des requêtes. T. P., 39.
Dreux (bataille de). VI, 256.
Dumoulin (Charles). II, 298.
Dupeyrat. I, 280.
Durban. IV, 349.

Edinton (J. de). V, 341.
Elbœuf (le duc de). I, 139.
Elisabeth, reine d'Angleterre. T. P., 38; III, 323; IV, 36; V, 9.
Elisabeth de France, femme de Philippe II, roi d'Espagne. II, 203; IV, 34, 137; VII, 185.
Emmanuel Philibert, duc de Savoie. IV, 37, 197.
Esparnon (J. Loys de Nogareth, duc d'). VI, 147.
Espinay (Charles d'). IV, 104; V, 349.
Estienne (Charles), médecin. T. P., 9.
Estienne (Robert). T. P., 270.

Estrées (Mlle Françoise d'). T. P., 27; I, 265 à 277, 420, 421.
Evaillé (le curé d'). T. P., 33.

Ferabosco, chanteur et musicien. V, 96.
Fevre (Le). VII, 225.
Fictes (de), trésorier de l'Espargne. T. P., 40; IV, 239,
Foix (de), conseiller du Roy, ambassadeur en Angleterre. III, 363.
Fontaine Bellerie. T. P., 50; II, 148, 208, 343.
Fontaine du Gast. T. P., 128.
Fontaine d'Helène. T. P., 50.
Fontainebleau (le château de). VI, 15.
Forget, secretaire de Mme de Savoie. V, 337.
Fous : Le prince Mandon, le comte de Permission, maistre Pierre. VII, 82. — Thony. Le Greffier. VII, 102, 131, 144. — Caillette. VII, 131. — Petit-Père. VII, 250.
François Iᵉʳ. T. P., 1; II, 50, 97; III, 275, 339; IV, 100, 297; V, 69; VII, 178.
François II. II, 181, 194, 212; IV, 196; V, 303; VI, 16, 25, 295; VII, 46, 184.
François, dauphin de France, fils de François Iᵉʳ. T. P., 7. IV, 100; VII, 178.
François de Valois, duc de Touraine , d'Alençon et d'Anjou, 4ᵉ fils de Henry II. I, 422; IV, 3, 11, 190, 204, 320 à 323; VII, 175, 188.
Francus. III, 49, 55, 59.
Fredel, facteur d'instruments à vent. IV, 91.
Fredon, id. IV, 94.
Fremiot. I, xxvij; VI, 173.
Fresne (Fleurimont Robertet, seignuer du). IV, 45; V, 181. Voy. aussi Robertet.
Fumée (Adam). I, xxix.

Galland ou Galandius (Jean). T. P., 41, 65, 207, 253; I, xv; V, 347; VII, 307.
Garnier (Claude). T. P., 72, 74, 87, 287. VII, 5.
Garnier (Robert). T. P., 243; I, 140; V, 353.
Gassot (Jules). V, 339.
Gast (marquis du). II, 54.
Gast (Le), dauphinois, maistre de camp de la garde du Roy. IV, 302; V, 153.
Gastine (Forest de). I, 39, 93; II, 159; IV, 347.
Genèvre, maîtresse de Ronsard. T. P., 27. IV, 224, 250, 306; VI, 118.
Gobelin. II, 234; IV, 260.
Goudimel. II, 13.
Granval. V, 67.
Greffier (le), fou. VII, 102, 144.
Grevin (Jacques). T. P., 32, 37, 92. I, 208; II, 418, 436; VI, 173, 311; VII, 87, 95.
Grigioni. T. P., 282.
Grotte (Nic. de), musicien. T. P., 97.
Grujet. II, 418; VI, 173.

Guesclin (B. du). VII, 78.
Guesle (Ch. de la). T. P., 280.
Guillaume Manceau (musicien). I, 191.
Guise (Charles de), card. de Lorraine. I, 426; II, 51, 240; III, 344, 349, 401; IV, 55, 62, 82, 299; V, 83, 106, 117, 270, 326; VI, 28, 276; VII, 47.
Guise (le duc François de). I, 182; II, 144, 240; III, 349; IV, 13, 63; V, 293; VI, 28; VII, 20, 47, 84, 193.
Guise (Henry de Lorraine, duc de). IV, 121, 123; V, 72, 97; VI, 206; VII, 152.
Guyenne (révolte de la). II, 143.

Hamelin, traducteur de Tite-Live. VI, 234.
Harlay (Achille de). II, 5.
Helène de Surgères. *Voy.* Surgères.
Helène (Fontaine d'). T. P., 50.
Henry II. T. P., 28. II, 19, 41, 130, 143, 172, 240, 295; III, 340, 372, 377; IV, 20, 92, 194. (Duc d'Orléans), 299; V, 64, 117, 293, 301; VI, 192, 205, 216, 292, 297; VII, 46, 169, 183.
Henry III (Alexandre, duc d'Orléans). T. P., 38, 109, 199. I, 213; II, 197; III, 265, 276, 288, 293, 306; IV, 9, 16, 92, 141, 160, 182, 191, 215; V, 144, 152, 309 à 313; VII, 149, 155, 306.
Henry IV. IV, 12; V, 318; VI, 330; VII, 280.
Hobere. Cheval de Henry II. V, 67.
Hottmann. T. P., 270.
Huguenot. (Origine du mot). VII, 61.
Hurault, sieur de Cheverny, grand chancelier de France. III, 419.
Hurault (J.), sieur de la Pitardière. IV, 272; VI, 80.
Hurteloire (Abel de la). II, 150; VI, 359.
Huss (Jean). VII, 62.

Iliers (d'). II, 144.
Imbert. I, 412.

Jacques V, roi d'Ecosse. IV, 299.
Jamyn (Amadis). T. P., 249. I, 224, 288, 478; III, 6, 41; IV, 394; V, 355; VI, 87, 362, 416.
Janequin. II, 13.
Janet, luthier. IV, 94.
Janet, peintre. I, 102, 132; II, 351.
Janin ou Janet. II, 351.
Janin, acteur comique. III, 384.
Janvier. IV, 381.
Jarnac (Guy de Chabot, seigneur de). II, 63, 145.
Jarnac (bataille de). VII, 153, 159.
Jeanne (maîtresse de Ronsard). II, 213, 219, 291.
Jeanne la Grise, recomman-

deresse qui demeurait à l'île Saint-Paul. IV, 346.
Jeux floraux de Toulouse. T. P., 21, 63.
Jodelle (Estienne). T. P., 32, 37. I, 150; II, 352; V, 7, 352; VI, 45, 173, 314, 377; VII, 92, 110.
Joyeuse (Anne, duc de). T. P., 203, 223; I, 170, 209.

Labrosse (François de). II, 218.
Lac (Pierre du), sieur du Petit-Bourg, avocat, VI, 105.
Lagrève. IV, 3.
Lahaye (Maclou de). II, 149, 218, 404, 449, 457, 459; V, 368; VI, 173.
Lahaye (Robert de). II, 332; IV, 291.
Latour. VII, 171.
Lambin (Denys). II, 208; III, 375.
Lanques (de). I, 450.
Lansac (J. de), le jeune, seneschal d'Angoumois, peut-être Guy de Saint-Gelais. I, 427.
Lansac, gent. saintongeois, gouverneur de Charles IX, parent du précédent à moins que ce ne soit le même. IV, 92, 96.
Laporte (Ambroise de). II, 152; VI, 345.
Laporte (Maurice de). VI, 345.
Lassigni, gentilhomme français (le même que d'Acigné?). T. P., 8; IV, 299.

Lattre (R. de), musicien. T. P., 98.
Laudun (Pierre de), sieur d'Aigaliers. T. P., 87.
Lavardin (Jacques de). V, 358.
Lavardin (Jean de). VI, 415.
Leclerc (Jean). T. P., 249.
Leicester (Robert Dudley, comte de). IV, 382; VI, 262.
Leon X (pape). II, 45.
Léon Hébreu. I, 419; II 331.
Lescot (Pierre), abbé de Cleremont, etc., architecte. T. P., 21. VI, 188.
Lesrat (Anne). VII, 236.
Lesueur (Nicolas), president aux enquêtes. V, 339.
Lhospital (Michel de). II, 68; III, 357; IV, 54, 371; V, 81, 105; VI, 245.
Lhuillier (H.), sieur de Maisonfleur. I, 182; III, 398; VI, 21, 173.
Lignery. II, 337; VI, 362; VII, 206.
Limeuil (Ysabeau de La Tour, Dlle de). T. P., 25. I, 48; X, 334.
Litolfy Marony (de). IV, 209.
Lomenie (Martial de). IV, 301.
Lorme (Philibert de), architecte. T. P., 30, 139. VI, 166.
Lormier (conseiller à la Cour des aides). V, 257.
Lorraine (Charles, duc de). IV, 54, 63.
Louis XI. VII, 31, 121.
Louise de Savoie. III, 339.
Louvre. III, 379; VII, 184.
Luther. VII, 42, 47, 64.

Macé (René). II, 408.
Macée (maîtresse de Ronsard). II, 147.
Macrin (Salmon). II, 215, 429.
Madeleine de France, fille de François Ier, femme de Jacques V, roi d'Ecosse. T. P., 7. IV, 299; VII, 180.
Madeleine. II, 414.
Magny (Olivier de). T. P., 37. I, 151, 216, 425; II, 439; VI, 173, 269.
Maigret (Louis). II, 14, 217.
Maillé (de). T. P., 33.
Maillet, avocat. V, 148.
Mailly (Louise de), abbesse de Caen. VII, 225, 265, 271.
Mainard. T. P., 280.
Maisons de Ronsard. — A Vendôme. T. P., 44. — A Paris. T. P. 45.
Malespina. T. P., 284.
Malherbe. T. P., 59, 291.
Mansfeld (la comtesse de). I, 291.
Marcassus (Pierre de). III, 5, 263; IV, 1, 209; VI, 8.
Marguerite. II, 386.
Marguerite d'Angoulesme, reine de Navarre, sœur de François Ier. II, 137, 206, 312, 313; IV, 32, 115.
Marguerite de France, reine de Navarre, Ire femme de Henry IV. T. P., 27. I, 60; II, 203; III, 385; IV, 32, 177; VII, 188.
Marguerite de Valois, femme d'Em.-Philibert, duc de Savoie, fille de François Ier.
T. P., 24, 28, 40, 121, 136. II, 47, 96, 106, 299; III, 340, 346, 373; IV; 14, 32, 38, 71, 75, 197, V, 5, 13, 19, 74, 316; VI, 27, 286; VII, 177, 189.
Marie (maîtresse de Ronsard). T. P., 25. Conjecture sur son vrai nom, 127. I, 141 à 249, 323, 398, 403, 408; II, 430, 439 à 442; IV, 226, 229, 326.
Marie Stuart. T. P., 28. II, 481; III, 349; IV, 35, 197, 255; V, 100, 304; VI, 9 à 27, 277, 295; VII, 47.
Marie Tudor, reine d'Angleterre. III, 352.
Marot (Clement). II, 10.
Marquets (Anne et Marie de). T. P., 25. I, 398, 442; V, 334.
Marseille. III, 381.
Martel (Charles). IV, 31.
Martin (Jean), poète et architecte. II, 111; VII, 261.
Marucini ou Mărăcină, nom hongrois de la famille de Ronsard ou Ronsart. T. P., 2; IV, 297.
Marulle. VII, 238.
Masson (P.). T. P., 270.
Masures (Louis des). V, 239, 351; VII, 46.
Maugiron. VI, 340; VII, 246.
Mauléon (Michel-Pierre de), protonotaire de Durban. I, 395; II, 423.
Maumont. VI, 173.
Mauvissier. IV, 184.

HISTORIQUE.

Medicis (Cosme de). III, 379; IV, 37.
Medicis (Julien de). II, 45.
Melchior Champenois (musicien). I, 191.
Meline (maîtresse de Baïf). VI, 175.
Melissus. T. P., 268.
Mernable. VII, 260.
Mesmes (de). Sieur d'Avaux. IV, 1.
Meudon (le château et la grotte de). IV, 55; V, 96; VI, 279.
Mireurs (des). VI, 362.
Miron, seigneur du Tremblay. I, 279.
Molins (château de). VI, 266.
Monceaux (château de). III, 382.
Montafier (le comte de). T. P., 176.
Montcontour (bataille de). T. P., 39. III, 277, 304; V, 144; VII, 149, 160.
Montecuculo (le comte de). T. P., 7; IV, 100.
Montluc (Jean de), évêque de Valence. III, 376; V, 255, 328.
Montmorency (le connestable Anne de). T. P., 175. II, 36, 145, 240; III, 344; IV, 82; V, 73, 97, 329; VI, 217, 224, 302; VII, 78, 131, 208.
Montmorency (le maréchal François de). III, 358; V, 294; VII, 32.
Moreau, tresorier de l'espargne. VI, 265.
Morel (Frederic). T. P., 267.
Morel (Jehan de), imprimeur? II, 93; III, 412; IV, 80; V, 138, 239; VI, 229.
Morel (Antoinette, femme de Jean). II, 93.
Morel (Camille de), fille des précèdents, savante en grec et en latin. III, 412; V, 239.
Morvilliers. I, 370.
Muret (Marc-Antoine de). I, xxix, 127; V, 368; VI, 170, 381, 402, 409.
Musiciens célèbres au XVIᵉ s. VII, 340.

Nau (de), secrétaire de Marie Stuart. T. P., 40.
Navière. VI, 173.
Nemours (le duc de). V, 323.
Nicolas (Simon), secretaire du roi. T. P., 40. I, 216; II, 349; IV, 400; VI, 326; VII, 194, 233.
Nicolay (Nicolas de). T. P., 147. IV, 396.
Nicot (Jean). VI, 271.
Nostradamus. VII, 45.

Odin (Jehan). VI, 113.
Olive, maîtresse poétique de Du Bellay. Elle se nommait de Viole. IV, 62, 85.
Oradour (René d'), abbé de Beus. II, 446, 457.
Orlande. II, 13.
Orléans (Henry, duc d'). Voy. Henry III.
Outhenovie, poète latin et grec. III, 363.

Pacate (Guy), prieur de Sougé. II, 253; VI, 361.
Panias. IV, 305.

Parc (du). VI, 173.
Pardaillan. I, 202, 203.
Paschal (Pierre). I, 48, 395.
II, 125; VI, 381; VII, 70.
Pasquier (Estienne). T. P., 252. I, xxv, 157, 401; II, 289.
Passerat (Jean). T. P., 168, 241. III, 6; VI, 132.
Patoillet (Jean). I, 208.
Paul (le seigneur). T. P. 10.
Peccate (Julien). II, 154.
Peletier, du Mans (Jacques), poëte. T. P., 18. I, 153;
Pellerin (Baptiste), peintre, VI, 419.
II, 10, 402, 456.
Peroceli. VII, 25.
Perron (du), le cardinal. T. P., 39, 52, 179.
Peruse (Jean de la), poëte. VI, 43, 173; VII, 240.
Petit-Père, fou de Charles IX. VII, 250.
Petrarque. IV, 356.
Je n'ai point relevé les citations de Petrarque qui se trouvent à chaque page des Amours.
Philibert (duc de Savoie). III, 338.
Philippe II, roi d'Espagne, fils de Charles-Quint. III, 352; IV, 34.
Philippe IV de Valois. IV, 297.
Pibrac (Guy du Faur, sieur de). T. P., 39. V, 148; VII, 191.
Pilon (Germain). VII, 169.
Pisseleu (Charles de), évêque de Condom. I, 148; II, 223, 418, 450; VI, 308.

Pithou (Pierre). T. P., 252.
Pleïade. Voy. la Brigade. T. P., 17. II, 353; VII, 147.
Plessis-lès-Tours (château de). IV, 3.
Poitiers (siége de). VII, 164.
Poissonnière (château de la). Description du château. T. P., 2; I, 220; IV, 299.
Poissy (colloque de). T. P., 133. VII, 118.
Poltrot de Méré. VII, 20.
Pontus de Tyard. T. P., 39, 239. I, 50, 147, 424; VI, 44, 173.
Pougny (N. de), de Rambouillet. III, 407.
Prépatour (vin de); c'était le même que le vin de Surin (et non Surène) tant aimé d'Henry IV. II, 234.
Prevost (Jean), le président. VII, 242.

Quélus. VI, 340; VII, 243, 276.

Rabelais. T. P., 9, 22. VII, 273.
Rapin. T. P., 265.
Raut (Geneviève), maîtresse de Ronsard. T. P., 27.
Regnault, trésorier de Mgr frère du Roy. VI, 414.
Regnier (Mathurin). T. P., 291.
Rembure, devin et astrologue. III, 371.
René (le roi), duc d'Anjou. VI, 31.
Requart, musicien. T. P., 98.
Revergat. II, 164.

Richelet (Nicolas). II, 5; V, 5, 122, 138, 157, 239, 257.
Robertet (Fleurimont), seigneur du Fresne. I, 139; II, 164; III, 402; IV, 45.
Roche-Chandieu (La), dit de Mont-Dieu. T. P., 32. VII, 99, 131.
Rochelle (La). VII, 158.
Rocheposé (de la). V. Chasteigner.
Rohan (Mme de). V, 333.
Rois de France, apparoissent à Francus. III, 224 à 252.
Ronsard (Loys de), père du poète. T. P., 1, 13, 175, 185. IV, 297; VI, 178; VII, 106.
Ronsard (Claude de), frère aîné du poète. T. P., 5. IV, 299.
Ronsard (Charles de). T. P., 5.
Ronsard (Louis de), curé d'Evaillé, abbé de Tyron et de Beaulieu, second fils de Loys. T. P., 5, 34, 176.
Ronsard (famille de), de Beaumont-la-Ronce. T. P., 93.
Ronsard (Pierre de). T. P., I, sa vie, 49; son physique, 56; son génie, 65; sa bibliographie, 112, 181; Oraison funèbre. I, xxxj, 147, 381, 405; II, 5, 13 à 18, 51, 100, 127, 156, 249, 348, 356, 367, 377; III, 306, 317, 349, 370; IV, 54, 82, 228, 296; V, 74, 190, 273, 360; VI, 20, 43, 55, 108, 118, 160, 189, 233, 249, 327, 381; VII, 24, 51, 88, 106, 110, 112, 118, 181, 281, 308, 311.
Rose. VII, 275.
Roüaut (maréchal de). T. P., 185. VI, 298.
Rouvère (Jérôme de la), év. de Toulon, et le sieur de la Rouvère. III, 410.
Rubampré. II, 357.
Ruggieri (Cosme). T. P., 284.

Saint-André (le président de). VII, 231.
Saint-Barthelemy (la). T. P., 36.
Saint-Cosme (prieuré de). T. P., 29, 47, 51, 206; VII, 151, 161, 341.
Sainct-François (de), év. de Bayeux. I, 139.
Saint-Gelais (Mellin de). T. P., 23, 149. I, xxvj; II, 105, 278, 306, 326; III, 355; V, 74.
Saint-Germain (château de). IV, 308.
Saint-Gilles (le prieuré de). T. P., 46.
Saint-Luc. VI, 340.
Saint-Martin (le chapitre de), de Tours. T. P., 172.
Saint-Maur (château de). III, 379.
Sainte-Marthe (Scevole de), poitevin, poète. T. P., 250. VI, 92; VII, 96.
Salel (Hugues). VI, 154, VII, 267.
Sancerre (le comte de), Louis de Bueil. II, 144; VII, 215.
Sannazar. II, 112.

Sanzay (Renéde), chambellan du Roi, gouverneur de Nantes. III, 389; VII, 213.
Sapin. VII, 76.
Saule. III, 322.
Seguier (Antoine). V, 122.
Selve (Jean de). IV, 92.
Selvin, luthier. IV, 94.
Seymour (Anne, Marguerite et Jeanne). II, 308.
Sinope (maîtresse de Ronsard). I, 193 à 197, 403 à 405.
Sorbin (Arnaut). VII, 176.
Soreau, valet de chambre du Roi. V, 346.
Sponde (de). T. P., 33.
Strosse (Hercule), maréchal de France. VII, 202.
Strossy (le régiment de). VI, 267.
Stuart (Jacques), roi d'Écosse. T. P., 7.
Surgères (Hélène de), maîtresse poétique de Ronsard. T. P., 41. I, 281 à 366, 416 à 420, 421; V, 366, 367.

Tagault. V, 368; VI, 173; VII, 89.
Tahureau (Jacques). VI, 173.
Tasse (le). T. P., 38.
Ternus (le maréchal de). V, 99.
Thénie. IV, 189.
Thevet (André), angoumoisin. T. P., 131; II, 361; V, 350; VI, 340.
Thier (Jean du), seigneur de Beauregard. IV, 81, 87; V, 337; VI, 150.
Tholose. VII, 31.

Thomas. VII, 259.
Thony (fou). VII, 102, 131, 144.
Thou (Jacques-Auguste de), sieur d'Emery, historien et bibliophile. T. P., 73, 135, 242; III, 425.
Tiercelin (Anne). II, 256. Tahureau dans ses poésies parle beaucoup des Tiercelin, seigneurs de la Roche du Maine. Anne était vraisemblablement de cette famille.
Tournebœuf ou Turnèbe (en latin Turnebius), savant. T. P., 282. I, xvij; III, 375; IV, 31; VII, 239.
Tournon (le cardinal de). III, 357.
Tours (lettre au maire de). T. P., 169.
Trimouille (La). IV, 298.
Troyes (J. de), abbé de Gastines. VII, 76.
Tuilleries (château des). III, 382; VI, 266.
Tusan. IV, 31.

Urvoy (René d'). II, 433, VI, 361.

Vatable. IX, 31.
Vaudois (les). VII, 79.
Vaumeny (le seigneur de). V, 341.
Veillard. T. P., 95.
Vendômois (louanges du). II, 246.
Verdun (Nicolas de). II, 369; V, 13, 138.
Vergesse. VI, 381; VII, 241.
Vernon (Artuse de). VII, 221.

Vieil-Pont (Françoise de), prieure de Poissy. VII, 233.
Vigenère (Blaise de) et sa femme. T. P., 28. IV, 224.
Vigneau. VI, 362.
Vilain. II, 351.
Villegaignon, voyageur. VI, 167; VII, 72.
Villeroy (Nicolas de Neufville, seigneur de). T. P., 126, 127. I, 367, 427; III, 253; IV, 120; V, 345; VI, 319.
Villeroy (Mme de), Madeleine de L'Aubespine. V, 338; VII, 257.
Vivonne de la Chastaigneraye (Heliotte de). I, 443.

Wailly (de), régent du collége de Navarre. T. P., 7. III, 350; IV, 299.
Wiclef. VII, 62.

Zampini. T. P., 283.
Zvingle. VII, 19.

Dans la table qui précède ne sont pas inscrits les noms des personnes chez lesquelles j'ai rencontré des encouragements sympathiques et une aide toujours utile, souvent spontanée, qui m'a soutenu dans tout le cours de mon travail.

Je voudrais pouvoir offrir plus dignement l'expression de ma gratitude à :

Madame la marquise d'Argence, née de Rochemore;

MM. Aubry, — Baillieu, Barbier, bibliothécaire du Louvre, Jules Baudot, Frédéric Baudry, bibliothécaire à l'Arsenal, vicomte de Beauchesne, Berty, Jules Boilly, Bouchet, bibliothécaire à Vendôme, Dr de Bouis, H. Boyer, Bozérian, avocat à la Cour de cassation, J. C.

Brunet, Charles Brunet, du Ministère de l'Intérieur, — Maxime du Camp, Eusèbe Castaigne, bibliothécaire à Angoulême, Augustin Challamel, de la bibliothèque Sainte-Geneviève, de Chambry, Aimé Champollion-Figeac, Charles Chautard, Claude, de la bibliothèque Impériale, Claudin, Armand Cigogne, — Delion, l'abbé Desmonts, curé de Couture, Ambr. Firmin Didot, Dromont, — Feuillet de Conches, — le prince Augustin Galitzin, E. Gandar, Ch. Geffroy, A. Gouverneur, — Henri de La Haye, Hoguer, — Pierre Jannet, — Paul Lacroix, Ludovic Lalanne, Leber, Leroux de Lincy, Ed. Lidforss, professeur à Stockholm, Victor Luzarche, — Manceau, bibliothécaire au Mans, Alban Méreaux, A. de Montaiglon, — Niel, bibliothécaire au Ministère de l'Intérieur, — Paulin Pâris, de l'Institut, Louis Pâris, Percheron, le baron J. Pichon, président de la Société des Bibliophiles françois, Pinson, de la bibliothèque Sainte-Geneviève, Poirel, principal du collége de Nogent-le-Rotrou, André Potier, bibliothécaire à Rouen, L. Potier, libraire à Paris, Auguste Le Prévost, de l'Institut, — Rathery, de la bibliothèque Impériale, Charles Read, Ch. Ruelens, le comte A. L. de Rochambeau, Ulric Richard-Desaix, — Sainte-Beuve, de l'Académie française, Dr Salacroux, André Salmon, le comte Henri Siméon, — Taschereau, de la bibliothèque Impériale, Techener, Ch.

Thurot, Edouard Turquety, — Dr Eugène Villemin, M. le bibliothécaire d'Upsala (Suède), — la Société archéologique et littéraire du Vendômois.

Si, dans cette nomenclature, quelqu'un a été oublié, qu'il en accuse ma plume et non pas mon reconnaissant souvenir.

Je dois un tribut de félicitations au Conseil municipal de Vendôme, qui vient, dans sa session de mai 1867, de voter UNE STATUE A RONSARD.

Je rends grâces enfin aux poètes du XIXe siècle, qui ont acclamé le poète du XVIe, vengeant par un hommage inouï la mémoire d'un grand homme, qui renaît glorieux après trois siècles d'injustice et d'oubli.

PROSPER BLANCHEMAIN.

TABLE DES MATIÈRES

CONTENUES DANS CE VOLUME.

	Pages
Dédicace à M. Sainte-Beuve	v
Sonnet de M. Sainte-Beuve	ix
A Ronsard les poètes du XIXe siècle	xj
Etude sur la vie de Ronsard	1
Notice bibliographique	65

ŒUVRES INÉDITES EN VERS ET EN PROSE.

Ode à Charles IX. *Roy le meilleur des Roys*.	105
Discours. *Contemplant l'autre jour*.	109
Discours d'une amante. *Qui suit d'Amour*	112
Elegie. *Ainsi qu'on voit la veuve tourterelle*	121
Sonnet à Villeroy. *Si quelque Dieu*	126
Sonnet au même. *Pour aborder*.	127
Sonnet à Marie. *Lorsque je vais revoir*.	127
Stances sur la fontaine du Gast.	128
Au Roy sur sa devise.	129
Sur la mort du Roy Charles IX	129
Quadrains contre Desportes	130

Table des Matières.

Quadrains contre du Bartas.	130
A frère André Thevet.	131
Au mesme	132
De la Brissac.	132
Inscription pour la maison d'un Financier.	133
Chanson sur le Colloque de Poissy.	133
Ad Tulleum, primum prœsidem.	135
A Madame Marguerite. *N'est-ce pas toy.*	136
Lettre de Marguerite de Savoie.	137
La Truelle crossée, sonnet.	139
Elégie. *Au bœuf qui tout le jour.*	140
Sonnet. *Pourtant si ta maistresse.*	142
Sonnet. *J'auray tousjours en une haine*	142
Du grec de Daurat. *Celuy qui veut.*	143
Le Geay	143
A sa Dame, sonnet. *Où prit Amour*	144
A G. des Autelz, sonnet.	145
Odelette à Jan Brinon.	145
Odelette à sa Maistresse.	146
Epigramme à Julien. *Tousjours tu me presches.*	147
Response.	147
En faveur de N. de Nicolaï.	147
Deux quatrains sur les œuvres de Boëssière.	148
Iambes contre un mesdisant.	149
Discours des vertus intellectuelles et morales	155
Discours sur l'envie.	161
Lettre à Passerat	168
— aux Maire et Echevins de Tours	169
— au Chapitre de Saint-Martin.	172
— à Antoine de Baïf	174
— de Loys de Ronsart	175
— au comte de Montafier.	176
Oraison funèbre de Ronsard.	179
Perrot, églogue de Cl. Binet	223
Le Tombeau de Ronsard, par Cl. Binet, Daurat, G. Chrichton, Pontus de Thyard, Baïf, Passerat, J. A. de Thou, Galland, Garnier, Jamin, Bertaud, Rapin, R. Estienne, R. Cailler, G. Durant, Cl. Garnier, Guill. Colletet, etc.	de 235 à 292

Table des Matières.

Table des Amours de Ronsard 293
Table des Odes. 310
Table des Noms historiques. 316
Noms des personnes qui ont prêté leur concours à
   l'éditeur 331

ACHEVÉ D'IMPRIMER A NOGENT-LE-ROTROU,
PAR A. GOUVERNEUR,
LE II. JUILLET M. DCCC. LXVII.

www.ingramcontent.com/pod-product-compliance
Lightning Source LLC
Chambersburg PA
CBHW060054190426
43201CB00034B/1518